Gestão de eventos esportivos, recreativos e turísticos

Gestão de eventos esportivos, recreativos e turísticos

Dimensões teóricas e práticas

Cheryl Mallen e Lorne J. Adams

Manole

Título original em inglês: *Sport, Recreation and Tourism Event Management: Theoretical and Practical Dimensions.*
Copyright © 2008 Elsevier Inc. Todos os direitos reservados.
ISBN da edição original: 978-075068447-X
Publicado mediante acordo com a Elsevier Inc., 30 Corporate Drive, 4th Floor, Burlington, MA 01903, EUA.

Editor gestor: Walter Luiz Coutinho
Editora: Ana Maria Silva Hosaka
Produção editorial: Pamela Juliana de Oliveira, Marília Courbassier Paris, Caroline Guimarães Okuma

Tradução: Gleice Guerra
Projeto gráfico e diagramação: Acqua Estúdio Gráfico
Capa: Flavia Mielnik/Acqua Estúdio Gráfico

Dados Internacionais de Catalogação na Publicação (CIP)
(Câmara Brasileira do Livro, SP, Brasil)

Mallen, Cheryl
Gestão de eventos esportivos, recreativos e turísticos: dimensões teóricas e práticas/
Cheryl Mallen e Lorne J. Adams; [tradução Gleice Guerra]. --
Barueri, SP : Manole, 2013.

Título original: Sport, recreation and tourism event
management : theoretical and practical dimensions.
Bibliografia.
ISBN 978-85-204-3260-0

1. Esportes - Administração 2. Eventos especiais - Administração 3. Recreação -
Administração 4. Turismo - Administração
I. Adams, Lorne J. II. Título.

12-09292   CDD-394.2068

Índices para catálogo sistemático:
1. Eventos especiais : Gestão 394.2068

Todos os direitos reservados.
Nenhuma parte deste livro poderá ser reproduzida, por qualquer processo,
sem a permissão expressa dos editores.
É proibida a reprodução por xerox.

A Editora Manole é filiada à ABDR – Associação Brasileira de Direitos Reprográficos.

1ª edição – 2013

Direitos em língua portuguesa adquiridos pela:
Editora Manole Ltda.
Av. Ceci, 672 – Tamboré
06460-120 – Barueri – SP – Brasil
Tel.: (11) 4196-6000 – Fax: (11) 4196-6021
www.manole.com.br
info@manole.com.br

Impresso no Brasil
Printed in Brazil

*A editora exime-se da responsabilidade por prejuízos e/ou danos a pessoas ou propriedades
decorrentes da aplicação de métodos, produtos, instruções ou ideias contidos neste material.*

Sumário

Agradecimentos   XI
Prefácio   XIII
Apresentação   XVII

1   Eventos esportivos, recreativos e turísticos tradicionais e segmentados   1
Cheryl Mallen e Lorne J. Adams

Eventos tradicionais   1
Eventos segmentados   3
O aumento de eventos contemporâneos segmentados   7
A necessidade de gerentes qualificados para eventos tradicionais e segmentados   8
Conclusão   9
Questões   9

2   O conceito de conhecimento em gestão de eventos   11
Cheryl Mallen

A corrida para transferência de conhecimento   12
A definição de conhecimento   13
Conhecimento básico   15
Conhecimento avançado   16
Uma definição de conhecimento para o contexto de gestão de eventos   21
Uma estratégia para transferência de conhecimento   22
Apoio de redes na estratégia para transferência de conhecimento   25
Conclusão   27
Questões   28

3   Modelo de planejamento de eventos: fase de desenvolvimento, Parte I   29
O gerente de eventos como um facilitador   30
Amy Cunningham
O que é a facilitação?   31

Papel de um facilitador de eventos 32
Facilitação das necessidades de comunicação 34
Facilitação das necessidades de comunicação em grupo: o caso do ritmo do grupo e a facilitação 36
Facilitação da transferência de conhecimento 37

Facilitação de estruturas de eventos para governança 39
Joanne MacLean
Estruturas de eventos 40
Dimensões teóricas de estruturas de eventos 41
Princípios em estruturas de eventos 44
Aplicação de teoria e princípios em estruturas de eventos 46

Facilitação da gestão de eventos usando a perspectiva de redes 48
Laura Cousens, Martha Barnes e Geoff Dickson
Peças fundamentais: conceitos para entender redes comerciais 48
Capital social: o recurso intangível das redes 55
Conclusão 56
Questões 58

4 **Modelo de planejamento de eventos: fase de desenvolvimento, Parte II** 59
Facilitação das práticas de gestão de voluntários 59
Julie Stevens
Contribuição de voluntários para grandes eventos esportivos 60
Voluntários de eventos 61
Planejamento de um programa de voluntariado 63

Facilitação do desenvolvimento das políticas do evento 68
Maureen Connolly e Lorne J. Adams
Conceitos complementares no desenvolvimento de políticas 73
Aplicação: transformação da política em práxis 75

Facilitação da responsabilidade social corporativa 79
Cheri Bradish
Questões 83

5 **Modelo de planejamento de eventos: fase de planejamento operacional** 85
Cheryl Mallen

Mecanismo 1: cultivo da rede de planejamento operacional 86
Mecanismo 2: criação de planos operacionais formais 88
    Plano operacional formal do evento: defininção de formato 89
    Planejamento operacional lógico 89
    Planejamento operacional sequencial 90
    Planejamento operacional detalhado 91

Planejamento operacional integrado   98
Mecanismo 3: inclusão de planos de contingência   99
Mecanismo 4: início do processo de aperfeiçoamento do plano   100
Temas contemporâneos na fase operacional do evento   101
Cenários práticos de planejamento operacional   102
   Cenário 1   104
   Cenário 2   105
   Cenário 3   105
Conclusão   106
Questões   106

6 Modelo de planejamento de eventos: fase de execução, monitoramento e gestão   107
Lorne J. Adams

Execução: realização do plano   108
Disseminação dos requisitos de execução e reuniões operacionais   108
Monitoramento da dinâmica e fluidez do ambiente operacional   110
Gestão da execução do plano operacional   113
   Gestão de desvios do plano para superar falhas previsíveis   114
   Predefinição de equipe e processo de tomada de decisão   115
   Decisões predeterminadas e não predeterminadas   116
Temas inerentes à execução, monitoramento e gestão na prática de redes operacionais   116
   Tema: detalhamento do plano operacional e desempenho da execução   117
   Tema: conhecimento e desempenho da execução   117
   Tema: desvios do plano   118
   Tema: conflitos na execução   119
   Tema: comunicação na execução   120
   Temas adicionais de execução, monitoramento e gestão   121
Conclusão   121
Questões   121

7 Modelo de planejamento de eventos: fase de avaliação e reedição, Parte I   123
Scott Forrester

Conhecimento prévio para gerente de eventos   123
   O que é avaliação?   124
   Por que a avaliação é necessária?   125
   Diferenças entre avaliação, pesquisa e sondagem   127
   Questões-chave para avaliação   128
Facilitação do processo de avaliação do evento   128
   De que tipo de evento se trata e onde está em relação ao seu ciclo de vida?   129
   Quem são os principais *stakeholders* da avaliação?   129

Quais são as questões ou temas que norteiam a avaliação? Ou seja, qual é o objetivo ou propósito da avaliação? 129
Quais recursos estão disponíveis para avaliar o evento? 130
Foi realizada alguma avaliação nos últimos anos? 130
Em que tipo de ambiente o evento se insere? 130
Quais estratégias de pesquisa são adequadas? 131
Quais fontes de informações (dados) adequadas estão disponíveis, considerando as questões de avaliação, a estrutura do evento e o ambiente no qual se insere? 131
Qual abordagem de avaliação parece apropriada? 131
A avaliação deve ser realizada? 131
Etapas gerais na avaliação de eventos 132
Decisões necessárias antes da avaliação 132
Papel da teoria na avaliação de eventos 133
Avaliações informais *versus* formais 133
Avaliações formativas *versus* somativas 134
O que avaliar? 135
Avaliações quantitativas *versus* qualitativas 135
Abordagens para avaliação de eventos 136
Decisões políticas, éticas e morais na avaliação de eventos 141
Resumo 143
Questões 143

8 Modelo de planejamento de eventos: fase de avaliação e reedição, Parte II 145
Scott Forrester

Desenvolvimento dos questionários 146
Desenvolvimento das perguntas, estrutura e formato do questionário 146
Definição das abordagens de pesquisa 150
Tamanho da amostra 150
Tipos de amostra 152
Estratégias de aplicação do questionário 154
Análise importância/desempenho 155
Análise serviço/qualidade 158
Avaliação da importância de voluntários 159
Uso da avaliação de eventos para apoiar a reedição do evento 160
Conclusão 163
Questões 164

9 Proposta de sediar um evento 165
Cheryl Mallen

O que é estudo de viabilidade, documento de candidatura, questionário e dossiê da proposta? 166
O que é visita de inspeção? 170

Quais são os fatores críticos de sucesso em uma proposta? 171
Qual é o principal fator de sucesso em uma proposta? 177
Conclusão 179
Questões 179

10 **Facilitação da qualidade na gestão de eventos** 181
Craig Hyatt

O que é qualidade? 182
Qualidade é conformidade a especificações 183
Qualidade é excelência 184
Qualidade é valor 185
Qualidade é o atendimento e/ou superação das expectativas dos consumidores 185
Definições atuais de qualidade e a falta de orientação para gerentes de eventos 186
Questões ao definir qualidade em gestão de eventos 188
Expectativas conflitantes de *stakeholders* influenciam a percepção de qualidade 188
Controle limitado sobre recursos influencia a qualidade 189
Restrições financeiras influenciam a qualidade 189
Planos de contingência influenciam a qualidade 190
Criação de declarações de qualidade para orientar gerentes de eventos 192
Um exemplo de declaração de qualidade 193
Declaração de qualidade para o Grupo do Vale 193
Conclusão 195
Questões 196

11 **Uma abordagem integral de aprendizagem experiencial: fundamento para a gestão de eventos e o desenvolvimento pessoal** 197
Beth Jowdy, Mark McDonald e Kirsty Spence

Abordagem integral de aprendizagem experiencial 198
Definindo aprendizagem experiencial 198
A abordagem integral de Wilber 199
Aplicação da abordagem integral à gestão de eventos 202
Individual 203
Coletivo 204
Maximização do desenvolvimento pessoal em cenários de gestão experiencial de eventos 205
Atividades de reflexão 208
Aplicação dos quatro quadrantes ao desenvolvimento pessoal 210
Conclusão 214
Questões 215

12 **Considerações finais** 217
Lorne J. Adams

Gestão de eventos esportivos, recreativos e turísticos

Apêndice A – Exemplo de um plano operacional para o campeonato masculino de basquete da National Collegiate Athletic Association (NCAA), segunda rodada, San Jose, Califórnia: o componente de hospitalidade   221
Lauren Thompson

Apêndice B – Temas e sugestões para facilitar a fase de execução, monitoramento e gestão do modelo de planejamento   241
Scott McRoberts

Referências   247

Índice remissivo   267

Agradecimentos

Cheryl Mallen gostaria de agradecer o eterno apoio de seus pais, Bob e Betty Brown; a amizade e o amor de seu esposo, Paddy, que são a base de sua vida; e a seus filhos, Bob e Sarah, que sempre foram a prioridade em seu mundo.

Lorne Adams gostaria de agradecer: sua companheira, Cyndy, que tem sido inacreditavelmente paciente com o tempo despendido neste projeto; Sandie, que atendeu, o mais rápido possível, a suas solicitações de material, apesar de sua agenda cheia; Cheryl, a força propulsora por trás deste trabalho, cujo entusiasmo e motivação com o projeto o fizeram acontecer; e seu filho, Phil, que o mantém com os pés no chão.

Prefácio

A gestão de eventos de esportes, recreação e turismo é uma indústria vibrante, complexa e em desenvolvimento. O crescimento dessa área diversificada ao redor do mundo estimula a necessidade de gerentes de eventos qualificados. Este livro, revisado e editado, pretende orientar os alunos a assimilar conhecimento para uso na indústria de eventos. São quatro os objetivos do livro, nos quais os capítulos são baseados.

Objetivos

O primeiro objetivo deste livro é fornecer uma sólida fundamentação de princípios teóricos e práticos em gestão de eventos esportivos, recreativos e turísticos. O segundo objetivo é encorajar os alunos a desenvolver uma compreensão do conceito de conhecimento – essa compreensão envolve construir interpretações críticas da definição de conhecimento e estabelecer o necessário para a área. O terceiro objetivo enfoca a apresentação de um modelo de planejamento de gestão de eventos, incluindo fases progressivas e elementos-chave de cada uma delas. O quarto e último objetivo envolve uma ênfase no papel do gerente de eventos como um facilitador. O papel de facilitador abrange uma reflexão sobre as necessidades de cada fase do modelo de planejamento de eventos e o uso de diversas estratégias para orientar as pessoas encarregadas de planejar sua execução.

Organização dos capítulos

Os capítulos deste livro estão inicialmente estruturados em torno de definições relevantes. O Capítulo 1 define os eventos *tradicionais* e os híbridos ou *segmentados*, que são o enfoque do livro. As características-chave para esses dois tipos básicos de eventos são delineadas, acompanhadas da discussão sobre o crescimento de eventos contemporâneos diversificados e segmentados no setor. O Capítulo 2 trata do conceito de conhecimento e aplica teorias de conhecimento para desenvolver uma definição exclusiva elaborada especificamente para o contexto de gestão de eventos. Além disso, o capítulo aborda a estratégia para transferência de conhecimento no setor de gestão de eventos.

Os Capítulos 3 a 8 são estruturados para apresentar as fases de um modelo de planejamento de eventos. Os capítulos 3 e 4 cobrem a primeira fase do modelo, de desenvolvimento do evento. Neles são apresentadas e discutidas, no contexto de gestão de eventos, teorias sobre facilitação, governança, redes, políticas, práticas de voluntariado e responsabilidade social corporativa. O Capítulo 5 apresenta a segunda fase do modelo, relativa ao planejamento operacional do evento. A discussão nessa fase aborda o desenvolvimento de uma rede de membros do evento que elabora planos operacionais formais, a fim de fornecer as etapas de ação para orientar a produção de um evento. O Capítulo 6 discute a terceira fase, de execução, monitoramento e gestão de eventos, que trata das principais preocupações ao facilitar elementos durante a produção de um evento. Os Capítulos 7 e 8 apresentam a quarta fase, de avaliação e reedição do evento, e abordam teorias, processos, considerações, desafios e sugestões para facilitar essa fase do modelo de planejamento.

O Capítulo 9 fornece uma revisão da bibliografia sobre fatores críticos no processo de elaborar uma proposta para sediar um evento e acrescenta uma argumentação sobre qual é o fator-chave de uma proposta. Além disso, o capítulo trata de visitas de inspeção e de todas as avaliações importantes que ocorrem. O Capítulo 10 enfoca as teorias de qualidade e suas aplicações em gestão de eventos e para o papel de gerente de eventos. A discussão revela as dificuldades existentes para desenvolver eventos de qualidade em função das prioridades de três grupos diferentes: de atletas ou artistas, de espectadores e de patrocinadores. Por fim, o capítulo 11 apresenta a teoria de aprendizagem experiencial e sua aplicação para a prática de gestão de eventos. O capítulo recomenda a aprendizagem experiencial como um elemento-chave no desenvolvimento de habilidades nessa gestão. O Capítulo 12 traz considerações finais e recomendações.

Um panorama geral do enfoque deste livro

Este livro trata da gestão de eventos de esporte, recreação e turismo, enfatizando o complexo papel de um gerente como facilitador. Além disso, destaca a importância da definição de eventos tradicionais e segmentados, do conceito de conhecimento, das fases de planejamento ao organizar componentes para produzir um evento, dos fatores críticos de sucesso em uma proposta para sediá-lo e do conceito de qualidade e aprendizagem experiencial.

Elementos de eventos externos à estrutura deste livro

É importante notar que o gerente de eventos tem um papel complexo na produção de um evento, que requer a gestão de diversas atividades em um ambiente que sofre mudanças. No desempenho dessa função, são necessárias tanto profundidade quanto amplitude de conhecimento. Portanto, a formação de um gerente de eventos precisa ser diversificada e extensiva a áreas que estão além do enfoque deste livro. Exemplos de áreas adicionais no campo de gestão de eventos são ética, finanças, marketing, patrocínios, gestão patrimonial e direito. Cada uma dessas áreas de especialidade pode ser aplicada à organização e à produção de um evento e cada uma delas é importante o suficiente para a realizá-lo, de forma que requerem um tratamento muito maior do que poderia oferecer um único capítulo neste livro. No entanto, estudar os temas relacionados acima oferecerá uma melhor compreensão da ampla gama de requisitos em gestão de eventos. Por exemplo, compreender a aplicação do direito a partir da perspectiva de responsabilidade legal, gestão de risco, resolução de litígios e desenvolvimento de contratos para atletas, instalações, artistas, funcionários e voluntários é um aspecto vital da gestão de eventos. Além disso, marketing e patrocínios têm aplicação direta na viabilidade de eventos. Diversos livros disponíveis tratam de gestão patrimonial, marketing, direito esportivo e outros assuntos que se relacionam com gestão de eventos, mas há algumas poucas fontes sobre o papel do gerente de eventos como facilitador das principais fases que envolvem o seu planejamento. Portanto, este livro pretende se concentrar nessa lacuna da literatura.

Apresentação

A literatura apresentada vem acrescentar, de forma disciplinada e minuciosamente detalhada, as especificações necessárias a uma maior compreensão dos eventos esportivos, por meio da qual os autores traçam também algumas considerações sob a ótica da recreação e do turismo.

Reflexões e novos conhecimentos sobre diferentes formas de realização dos diferentes tipos de eventos serão sempre oportunos e muito bem-vindos, em função da dinâmica acelerada do setor.

Vivemos numa época em que conceitos como globalização, pós-modernidade, gestão participativa e tecnologias de ponta ganham destaques relevantes. Nesse novo cenário, as adaptações que envolvem os seres humanos, nas mais diferentes áreas do conhecimento, são profundas e constantes, em todos os continentes do globo terrestre.

Mesmo porque, em decorrência de novos e atualizados estudos, o conceito de eventos está mudado. Não se limita mais às características até pouco tempo consideradas. Evento é um conceito com domínio amplo. Tudo é evento, desde cursos até encontros reunindo pessoas para debates e exposições ou para confraternizações diversas. As cidades ganham novas vidas pelos eventos que passam a sediar, a mídia não vive sem eles e os turistas viajam pelo mundo com a finalidade de participar de eventos.

Ele sempre fez parte da vida do homem. A necessidade de comunicação lhe é inerente, está inserida em seu aspecto psicológico. Há muito tempo, pertence a seus costumes e hábitos de vida, fazendo mesmo parte da cultura dos povos.

De uma forma geral, os eventos passam a se tornar elementos propulsores de um novo modelo social, por proporcionar aos indivíduos novos espaços de participação e experimentação, novos modos de pensar e agir – reconhecidos como a "a sociedade dos eventos". Por outro lado, os eventos surgem em função da dinâmica da própria sociedade, a qual dita valores e necessidades refletidas em uma determinada época, propondo investimentos compatíveis com suas necessidades. E, no caso dos eventos esportivos, essa condição não é diferente. Para tanto, para melhor contextualização e entendimento, nos permitimos apresentar um breve relato histórico, em que a Grécia Antiga e a Grã-Bretanha ganham lugar de destaque na exaltação dos eventos esportivos.

Entre os gregos e romanos, alguns eventos eram de cunho religioso, outros de disputas. Ao percorrermos a história dos povos, registramos inúmeras festas civis, religiosas, jogos de competições, festejos populares, festivais de música e arte, e outros, tendo como destaque o maior dos eventos esportivos: as Olimpíadas.

Na época das monarquias tem-se o conhecimento de grandes reuniões e festivais, como o dia da coroação do rei, os famosos bailes da corte, muitas vezes bailes de máscaras, nos quais praticavam-se danças de salão. Temos outros eventos como disputas militares, torneios, caçadas organizadas pelos nobres e também os desportivos.

Como sabemos, a primeira Olimpíada, enquanto expressivo e mais importante evento esportivo da humanidade, foi disputada na Grécia Antiga, no século VIII a.C. como parte de um festival religioso. A competição deixou de acontecer quando os romanos invadiram a região, no século IV a.C., e reapareceu somente em 1896. Foram as oportunidades de lazer e de esportes após a Revolução Industrial que fizeram ressurgir os Jogos Olímpicos, em que a Grã-Bretanha passa a ter um papel fundamental na evolução desse tipo de evento. Desde então, a cada 4 anos, o esporte volta a ser uma religião – com interrupções nos anos: 1916, 1940 e 1944 por causa das guerras.

Há 350 anos, fazer apostas era algo tão popular na Grã-Bretanha que os mecenas mais ricos começaram a financiar times de críquete e boxeadores para que eles pudessem desafiar os rivais. Alguns esportes já eram bem conhecidos – o futebol havia sido inventado muito tempo antes e no século XVI o rei Henrique VIII era amante das raquetes de tênis –, mas o incentivo financeiro foi crucial para a difusão de diversas modalidades.

O interesse da elite britânica pela prática esportiva também contribuiu para o surgimento de atividades como golfe, tênis de mesa, hóquei, corrida de bicicleta, esqui, hipismo e algumas formas de iatismo e remo. Além de criar alguns dos esportes mais populares do planeta, os britânicos criaram regras e administraram organizações afins.

Apresentação

No século XIX, os britânicos começaram a transformar o lazer em esporte e o esporte em competição: alem de criar modalidades, eles aprimoraram as regras. No boxe, foram eles que estipularam o uso de luvas, a divisão por *rounds* e a contagem de dez segundos para o nocauteado – Regimento de Queensburry, concebido em 1865 e aprovado pelo Marquês de Queensburry. Até hoje, a Federação Internacional de Tênis continua sediada ao sul de Londres, perto de Wimbledon. Por outro lado, algumas modalidades inventadas no Reino Unido agora são sediadas na Suíça – a Federation International Football Association (Fifa) é um dos casos – ou em Mônaco, sede da Associação Internacional de Atletismo.

Outro aspecto de destaque foi a permissão das mulheres como participantes ativas na popularização do esporte entre os súditos da rainha. Na Grã-Bretanha, elas foram autorizadas a participar de competições muito antes de que em outra parte do mundo. A primeira campeã olímpica da história foi Charlotte Cooper, ganhadora da medalha de tênis nos Jogos Olímpicos de 1900 em Paris.

Na Inglaterra sempre foi comum a realização de grandes eventos no entorno das competições. Nas Olimpíadas de 1908 foi realizado um grande banquete de honra aos nadadores britânicos participantes da prova.

Londres entra para a história como a única cidade do mundo a receber três vezes o maior evento do planeta: as Olimpíadas. Em 1908, a cidade substituiu Roma às pressas, após a erupção do Vesúvio. Os jogos estavam programados para ocorrer em Roma, numa época de relativa prosperidade. A Europa vivia sua *Belle Époque*, com o descobrimento de novas tecnologias, otimismo e paz, mas a explosão do Vesúvio obrigou o Comitê Olímpico Internacional (COI) a buscar nova sede. Londres saiu ao socorro do movimento olímpico e acabou sendo sede do que o COI considera como os primeiros jogos de fato competitivos da história moderna. Segundo o Barão Pierre de Coubertin, fundador do movimento olímpico moderno, a transferência de Roma para Londres foi mantida em sigilo, sendo costurada justamente pelo governo britânico na esperança de mostrar ao mundo seu império.

Em 1948, mais uma vez Londres tem lugar de destaque frente ao grande evento esportivo: livrou o COI do pós-guerra, manchado pelas imagens de Adolf Hitler, que havia usado o evento desde os anos 1930 para promover seus próprios ideais. Em Londres, nessa época, faltava alimento, bairros inteiros haviam sido destruídos e o evento acabou sendo chamado de "Jogos da Austeridade". Hoje, tanto o COI quanto as autoridades de Londres admitem que 1948 marcaria o início da recuperação da moral e da economia europeia. Os Jogos acabaram sendo um fator de transformação.

Em 2012, mais precisamente no dia 27 de julho, as Olimpíadas fizeram festa para 4 bilhões de espectadores, com a presença de 204 países, novamente em Londres: 1908, 1948 e 2012, foram, por coincidência, anos conturbados e em crise.

Numa visão histórica e atual, a obra em pauta, apresentada por Cheryl Mallen e Lorne J. Adams, traduzida e editada pela Manole, *Gestão de eventos esportivos, recreativos e turísticos: dimensões teóricas e práticas* contribui objetivamente para um conhecimento mais profundo e específico sobre o assunto, pois sabemos que não bastam boas ideias, deve-se ter bons projetos e bons critérios de gestão para colocá-las em prática.

Planejamentos e projetos bem elaborados representam maiores chances de sucesso na realização, promoção e comercialização dos eventos. O período de realização é o elemento que confere *status* ao evento apresentado. É o evento que ocorre no momento certo. Não existem concorrentes. Um evento de sucesso é uma oportunidade onde todos ganham: patrocinadores, apoiadores, promotores e o público em geral.

Mediante essa questão, este livro destaca todos esses importantes aspectos: do conceito à prática, do planejamento à avaliação, da gestão de recursos, da qualidade, do treinamento, do público, entre outros. Além do embasamento teórico, retrata casos práticos e reais, propõe exercícios didáticos de aprendizagem e apresenta vasto referencial bibliográfico para cada capítulo estudado.

Percebemos logo no início da leitura a apresentação inédita das fases de construção do evento, chamadas todas elas de planejamento, com subdimensionamentos para a concepção, planejamento propriamente dito, sistemas operacionais, realização, monitoramento, avaliação e reedição. O responsável pela gestão do evento é o gerente do evento.

Numa visão focada e por capítulo, apresentamos as principais questões abordadas:

- Capítulo 1: em função da segmentação, demonstra a necessidade de profissionais especializados, tanto para os eventos chamados tradicionais como os segmentados. O tradicional seria o evento esportivo organizado para recreação, competição ou como indutor do turismo, sendo realizado em seu respectivo país de origem ou dentro de um mercado definido. Os segmentados surgem por meio de inovações que alteram ou renovam um evento tradicional, os chamados híbridos, ou criam um evento totalmente novo.

• Capítulo 2: o conceito de conhecimento em gestão de eventos é amplamente ressaltado. Inovação e criatividade são vistas e apresentadas como elementos fundamentais ao sucesso do evento, resultantes desse conhecimento. É sugerido para aquisição do conhecimento avançado o apoio de redes na sua estratégia para transferência.

• Capítulo 3: primeira fase do planejamento para os eventos esportivos. O autor apresenta o planejamento em cinco etapas distintas, detalhadas nos capítulos posteriores. O gerente de eventos aparece como gerente facilitador das diferentes fases, com a incumbência primordial de montar, prioritariamente, uma equipe comprometida com o evento. Evidencia a necessidade de comunicação, de transferência do conhecimento, da imposição de estruturas de governança, onde a Teoria da Contingência e a Teoria da Complexidade têm lugar de destaque. Relata com expressiva importância as relações diáticas, as parcerias, as alianças estratégicas e o capital social, elementos fundamentais a serem considerados no êxito dos eventos esportivos.

• Capítulo 4: segunda fase do planejamento – fase do desenvolvimento: gestão dos voluntários (contratação, treinamento, acompanhamento e reconhecimento). Introdução ao marketing para as causas sociais e a responsabilidade social corporativa, como valores positivos a serem agregados ao evento esportivo. No Brasil, conceitos como gestão compartilhada, participativa, plano de desenvolvimento integrado, parceria, entre outros, começam a ser empregados nos diferentes segmentos da sociedade, sejam eles públicos ou privados e, inclusive, nos municípios mais afastados dos grandes centros urbanos. A realização de eventos comunitários como forma de articulação em prol da integração configura-se como uma opção adequada e eficaz.

• Capítulo 5: terceira fase do planejamento – planejamento operacional: definição do quem, do que, quando, e o homem certo no lugar certo. Para cada evento esportivo, em função da complexidade de suas competições, torneios e outros, é proposto o planejamento nível I, planejamento nível II e planejamento nível III.

• Capítulo 6: quarta fase do planejamento – fase de execução, monitoramento e gestão. Apresenta métodos eficazes para facilitar a transferência do conhecimento, como garantia de resultado.

• Capítulo 7: quinta fase do planejamento – fase de avaliação e reedição. Neste capítulo o autor apresenta a Parte I – avaliação, sondagem, pesquisa:

parte conceitual, onde são apontadas as estratégias, os recursos e as abordagens a serem realizadas.

• Capítulo 8: Parte II – capítulo dedicado à metodologia para aplicação prática da avaliação e possível reedição.

• Capítulo 9: Proposta para sediar um evento esportivo: detalhamento do processo e habilidades necessárias ao responsável pela captação.

• Capítulo 10: Facilitação da qualidade na gestão de eventos esportivos: evidencia a questão de que cada *stakeholder* enfatiza diferentes critérios quando analisa a qualidade do evento.

• Capitulo 11: Uma abordagem integral de aprendizagem experiencial – fundamental para gestão de eventos esportivos e para o desenvolvimento pessoal. Para ser bem-sucedido como gerente de eventos esportivos, o autor considera imprescindível o profundo conhecimento das diversas áreas mencionadas no livro. Explica e demonstra por gráfico a aprendizagem experiencial, processo pelo qual o conhecimento é criado por meio da transformação da experiência.

• Em suas considerações finais, o autor faz uma retrospectiva sobre os pontos mais relevantes apresentados e pontua a gestão de eventos como um momento único e finito.

Diante da possibilidade de estudo sobre a ligação dos eventos esportivos aos recreativos e aos turísticos, apresentamos algumas questões complementares às abordagens efetuadas.

O evento esportivo, por vezes, promove uma comunicação acessível e de fácil compreensão a todos, tendo em vista o caráter festivo, ocorrido em um tempo de não trabalho, onde o aprendizado e o conhecimento acontecem de forma natural e sem sofrer as pressões frequentes decorrentes da educação formal. A alegria e a surpresa do espetáculo envolvem os participantes para um mundo imaginário de puro prazer. As festas, em paralelo, quando acontecem, passam a colorir e dar vida aos eventos esportivos, tornando-se instrumento de valor para as organizações, pessoas e empresas, ao atingir diferentes fins. Por serem mídias interativas, os eventos assim constituídos servem de estratégia de penetração e desenvolvimento de mercados, com alto impacto comercial e elevada atratividade entre o público, alavancam promoções de marcas e produtos e são utilizados para fidelizar e conquistar novos clientes e assegurar sua lealdade.

Os eventos transcendem a vida particular do indivíduo para pura diversão. Nos eventos esportivos, o público tem a oportunidade de se conhecer melhor, realizar novas aprendizagens, adquirir experiência, enfim, viver a aventura do outro pela própria exposição de seus líderes. É nesse contexto que os eventos emergem como fábricas de recreação e lazer. E, com o advento de novas tecnologias, a dimensão do espetáculo ganha uma nova dimensão *tecnicolor*.

Com relação ao turismo de eventos no contexto da organização espacial das localidades, o espaço assume novas características com o intuito de atender a finalidades específicas e diferenciadas provocadas. Assim, algumas cidades, por possuírem facilidade de infraestrutura, ressaltando o transporte e as comunicações, tornaram-se ponto central das atividades de evento, ao possibilitar inclusive e muitas vezes, a construção de espaços especialmente dedicados a esse fim. Os eventos necessitam de espaços adequados para sua realização. A partir desses novos investimentos as cidades passam a ter uma nova dinâmica socioespacial com reflexos econômicos e comerciais para toda a sociedade local.

Assim, a função da cidade é alterada no momento que esta volta-se para os eventos, que trazem na sua dinâmica, como consequência, desenvolvimento turístico local, melhorias na infraestrutura, no incremento da receita global, geração de empregos diretos e indiretos, além da melhoria na imagem da cidade-sede ao ter o participante do evento como elemento divulgador.

Por outro lado, o evento deverá estar em sintonia com infraestrutura, logística operacional e política da cidade-sede e com o universo do *trade* turístico, podendo ser consideradas aqui as relações do meio interno com organizadores de eventos, agências de viagens, hotelaria, restaurantes, centros de eventos, comércio, indústria, entre outros setores.

É importante ressaltar que a consolidação do turismo de eventos como atividade econômica e social somente aconteceu de forma contínua no processo histórico no século XX. A partir desse período, passam a consolidar-se em vários países de uma maneira singular e criativa, provocando uma variedade tipológica de eventos. E, com certeza, os principais estimuladores do turismo de eventos foram os avanços tecnológicos dos transportes, da comunicação, da hotelaria, da comercialização dos bens e serviços turísticos e da própria cidade como um todo. Como turismo de eventos entendemos o segmento de turismo que cuida dos vários tipos de eventos realizados em universo amplo e diversificado e que venham movimentar a cadeia turística local: hotelaria, companhia aérea, espaço para eventos, transporte, receptivos, prestadores de serviços, alimentos, bebidas e outros.

Os eventos possibilitam a ampliação de bens e serviços, uma vez que seus participantes aproveitam a viagem para a realização de passeios, compras de produtos típicos, consumo em geral, gastando mais do que o turista comum e gerando lucro expressivo para o núcleo receptor.

Concluindo, o que podemos ressaltar ao final da leitura deste livro é que, atualmente, com a evidência do poder dos eventos junto à sociedade, seja no âmbito sociocultural, econômico e/ou político, estes passaram a ser investigados de forma multidisciplinar e frequente, favorecendo, assim, o levantamento de relevantes aspectos ligados a sua complexa organização. Essa dedicação ao setor, por estudiosos e pesquisadores sobre o assunto, tem proporcionado a atualização permanente de suas teorias e práticas, rumo a novas fronteiras e investimentos.

Parabenizamos a Editora Manole pela iniciativa e desejamos a todos proveitosa leitura!

Marisa Canton
Doutora em Turismo e Eventos pela ECA/USP.
Membro da Academia Brasileira de Eventos e Turismo.
Docente da FGV/SP.
Diretora da Canton Eventos e Cultura.

1

Eventos esportivos, recreativos e turísticos tradicionais e segmentados

Cheryl Mallen e Lorne J. Adams, Brock University

Este capítulo define dois tipos distintos de eventos predominantes na área de esportes, recreação e turismo, que são o foco deste texto. São eles os eventos *tradicionais* e os eventos híbridos ou *segmentados*. As características únicas que diferenciam os eventos tradicionais dos eventos segmentados são destacadas, seguidas por uma explicação sobre o aumento de eventos contemporâneos segmentados. O capítulo termina com uma discussão a respeito da demanda por gerentes qualificados, tradicionais e segmentados, no crescente setor de eventos.

Eventos tradicionais

Este texto define evento tradicional como um evento esportivo organizado para recreação, competição ou como indutor para o turismo. Duas características-chave definem um evento tradicional. A primeira exige que um corpo diretor estabeleça e aplique regras e regulamentações padronizadas que devem ser seguidas para produzir o evento. A segunda é que a atividade seja um esporte reconhecido e com histórico memorável.

Um corpo diretor, que pode ser uma organização, associação ou federação, determina regras e regulamentações padronizadas que regem o evento tradicional. Essas regras e regulamentações especificam elementos tais como a área de competição (por exemplo, o campo ou quadra de jogo), o número de participantes, suas vestimentas e as ações aceitáveis para participação. O corpo diretor é responsável por sanções e fiscalização, de forma a garantir que as regras e regulamentações sejam seguidas pelos participantes do evento.

Exceções às regras e regulamentações podem acontecer em um evento tradicional, podendo ser ocasionadas por pressões advindas de causas diversas, como a peculiaridade de uma cultura ou país, a necessidade de adequação a novas tecnologias ou a idade dos participantes. Um evento tradicional pode passar por adaptações e modificações no decorrer do tempo; contudo, as transformações não fazem surgir um evento totalmente novo. As mudanças são limitadas. Existe uma universalidade na aplicação de regras e regulamentações. De geração em geração, o evento é conduzido repetidamente da mesma maneira, sendo praticado para seguir as regras e regulamentações, incluindo tradições, costumes e rotinas para ser um evento consistente, maduro, respeitado e reconhecido.

Um exemplo de evento tradicional é o que é chamado de futebol na maior parte do mundo[1]. Esse evento esportivo pode ser disputado em um nível de elite ou como uma atividade de recreação local. Também pode ser jogado usando-se uma bola caseira e um campo improvisado, enquanto os jogadores imitam as características do evento tradicional. O uso consistente de regras e regulamentações, em qualquer nível, transforma o evento em um jogo, de histórico memorável e identificável, de futebol. Eventos de futebol podem ser disputados em uma única partida, liga ou rodada. As regras e regulamentações para os eventos de futebol são padronizadas pelos corpos diretores que determinam elementos como o campo de jogo, número de jogadores, suas vestimentas e a conduta aceitável de cada jogador. Diversos corpos diretores em todo o mundo governam o futebol em níveis local, regional, estadual, nacional e internacional. Alguns adaptam as regras para

---

1. O texto faz referência ao fato de futebol, nos Estados Unidos, ser conhecido por *soccer*, pois o termo *football* refere-se ao que, no Brasil, é chamado de futebol americano. (N.T.)

seus propósitos particulares; contudo, o evento em si assemelha-se ao futebol que é jogado no mundo inteiro.

Um evento esportivo tradicional pode acontecer dentro de um mercado definido. Exemplos incluem o *netball*[2] na Austrália, o *lacrosse*[3] no Canadá, o *hurling*[4] na Irlanda, o rodeio e o *jai alai*[5] nos Estados Unidos, além do sumô no Japão. Esses eventos são tradicionais em seus respectivos países.

Os eventos esportivos tradicionais podem promover o turismo, uma vez que atletas e espectadores viajam para o local do evento a fim de participar do espetáculo. Exemplos de eventos tradicionais que promovem o turismo são os Jogos Olímpicos, os Jogos de Inverno, os Jogos do Canadá e os Jogos Asiáticos. Um evento tradicional pode incentivar o turista a ir assisti-lo ou a viajar para conhecer o local nos meses que o antecedem ou nos anos seguintes ao evento.

Em síntese, um evento esportivo tradicional é regulamentado por um corpo diretor e é reconhecido como um evento esportivo de histórico memorável. Entretanto, as fronteiras da gestão de eventos vão além dos eventos tradicionais e incluem os eventos segmentados.

Eventos segmentados

Ao contrário do evento tradicional, o evento segmentado surge por meio de inovações que alteram ou renovam um evento, ou ainda que criam um evento completamente novo. Muitos eventos segmentados são progressivamente híbridos, nascidos a partir de raízes do evento tradicional.

Existem três características-chave de eventos segmentados. A primeira é que o evento é criado e adaptado para um público esportivo, recreativo ou turístico em particular. A segunda é que não precisa existir um corpo diretor tradicional que tenha estabelecido regras e regulamentações históricas, embora haja um quadro de organizadores que pode estabelecê-las. A terceira é que o evento pode conter componentes tradicionais reconhecidos ou pode ter um formato pouco convencional.

---

2. Jogo semelhante ao basquete, jogado principalmente por mulheres. (N.T.)

3. Jogado com uma espécie de raquete com cesta na ponta e uma bola de borracha, em que ganha a equipe que fizer mais gols. (N.T.)

4. Esporte semelhante ao hóquei, porém praticado na grama. (N.T.)

5. Jogo que lembra o *squash*, embora seja jogado em uma quadra maior e com raquetes em formato de concha. (N.T.)

Eventos segmentados existem sob diversas formas nas áreas de esporte, recreação e turismo. Alguns exemplos são festivais, conferências, entrevistas coletivas, banquetes, convenções, passeatas, shows e eventos beneficentes. O uso de formatos inovadores pode produzir eventos em novos segmentos esportivos, recreativos ou turísticos.

Eventos segmentados podem também derivar-se da alteração ou renovação de um evento tradicional para que seja produzida uma "nova geração" do evento. Esse tipo de evento segmentado pode usar uma configuração de evento esportivo tradicional, como o arremesso de *rugby* ou a quadra de vôlei; um equipamento tradicional, como o capacete de *lacrosse* ou a bola de *rugby*; ou ter regras e regulamentações derivadas de um evento tradicional, como o basquete. Não há nenhum requisito quanto ao número de componentes tradicionais utilizados ou quanto à forma como são combinados. Ainda assim, um evento segmentado pode exibir elementos reconhecíveis como sendo de um evento esportivo tradicional.

O evento esportivo ou recreativo segmentado não tem um corpo diretor tradicional que estabelece regras e regulamentações, embora haja um quadro de organizadores para estabelecê-las para cada evento. Não se espera que essas regras e regulamentações sejam tradicionais ou passadas de geração para geração e sempre existe a possibilidade de adaptá-las por conta de influências da cultura, da incorporação de novos equipamentos tecnológicos, de determinada faixa etária, tipo de habilidades ou da sábia criatividade de um gerente de eventos.

A produção de um evento segmentado esportivo ou recreativo pode ou não ser consistente. Esse tipo de evento pode ser adaptado para uma outra geração a qualquer momento. Qualquer que seja o foco – um evento individual, um circuito de eventos ou uma liga de nível local, regional, nacional ou internacional –, há a possibilidade de se fazer mudanças de grande escala quando desejável.

Um evento segmentado pode ser adaptado continuamente para determinado público. Um evento turístico segmentado desse tipo é o Winter Festival of Lights[6], nas Cataratas do Niágara, Canadá. Esse evento anual é feito sob medida para a demanda turística que deseja ver o espetáculo das Cataratas do Niágara durante os meses de inverno. Não há nenhum corpo diretor tradicional instituindo regras e regulamentações, embora haja um comitê organizador. A essência do evento das Cataratas do Niágara é a inovação,

---

6. Festival de Inverno de Luzes. (N.T.)

consistindo no uso de iluminação para destacar a beleza natural das quedas e da área circunjacente, em paralelo à apresentação dos personagens da Disney, como uma atração noturna a mais. O evento pode ser adaptado a qualquer momento para suprir mudanças nas necessidades dos turistas, por exemplo, mudando o local de apresentação das luzes ou aumentando ou diminuindo o número de personagens iluminados. Essas modificações podem ser feitas a qualquer elemento individual do evento, ou o evento inteiro pode ser transformado em determinado momento. Eventos segmentados implicam liberdade na sua concepção, usando componentes ou atividades convencionais e não convencionais.

Outros exemplos de eventos segmentados estão desabrochando em todo o mundo. Nos Estados Unidos, o basquete está sendo jogado em trampolins em vez de em uma quadra tradicional. Campeonatos de *home run*[7] de beisebol estão sendo montados. No Canadá, um evento segmentado permitiu que corridas de *snowmobile*[8] fossem realizadas nos meses de verão, fazendo a competição ocorrer na grama, em vez de ser apenas um evento de inverno na neve. O Canadá também sedia o World Outdoor Hockey Championship[9], com regras adaptadas para premiar com um gol cada pênalti cometido, evitando que um jogador fique sentado no frio enquanto cumpre a punição. Em países de todo o mundo, eventos segmentados de esqui e *snowboarding* estão sendo praticados em dunas de areia em substituição das montanhas de neve tradicionais. Eventos de futebol e de futebol americano também estão acontecendo na areia, com formação de três-contra-três. Eventos de críquete, com regras adaptadas, são jogados nas Índias Ocidentais, Inglaterra, Nova Zelândia e África do Sul. Eventos que testam habilidades específicas apareceram, como competições de golfe de jogadas de longas distâncias, *putting*[10] e para acertar o buraco com uma só tacada. Corridas de aventura segmentadas são feitas envolvendo caminhadas em trilhas, percursos a cavalo ou escaladas de montanhas.

---

7. O Home Run Derby é uma competição entre os melhores rebatedores de *home runs* da Major League Baseball. *Home run* é uma jogada de beisebol na qual a bola é rebatida de forma que todos os jogadores em campo conseguem sair de suas bases e marcar pontos. (N.T.)
8. Veículos para neve. (N.T.)
9. Campeonato Mundial de Hóquei ao Ar Livre. (N.T.)
10. *Putting* refere-se a uma tacada que ocorre na região onde está o buraco, conhecida como *green*, e o jogador utiliza um taco chamado *putter*. (N.T.)

Eventos que começam como segmentados podem evoluir para o terreno de eventos tradicionais. O triátlon, evento esportivo de atividade tripla que combina natação, ciclismo e corrida, é um exemplo de esporte segmentado que se tornou um evento tradicional. A combinação de esportes tradicionais formou um evento segmentado que se transformou de fenômeno local para internacional. O Ironman[11] Triathlon, realizado no Havaí, Estados Unidos, é um exemplo de triátlon que também é um evento turístico de sucesso.

Durante certo período, o triátlon desenvolveu regras e regulamentações que eram seguidas de maneira consistente. O evento foi, finalmente, aceito como um esporte a ser praticado nos Jogos Olímpicos de Verão, o que significou que os participantes passaram a ser selecionados a partir de uma série de eventos conduzidos com regras e regulamentações padronizadas. Além disso, o evento passou a ser reconhecido como triátlon em todos os níveis, da prática local à internacional. Nesse momento, o triátlon entrou no terreno de evento tradicional.

Todavia, o triátlon também continua a se desenvolver como evento segmentado, sendo estimulado pela contínua adaptação de elementos de diversas atividades. Isso inclui adaptação para usar atividades de dois esportes, como caminhada e ciclismo, ou ajustes para permitir que um grupo de três membros possa competir, cada um completando uma das atividades esportivas. O uso contínuo de adaptações para o triátlon mantém o evento no domínio dos eventos segmentados. Desse modo, é possível que um evento ocorra nos âmbitos tradicional e segmentado simultaneamente.

Outros exemplos de eventos que nasceram como segmentados e evoluíram para o *status* de tradicional podem ser encontrados no esporte esqui. Tanto as competições de esqui alpino quanto a *ski dancing*[12] começaram como eventos segmentados e, então, se tornaram eventos tradicionais. O vôlei é um evento tradicional e, posteriormente, o vôlei de praia foi desenvolvido como um evento segmentado que, então, juntou-se aos eventos tradicionais. Hoje, as duas modalidades fazem parte dos principais eventos tradicionais, como os Jogos Olímpicos, e têm regras e regulamentações tradicionais padronizadas.

Eventos segmentados continuam a surgir. Eles podem ou não passar para o terreno dos eventos tradicionais no futuro. Independentemente disso, a

---

11. Literalmente, homem de ferro. É o título dado ao atleta que ganha uma competição de triátlon. (N.T.)
12. Um tipo de competição de esqui. (N.T.)

gama de eventos está em expansão e são necessários gerentes de eventos para organizá-los ao redor do mundo.

Quais eventos segmentados estão desabrochando em sua região? Considere as adaptações como sendo melhorias dos eventos tradicionais locais, que permitem o surgimento de eventos segmentados. E quais são os eventos turísticos segmentados que ocorrem, ou poderiam ocorrer, em sua região?

O aumento de eventos contemporâneos segmentados

Por que os eventos segmentados estão surgindo? Este texto propõe que os eventos segmentados estão surgindo como resultado de nossa sociedade contemporânea, que inclui um ambiente de mudanças.

Estamos vivendo em um período de mudança, que vem sendo descrito como era pós-industrial (Bell, 1973; Zuboff, 1988). O impacto da mudança pós-industrial na sociedade contemporânea produziu um ambiente de complexidade e imprevisibilidade (Choo e Bontis, 2002). De acordo com Homer-Dixon (2001), as mudanças contemporâneas impactam em todos os aspectos da sociedade, o que demanda um processo de aprendizagem ativo e contínuo a fim de acomodá-las (Hirschhorn, 1984; Sproull e Kiesler, 1991). Indivíduos e organizações são encorajados a se adaptar para superarem o desafio da mudança, sendo estimulado um estado mental para adaptar e inovar em nossa sociedade contemporânea. Jensen (1999, p. 16) afirma que a sobrevivência é dependente do indivíduo ou grupo que "é mais adaptável à mudança". Isso gera a seguinte questão: os eventos segmentados estão sendo produzidos em um processo de aprendizagem para reagir às mudanças em nosso ambiente contemporâneo?

No processo de aprendizagem para acomodar a mudança, surgiu um novo conceito que Limerick et al. (1998, p. 103) chamam de "individualismo colaborativo". Esse conceito envolve um grupo ou um coletivo de indivíduos responsáveis, "mantidos juntos por culturas em comum, significados e valores compartilhados" (Limerick et al., 1998, p. 128). Essa nova forma de coletivo encoraja um estado mental no sentido de que as pessoas precisam "adotar o individualismo, a colaboração e a inovação" (Limerick et al., 1998, p. 22). Cada postura deve ser adotada simultaneamente e todos os membros dentro do coletivo têm uma voz. À medida que esses indivíduos preservam e desenvolvem sua voz pessoal, são encorajados a colaborar para desenvolver inovações para o gerenciamento da mudança contemporânea do ambiente.

A aplicação do conceito de individualismo colaborativo a eventos segmentados requer um estado mental, uma voz individual e um empurrão para que grupos de indivíduos colaborem e sejam inovadores. Com uma voz de âmbito local, o individualismo colaborativo está ocorrendo à medida que os grupos utilizam concepções inovadoras para criar eventos segmentados. Unidos por elos comuns advindos da cultura, significado e valor do evento, são capazes de produzir, compartilhar e cultivar significados e valores adaptados para gerar eventos segmentados. Estes podem ser descritos como experimentos de design.

Cobb et al. (2003, p. 10) descrevem experimentos de design como sendo "espaços para testar inovações". Cobb e seu grupo de pesquisadores indicam que os experimentos de design oferecem a oportunidade de concluir uma série de ciclos de desenvolvimento e permitem revisões regulares para um evento.

O conceito de espaço para teste de eventos sugere que as oportunidades para formatar eventos segmentados existem em abundância. Experimentos em eventos segmentados podem explorar e retratar formatos e atividades capazes de oferecer novos entendimentos e inovações, criando eventos originais. Na gestão de eventos esportivos, recreativos e turísticos, aqueles que experimentam novos formatos estão desenvolvendo um conjunto crescente de eventos segmentados inovadores e criativos.

A necessidade de gerentes qualificados para eventos tradicionais e segmentados

As indústrias de esporte, recreação e turismo sofreram um crescimento fenomenal desde a década de 1960. O incremento de eventos, tanto tradicionais como segmentados, está mudando o cenário esportivo, recreativo e turístico, no qual cada evento requer um ou mais gerentes.

É alto o número de gerentes de eventos que podem ser potencialmente necessários no mundo, anualmente. Eles são necessários para eventos recreativos e competitivos locais, que podem se ampliar para regionais, estaduais, nacionais e internacionais, incluindo ligas, circuitos ou roteiros para grupos de idades e habilidades variadas. Além disso, eventos tradicionais podem incluir um extenso leque de esportes, variando de arco e flecha a iatismo. Os números que retratam eventos segmentados estão crescendo anualmente por meio de festivais, banquetes e shows dedicados a turistas. Some-se a isso a quantidade de eventos esportivos e recreativos que estão sendo alterados ou renovados para produzirem a próxima geração de eventos, e o número de gerentes necessários cresce proporcionalmente. O número exato de eventos que ocorre anualmente é desconhecido. Estimativas precisas são difíceis, em função das complexas condições da indústria esportiva, recreativa e turística. Contudo, um cálculo geral mostra que milhões de eventos tradicionais e segmentados são organizados anualmente no mundo. Em consequência, gerentes bem informados, preparados e experientes estão em alta.

Conclusão

Uma crescente projeção de eventos tradicionais e segmentados – esportivos, recreativos e turísticos – impele a demanda por especialistas com conhecimento e experiência na área de gestão de eventos. Os gerentes de eventos da atualidade precisam de habilidades para ir além de usar listas preestabelecidas que ditem a réplica de ações usadas na organização de eventos prévios. Gerentes de eventos contemporâneos precisam estar aptos a *pensar o todo* e autodeterminar as necessidades para estruturar eventos tradicionais e segmentados. Isso demanda conhecimento, unido à experiência, de gestão de eventos.

O Capítulo 2, a seguir, discute os conceitos de conhecimento e da corrida pela transferência do conhecimento. Também é apresentada uma definição de conhecimento exclusiva para gerentes de eventos esportivos, recreativos e turísticos. O Capítulo 2 visa orientar gerentes de eventos em suas buscas por conhecimento para usar nessa indústria.

Questões

1. Relacione três eventos tradicionais e as duas características que os tornam tradicionais.
2. Descreva três eventos segmentados que estejam sendo organizados em sua região.
3. Um evento pode deixar de ser tradicional e se tornar um evento segmentado? Se não, por quê? Se sim, quais as mudanças necessárias para a transição ocorrer?
4. Por que os eventos segmentados estão crescendo hoje em dia?
5. O que o aumento no número de eventos tradicionais e segmentados significa para a área de gestão de eventos?

O conceito de conhecimento em gestão de eventos

Cheryl Mallen, Brock University

Este capítulo discute conhecimento e o conceito de "corrida para transferência de conhecimento" (English e Baker, 2006), bem como sua aplicação para gerentes de eventos. Para compreender qual é o conhecimento necessário para essa corrida, são discutidas as noções de conhecimento básico e avançado. Então, é apresentada uma definição única para conhecimento, especificamente criada para a área de gestão de eventos, junto de uma estratégia de assimilação do conhecimento de eventos.

Já em 1973, Bell indicou que o conhecimento situava-se como um aspecto "central" para o progresso da nossa sociedade. Durante as últimas décadas, o conhecimento continua a ser valorizado. Uma razão para o aumento explosivo de seu valor é o reconhecimento de que se trata-se de um recurso que auxilia na produtividade (Grant, 1996). Dessa maneira, a produtividade e, em última instância, o sucesso na área de gestão de eventos, são, em parte, determinados pelo conhecimento que você adquire, compartilha, cria e aplica.

A corrida para transferência de conhecimento

A ênfase que a sociedade coloca no conhecimento tem estimulado o que English e Baker (2006) chamam de "corrida para transferência de conhecimento" – nessa corrida, cada indivíduo tem o papel primordial de criá-lo. Indivíduos e grupos colaborativos competem para desenvolver, continuamente, mais conhecimento. A principal atividade envolvida no seu desenvolvimento contínuo é compartilhar conhecimento. Há uma corrida para transferi-lo ou compartilhá-lo com o objetivo de gerar mais conhecimento.

O valor do processo de transferência ou compartilhamento de conhecimento foi destacado por George Bernard Shaw (1930), quando expressou, em sua peça *The Apple Cart*, que "se você tem uma maçã e eu tenho uma maçã e trocamos nossas maçãs, continuaremos tendo uma maçã cada. Mas se você tem uma ideia e eu tenho uma ideia e trocamos essas ideias, então cada um de nós terá duas ideias".

Uma aplicação do conceito de troca de Shaw para o conhecimento sugere que a transferência ajuda o desenvolvimento de todos os envolvidos no processo de compartilhamento. Esse conceito de transferência ou compartilhamento foi expresso por Shaw há décadas, mas apreendê-lo tornou-se um requisito para os atuais participantes do ambiente baseado em conhecimento.

O conhecimento foi descrito por Boisot (2002) como sendo de natureza pessoal; no entanto, há uma dependência crítica entre o detentor de conhecimento e o desenvolvimento de mais conhecimento por meio do processo de compartilhamento. Os esforços individuais simplesmente não fornecem conhecimento suficiente para ganhar da corrida por sua transferência. O vínculo com outras pessoas é necessário para favorecer o desenvolvimento do conhecimento de cada um.

Há muitos anos, a transferência de conhecimento tem sido vista como prioritária, uma vez que "a transferência rápida e eficiente de conhecimento é a única vantagem competitiva realmente sustentável" (Drucker, 1994, p. 10). Contudo, English e Baker (2006) afirmam que somente aqueles que adquirem conhecimento apropriado para compartilhar podem participar e acumular conhecimento adicional por meio do processo de transferência. Isso se dá porque você precisa ter conhecimento para dividir com os outros, de forma que eles, em troca, compartilhem os deles com você.

Na prática, esse processo de transferência indica que os gerentes de eventos esportivos, recreativos e turísticos precisam compartilhar para aumentar seu próprio conhecimento pessoal. O desenvolvimento de conheci-

O conceito de conhecimento em gestão de eventos

mento por meio do processo de compartilhamento pode possibilitar uma melhor compreensão da organização de eventos e ajudar no desenvolvimento de inovações para a indústria e na solução de problemas atuais.

Para ser competitivo em uma corrida para transferência de conhecimento em gestão de eventos, parece lógica a necessidade de uma estratégia. Essa estratégia é um plano pessoal, com o intuito de desenvolver a habilidade de se tornar eficiente e eficaz no processo de aquisição e transferência de conhecimento.

A essência dessa estratégia é poder definir o conhecimento aplicável especificamente à gestão de eventos esportivos, recreativos e turísticos. Uma vez que esse conhecimento é definido, pode ser desenvolvida uma estratégia para participar da corrida para transferir conhecimento. Todavia, definir conhecimento não é um processo claramente delimitado. Surgem dificuldades quando se tenta formular uma definição e estabelecer as características-chave envolvidas.

A definição de conhecimento

Como você, no momento, define conhecimento? Pense sobre sua definição atual de conhecimento e registre sua resposta. Depois, reveja-a e certifique-se de ter inserido, pelo menos, três dimensões, aspectos ou características-chave de conhecimento. Então, aplique a sua definição de conhecimento à área de eventos esportivos, recreativos e turísticos, incluindo o escopo do conhecimento que você precisa obter especificamente para a gestão de eventos (Quadro 2.1).

Quadro 2.1 Defina conhecimento

1. Registre como você define conhecimento atualmente.

2. Inclua, pelo menos, três dimensões, aspectos ou características-chave de conhecimento em sua definição.

3. Aplique sua definição de conhecimento à área de gestão de eventos esportivos, recreativos e turísticos. Para ter conhecimento na área de gestão de eventos, o que especificamente se deveria conhecer?

Este é um exercício difícil. Pesquisadores tentam definir conhecimento há décadas e essa área de estudo continua a crescer. Não há na bibliografia uma definição única de conhecimento a ser adotada – buscar uma definição singular seria ilusório. Os pesquisadores têm oferecido variadas definições e diversos enunciados para o significado de conhecimento e, ao não obter uma definição concisa, o conhecimento é entendido somente a partir de diferentes níveis de escopo, ênfase e contexto. De acordo com Edvinsson e Malone (1997), a dificuldade para chegar a um consenso sobre a definição de conhecimento reside em sua natureza intangível.

Em um ambiente onde a corrida para a transferência de conhecimento é um componente-chave para ser competitivo, como você pode transferir conhecimento se a compreensão do significado deste é imprecisa? Volte e olhe para a declaração que você criou para definir conhecimento no exercício anterior. A sua definição oferece detalhes suficientes para *orientar* sua participação em uma corrida para a transferência de conhecimento na área de gestão de eventos (Quadro 2.2)?

Quadro 2.2 Continue a definir conhecimento.

Revise o enunciado que você criou para definir conhecimento no exercício anterior. Sua definição orienta sua participação em uma corrida para a transferência de conhecimento na área de gestão de eventos? Se sim, como? Se não, o que falta?

Se você não sabe como definir conhecimento ou o que ele engloba, como pode obter o conhecimento necessário para ser valorizado na área de gestão de eventos?

Seria útil ter uma definição que expressasse o entendimento vigente, multifacetado, de conhecimento. Isso poderia aumentar sua participação na corrida para a transferência de conhecimento em gestão de eventos. A definição poderia, então, ser usada para desenvolver uma estratégia que levasse a obter mais conhecimento e compartilhá-lo no processo de transferência.

Embora pesquisadores não consigam consenso na definição de conhecimento, não há razões para não formular entendimentos contextuais, que podem ser usados para participar da produção do conhecimento e, em particular, da corrida para sua transferência em gestão de eventos. Há definições básicas que expressam opiniões que podem ajudar sua compreensão. Além disso, as diversas discussões que buscam delinear melhor os componentes do conhecimento também podem auxiliar a refletir sobre o termo.

A definição de conhecimento apresentada a seguir integra definições de diversos pesquisadores e suas aplicações específicas para o contexto de gestão de eventos.

Os pesquisadores buscam definir conhecimento descrevendo os componentes tangíveis que distinguem o conhecimento individual. Analisaremos várias dessas definições, dividindo-as em duas categorias, que estamos chamando de *conhecimento básico* e *conhecimento avançado*.

Antes de definirmos conhecimento básico e avançado, precisamos discutir alguns termos que podem causar confusão. Os termos conhecimento, informação e dados têm sido usados como sinônimos em alguns contextos. Contudo, neste livro, é aceita a opinião de Boisot (2002, p. 67), que diz: "Pense nos dados como estando situados no mundo, e o conhecimento, nos agentes [dentro da mente], sendo que a informação desempenha um papel mediador entre eles". Assim, conhecimento, informação e dados são considerados três entidades separadas.

Conhecimento básico

Diversos pesquisadores apresentam descrições para conhecimento básico. Para começar, Blackler (1995) indica que o conhecimento básico pode ser descrito como o que alguém *faz*. Isso significa que um aspecto ou dimensão do conhecimento básico inclui a compreensão das atividades desempenhadas por um gerente de eventos.

English e Baker (2006, p. 4) descrevem conhecimento básico como sendo do *"know how"* ou "o conhecimento geral da teoria e da prática de um processo ou procedimento". Essa descrição sugere que as dimensões do conhecimento básico incluem a compreensão de teorias contemporâneas (por exemplo, teoria da complexidade, teoria da contingência, teoria de sistemas e teoria de gestão) e suas aplicações na prática profissional, incluindo a rotina e os procedimentos para gerenciar eventos.

Gupta e MacDaniel (2002) descrevem conhecimento básico como a familiaridade com temas de cultura, política e personalidades. Esse tipo de conhecimento básico habilita a participar do ambiente de eventos no qual operamos. Essa dimensão de conhecimento é baseada na compreensão elementar de temas para conviver em um ambiente social.

Nonaka et al. (2000) indicam que o conhecimento básico é "conceitual" e "sistêmico", obtido na medida em que se desenvolve o entendimento da informação, cuja natureza é abstrata. O conhecimento conceitual inclui ideias que são expressas e podem ser imaginadas. O conhecimento sistêmico é obtido por meio do entendimento geral da estrutura, procedimentos, processos, esquemas e técnicas envolvidas em uma prática. Esse tipo de conhecimento inclui sistemas metodológicos, como tecnologia, manuais ou pacotes de informação.

Por mais de uma década, o conhecimento básico tem sido descrito como sendo os componentes do *senso comum* de determinado contexto ou área, além de fatos, conceitos e estruturas teóricas (Spender, 1996). Isso significa que o conhecimento inclui a habilidade de discutir uma área em linguagem comum (incluindo termos simples usados na área), além de perceber e entender os sentidos e significados da linguagem que é compartilhada (Grant, 1996).

Para obter conhecimento básico, Spender (2002, p. 160) indica que ele "cresce/emerge das interações". Portanto, o desenvolvimento do seu conhecimento básico depende das interações que você tem, incluindo interações com material escrito e com especialistas da área de eventos. Essas interações ajudam a contextualizar, interpretar e conceber opções para o uso desse conhecimento.

Acima de tudo, o conhecimento básico é explícito e fornece os fundamentos necessários para que você possa analisar e participar, uma vez que é "o alicerce de tudo. É a base que reúne, na concepção e na ação, todos os outros tipos de conhecimento considerados relevantes em determinado contexto – por ser a fonte para tais considerações" (Spender, 2002, p. 157-158). Quanto maior o conhecimento básico, maior a base que pode ser usada para julgar o valor do novo conhecimento e para facilitar sua integração com o banco de conhecimento existente (Quadro 2.3).

Conhecimento avançado

O conhecimento avançado é valioso por estar em um nível mais alto de desenvolvimento e sofisticação, podendo ser caracterizado como um conhecimento aprofundado. Esse tipo de conhecimento é concebido por um indivíduo por meio de perspectivas e percepções pessoais que estão conceitualmente em mente. Desenvolver esse tipo de conhecimento pode fornecer uma vantagem competitiva, por ser produto de um nível mais profundo de compreensão, que pode levar a ideias pioneiras, progresso e, por fim, ao sucesso como gerente de eventos.

O conceito de conhecimento em gestão de eventos

Quadro 2.3   Aspectos ou dimensões do conhecimento básico.

Stehr (1992, p. 4)	Conhecimento "é tanto um agente de ação social quanto o resultado da conduta humana".
Blackler (1995)	Conhecimento consiste no que alguém *faz*.
Spender (1996)	Conhecimento envolve a obtenção de dados factuais, conceitos e modelos teóricos – e inclui o "senso comum".
Grant (1996)	Conhecimento envolve a compreensão básica de uma linguagem simples e seu significado.
Nonaka et al. (2000)	*Conhecimento conceitual* é a compreensão de conceitos que são de natureza abstrata. *Conhecimento sistêmico* é a compreensão de estruturas, procedimentos, processos, esquemas e técnicas.
Spender (2002)	Conhecimento básico "cresce/emerge das interações" (p. 160). Conhecimento básico "é a base que reúne, na concepção e na ação, todos os outros tipos de conhecimento considerados relevantes em determinado contexto – por ser a fonte para tais considerações" (p. 157-158).
Gupta e MacDaniel (2002)	É a familiaridade com temas de cultura, política e personalidades.
English e Baker (2006, p. 4)	*Know-how* é ter "o conhecimento geral da teoria e da prática de um processo ou procedimento".

Um exemplo simples da diferença entre conhecimento básico e avançado pode ser obtido ao observar diversos graus de entendimento de um assunto. Se você fosse descrever uma sala de aula de ensino superior para indivíduos que nunca a frequentaram, apresentando o estilo e tipo dos assentos e a tecnologia encontrada em uma sala típica, eles poderiam ter uma compreensão básica do ambiente. Contudo, esses indivíduos não teriam conhecimento avançado relacionado à variedade de salas e estilos existentes em uma instituição educacional, nem às diversas tecnologias disponíveis em diferentes salas de aula. As pessoas com conhecimento avançado têm uma compreensão profunda do contexto da sala de aula.

O conhecimento avançado tem sido descrito de muitas formas. Uma delas é a que envolve "*insight*, intuição e decisões baseadas em pressentimento"

17

(Leonard e Sensiper, 2002, p. 486). Outra definição diz que o conhecimento avançado significa um passo além do conhecimento básico comum no sentido da compreensão profunda das rotinas e práticas diárias (Nelson e Winter, 1982). Nonaka et al. (2000) indicam que *conhecimento da rotina* envolve um entendimento aprofundado da ordem cronológica de eventos e inclui discernir o *know-how* da indústria no que se refere a atividades, processos e procedimentos diários. Além disso, afirmam que o *conhecimento empírico*, obtido por meio da participação ativa nas práticas, pode ser colocado acima do conhecimento básico, sendo caracterizado como conhecimento avançado quando detalhes sutis de como obter eficiência, eficácia e sucesso são aprendidos com a prática. Por causa do valor do conhecimento empírico na gestão de eventos, o tópico é discutido detalhadamente no Capítulo 11, "Uma abordagem integral da aprendizagem experencial: fundamento para a gestão de eventos e o desenvolvimento pessoal".

O conhecimento avançado também pode ser o que Collins (1993) descreve como "conhecimento cerebral *(enbrained)*" e "conhecimento cultural *(encultured)*". O conhecimento cerebral envolve capacidades conceituais e cognitivas formadas pela prática, e inclui desenvolver a percepção, pensar conforme o contexto e distinguir necessidades. O conhecimento cultural é a compreensão e a consciência profunda das sutilezas exigidas para participar completamente de determinada cultura.

O conhecimento avançado também envolve a criação de novo conhecimento. Há alguns anos sabemos que a criação de conhecimento não ocorre de forma desconectada das habilidades presentes (Kogut e Zander, 1992). Mais exatamente, novas aprendizagens, na forma de inovações, "são produtos das *capacidades combinativas* de uma empresa de gerar novas aplicações para o conhecimento existente" (Kogut e Zander, 1992, p. 390). Isso sugere que a criação de conhecimento decorre da combinação do que você já sabe e pode fazer aplicada a uma nova situação. Em suma, o processo de criação de novo conhecimento requer que as pessoas sintetizem seu conhecimento atual em diferentes aplicações e situações.

Von Krogh e Grand (2002, p. 172) afirmam que "conhecer significa ter certas crenças sobre o mundo, sendo esse conhecimento justificado tanto por experiências e observações comuns como pelo raciocínio e pensamento conceituais". Essa definição de conhecimento implica que as crenças que o formam são afetadas por experiências, observações e habilidade para raciocinar e pensar de forma conceitual.

A obtenção de conhecimento avançado em gestão de eventos é importante, pois pode oferecer uma vantagem real quando você for requisitado para administrar situações ou problemas, especialmente os que não têm parâmetros bem definidos. No entanto, é difícil obter conhecimento avançado, dada sua natureza tácita (Nonaka e Takeuchi, 1995).

Conhecimento tácito é o que as pessoas têm em suas mentes, incluindo percepções, perspectivas, crenças e modelos (Nonaka e Takeuchi, 1995). Polyani (1966) indica que o conhecimento tácito é construído por meio do raciocínio, enquanto Ritchie (1998) e Winter (1987) afirmam que é construído por meio de experiência pessoal. Por conta da dificuldade em se fazer um indivíduo articular seu conhecimento tácito, ele tem sido descrito como um tipo de *iceberg* (Schorr, 1997, p. 29). É um conhecimento pessoal, cuja maior parte está submersa. Portanto, por sua natureza encoberta, pode ser um desafio obter conhecimento avançado de outra pessoa em um processo de transferência de conhecimento sobre eventos.

A dificuldade de obter conhecimento avançado de alguém é atribuída, há anos, ao fato de que, em geral, o detentor de conhecimento nunca o tenha expressado oralmente ou por escrito (Spender, 1996). Uma solução para amenizar por completo o problema não foi encontrada. Uma pessoa pode ter um conhecimento avançado, o qual considera íntimo e pessoal, sem perceber que o detém. Por isso, é difícil participar de um processo de transferência e ser capaz de expressar o conhecimento em um processo de troca.

Para acessar o conhecimento básico e avançado detido por outros, Leonard e Sensiper (2002) sugerem o uso de um processo de socialização. O ato de se socializar ajuda a acessar o conhecimento que está enraizado em um ambiente ou em atividades conduzidas enquanto o conhecimento avançado foi desenvolvido. A socialização auxilia a desenvolver o conhecimento básico e avançado ao indagar, questionar e estimular discussões ligadas a determinado contexto. A condução de entrevistas com especialistas importantes da área de gestão de eventos oferece, potencialmente, acesso aos dois tipos de conhecimento. Acompanhar um profissional enquanto ele realiza suas atividades diárias, formulando perguntas pertinentes a suas tarefas, pode revelar detalhes a respeito de seu conhecimento. Obter conhecimento básico é o ponto de partida para conquistar conhecimento avançado, que pode requerer muito mais esforço para ser acessado.

A aquisição de conhecimento básico oferece os alicerces para participar da corrida pela transferência de conhecimento. Isso ocorre porque o conhecimento básico é "importante por seu poder de ajudar os indivíduos a participar da troca e integração de conhecimento que *não* é comum entre eles" (Grant, 1996, p. 139). A troca de conhecimento começa com elementos básicos que, por sua vez, podem levar a descobrir elementos incomuns. Conforme você aumenta a quantidade de conhecimento básico que compartilha, o processo ganha potencial para sintetizar a aprendizagem e criar conhecimento avançado (Quadro 2.4).

Quadro 2.4 Aspectos ou dimensões do conhecimento avançado.

Polyani (1966)	Conhecimento é construído por meio do raciocínio.
Nelson e Winter (1982)	Conhecimento avançado é a compreensão profunda das rotinas e práticas diárias, sem que os membros do grupo tenham ciência da extensão de conhecimento que detêm.
Kogut e Zander (1992, p. 390)	Conhecimento avançado é a "criação de novo conhecimento [...] a partir de habilidades presentes [...] *capacidades combinativas* de gerar novas aplicações para o conhecimento existente".
Collins (1993)	Conhecimento avançado envolve *"conhecimento cerebral (enbrained)"*, derivado de capacidades cognitivas e conceituais e *"conhecimento cultural (encultured)"*, derivado da participação em situações culturalmente diferentes para desenvolver a compreensão de sutilezas da cultura.
Ritchie (1998)	Conhecimento é construído por meio de experiência pessoal.
Nonaka et al. (2000)	Conhecimento avançado inclui *conhecimento da rotina*, que envolve um entendimento aprofundado das atividades diárias (*know-how*) e *conhecimento empírico*, que envolve a prática e a experiência fornecidas por atividades de participação ativa.
Leonard e Sensiper (2002, p. 486)	Conhecimento avançado é a base para a produção de *"insight*, intuição e decisões baseadas em pressentimento".
Von Krogh e Grand (2002, p. 172)	"Conhecer significa ter certas crenças sobre o mundo, sendo esse conhecimento justificado tanto por experiências e observações comuns como pelo raciocínio e pensamento conceituais".
Conner e Prahalad (2002)	Uma vantagem é derivada das perspectivas particulares de uma pessoa ou de uma combinação de conhecimento que está disponível para a criação de soluções e inovações.

O conceito de conhecimento em gestão de eventos

No início deste capítulo, pedimos que você registrasse uma definição de conhecimento. Agora, volte e revise sua definição inicial e as dimensões ou aspectos que pôde descrever, comparando-os com as definições e aspectos do conhecimento básico e avançado expostos anteriormente. A revisão e o aperfeiçoamento da sua definição são importantes para fazer parte de um ambiente de eventos baseado em conhecimento.

Uma definição de conhecimento para o contexto de gestão de eventos

Para ajudar a compreender a definição de conhecimento, é oferecida uma definição específica para gestão de eventos, construída a partir das várias definições e descrições de conhecimento básico e avançado elencadas anteriormente. O resultado é a definição de conhecimento para o contexto de gestão de eventos apresentada no Quadro 2.5.

Quadro 2.5 Definição de conhecimento para a gestão de eventos.

Uma definição de conhecimento para o contexto de gestão de eventos esportivos, recreativos e turísticos é:

Conhecimento de gestão de eventos = a sinergia de conhecimento básico e avançado que leva à perspicácia (rápidos insights e compreensão) para a competência (em ações e habilidades).

A sinergia do conhecimento básico e avançado envolve mais do que somente adicionar conhecimento individual para criar um nível de conhecimento abrangente. Uma sinergia dá origem a combinações de conhecimento que podem ser alcançadas por meio de interações. O efeito conjunto de uma sinergia de *insights* e compreensões é maior do que seria apenas a soma dos efeitos individuais. A combinação sinérgica leva ao desenvolvimento de *insights* e aprendizados pessoais para o uso prático na área de gestão de eventos.

Essa definição de conhecimento pode, agora, ser usada para orientar a construção de uma estratégia adequada à corrida para transferência de conhecimento em gestão de eventos.

Uma estratégia para transferência de conhecimento

Como mencionado no início deste capítulo, você está em um ambiente contemporâneo que considera o conhecimento como um bem valioso. Além disso, há uma corrida para sua transferência que exige que você obtenha sempre mais conhecimento básico e avançado. Embora os pesquisadores não tenham um consenso quanto à definição de conhecimento, foi criada uma definição específica para o contexto de gestão de eventos, a partir de várias definições encontradas na bibliografia. Essa definição pode, agora, ser usada para desenvolver uma estratégia a fim de buscar conhecimento básico e avançado em gestão de eventos, ou uma estratégia para a corrida para a transferência de conhecimento.

Uma estratégia para transferir conhecimento é um plano para ajudá-lo a se tornar eficiente e eficaz no processo de obtenção e transferência de conhecimento em gestão de eventos. Essa estratégia articula recursos cuja intenção é orientá-lo a desenvolver sua capacidade de usar seu conhecimento de modo competitivo e objetiva aumentar seu entendimento de categorias de conhecimento, desenvolver sua perspicácia (rápidos *insights* e compreensão) e elevar sua competência (ações e habilidades) aplicada na área de gestão de eventos (Quadro 2.6).

Quadro 2.6 Definição de estratégia para corrida para transferência de conhecimento.

> Uma estratégia para a corrida para transferência de conhecimento é uma forma intencional de agir para desenvolver sua capacidade de conhecimento aplicada à área de gestão de eventos esportivos, recreativos e turísticos.

Uma estratégia para a transferência de conhecimento requer o registro de categorias que possam descrevê-lo e extrapolar seu significado para a indústria de eventos. Um exemplo de estratégia é destacado no Quadro 2.7. Esse registro relaciona uma combinação de conhecimentos básico e avançado que você pode buscar ao trabalhar na indústria de eventos.

A sugestão é que você desenvolva uma estratégia pessoal para transferência de conhecimento, por escrito, e que a revise e atualize semanalmente durante o semestre de seu curso de gestão de eventos, continuando a fazê-lo depois. Cada tema discutido em classe pode ajudá-lo a descrever melhor o conhecimento que pode adquirir ou transferir. Em seguida, implante a estratégia para a transferência de conhecimento. Para começar a implantá-la, você deve desenvolver uma rede de contatos que apoie sua busca.

Quadro 2.7 Estratégia para corrida para transferência de conhecimento em gestão de eventos.

Aspectos de conhecimento básico	Aplicação dos aspectos de conhecimento básico na área de gestão de eventos
Conhecimento é a compreensão do que eles "fazem" (Blackler, 1995)	Desenvolver e compartilhar a compreensão do papel do gerente de eventos, incluindo o que ele faz para se preparar para um evento, suas atividades durante cada fase do evento, inclusive as etapas de desenvolvimento, planejamento logístico, execução, monitoramento, gestão, avaliação e reedição do evento.
Conhecimento envolve a obtenção de dados factuais, conceitos e estruturas teóricas (Spender, 1996)	Um aspecto é o entendimento geral de prazos, necessidades de dados para propor ou sediar um evento, conceitos e estruturas teóricas.
Conhecimento envolve "conhecimento conceitual" (Nonaka et al., 2000)	Um aspecto envolve desenvolver a compreensão geral de conceitos abstratos – como processos usados para desenvolver ideias –, o entendimento de conceitos ou ideias que foram usados durante os eventos e a percepção do valor qualitativo de ideias relacionadas a eventos.
Conhecimento envolve "conhecimento sistêmico" (Nonaka et al., 2000)	Um aspecto inclui o entendimento de sistemas tecnológicos que auxiliam os eventos, de desenvolvimento de guias e de criação de manuais para os eventos (como diretrizes para as equipes e sinopses de produção).
Conhecimento é a familiaridade com temas de cultura, política e personalidades (Gupta e MacDaniel, 2002)	Um aspecto está relacionado com o aprendizado do código de conduta de um gerente, em todas as fases do evento. Além disso, inclui avaliar as organizações envolvidas, seus pontos controversos ou problemas atuais e potenciais e, também, seu impacto nos responsáveis pela tomada de decisões. Ademais, é necessário estar informado a respeito de diversas personalidades e saber lidar com pessoas que poderiam, sutil ou abertamente, tentar influenciar, de várias maneiras, o planejamento do evento.

(continua)

Quadro 2.7 Estratégia para corrida para transferência de conhecimento em gestão de eventos. (*continuação*)

Aspectos de conhecimento básico	Aplicação dos aspectos de conhecimento básico na área de gestão de eventos
Conhecimento é o entendimento da teoria e da prática (English e Baker, 2006)	Um aspecto envolve o entendimento geral da teoria (por exemplo, os componentes da teoria de contingência, teoria da complexidade e teoria de gestão) e como elas fornecem os fundamentos teóricos para as etapas de planejamento e gestão de eventos. Além disso, envolve conhecer processos e procedimentos usados na prática (como necessidades de comunicação durante cada estágio do modelo de planejamento de eventos).
Aspectos de conhecimento avançado	**Aplicação dos aspectos de conhecimento avançado na área de gestão de eventos**
"Conhecimento pessoal (*enbrained*)" (Collins, 1993)	Um aspecto é o desenvolvimento de habilidades cognitivas e conceituais de eventos, refletindo sobre as necessidades logísticas para sediar diversos eventos (isto é, em ambientes abertos e fechados) e para adaptar suas atividades a partir de sua natureza tradicional e/ou segmentada.
"Conhecimento cultural (*encultured*)" (Collins, 1993)	Um aspecto é o aprendizado dos detalhes particulares de uma cultura por meio da imersão em uma variedade de situações culturais.
"Conhecimento da rotina" (von Krogh e Grand, 2002)	Um aspecto inclui desenvolver uma compreensão profunda das rotinas de gestão de eventos, abrangendo sua adaptação a eventos específicos e o entendimento do motivo pelo qual certas rotinas não levam a uma gestão bem-sucedida.
"Conhecimento empírico" (von Krogh e Grand, 2002)	Um aspecto envolve a busca de experiências práticas em diversas áreas (como vender ingressos, elaborar escalas, equipar a área de competição, providenciar acomodação e transporte, realizar promoções e cerimônias).

Apoio de redes na estratégia para transferência de conhecimento

Uma descrição de Castells (2000, p. 697) indica que

As redes são estruturas dinâmicas e de desenvolvimento autônomo que, alimentadas pela tecnologia da informação e comunicando-se com a mesma linguagem digital, podem crescer e envolver todas as expressões sociais compatíveis com seus objetivos. As redes aumentam seu valor exponencialmente conforme acrescentam elos.

A combinação de relacionamentos de membros individuais cria a estrutura de uma rede. A natureza social das redes exige o emprego da comunicação como característica-chave, sendo constantemente requisitada para a formação e manutenção da rede. O papel principal de cada membro da rede é se comunicar.

Cada membro da rede precisa desenvolver a competência de ser um inestimável comunicador. Harris et al. (2000, p. 6) indicam que a competência para atuar em rede inclui habilidades de

compartilhar seus entendimentos dos temas e imaginar formas de relacioná-los à realização do trabalho necessário para levar a uma visão compartilhada do futuro. Essa visão oferece o contexto que orienta toda a atividade da rede. Conservar essa orientação é fundamental para o desenvolvimento e manutenção de redes.

O compartilhamento dentro da rede oferece oportunidades para que sejam geradas ideias e criado conhecimento (von Krogh e Grand, 2002).

Para formar uma rede de transferência de conhecimento em gestão de eventos, é necessário que os principais membros ou ativistas incentivem os relacionamentos em um processo de compartilhamento do conhecimento. Os ativistas da rede precisam dedicar o tempo, a atenção e a competência necessários para que as relações sejam desenvolvidas e mantidas. O *ativismo em rede* é um componente-chave na estratégia da corrida para transferência de conhecimento, sendo consciente o esforço para expandir a rede pessoal, encorajar contatos entre membros e aumentar a qualidade das relações da rede para a troca de conhecimento (Quadro 2.8).

Quadro 2.8 Ativismo em rede.

O ativismo em rede é um esforço consciente para: expandir o número de elos na sua rede pessoal, encorajar contatos entre os elos, e aumentar a qualidade dos relacionamentos em rede.

Se você não pode participar de uma rede de transferência de conhecimento, deve considerar seriamente ser um ativista, criando sua própria rede de compartilhamento de conhecimento. Para desenvolvê-la, leve em conta: quem você chamaria para começar uma rede pessoal a fim de buscar conhecimento? O que você espera de cada membro da rede em termos de transferência de conhecimento e o que está oferecendo em troca? Como irá encorajar um número maior de contatos entre você e as outras pessoas de sua rede? Ainda, como irá aumentar a qualidade das relações em rede para obter mais conhecimento?

Ao desenvolver uma estratégia de transferência de conhecimento e uma rede para melhorá-la, é importante que você desenvolva suas próprias percepções. O uso de percepções pessoais sobre conhecimento e o ativismo em rede podem criar uma vantagem competitiva, derivada do que Conner e Prahalad (2002) chamam de *efeito de flexibilidade*. Esse efeito abrange o conhecimento que é personalizado pelo entrelaçamento de perspectivas, opiniões, abordagens, experiências, ideias e opções de cada indivíduo. Além disso, a personalização envolve o impacto da destreza, personalidade, motivações, habilidades, percepções e interpretações de cada pessoa nesses elementos. Esse impacto cria diferenciação ou o efeito de flexibilidade de um indivíduo. De acordo com Zack (1999), o efeito de flexibilidade gera ideias, interpretações e respostas diferenciadas, responsáveis por uma vantagem competitiva, produzida a partir do processo de personalização, que leva a *insights*, entendimentos e desenvolvimento do novo conhecimento (Quadro 2.9).

Quadro 2.9 Efeito de flexibilidade.

O efeito de flexibilidade envolve o uso de suas perspectivas, opiniões, abordagens, experiências, ideias e opções pessoais para criar diferenciação de conhecimento, ou o(s) seu(s) "efeito(s) de flexibilidade". Ideias, interpretações e respostas diferenciadas fornecem uma vantagem competitiva potencial no ambiente contemporâneo em mutação (Zack, 1999).

A personalização de conhecimento auxilia na produção de ideias e de novo conhecimento, pois a diferenciação garante que as ideias são variadas e não limitadas a um ponto de vista específico (Carney, 2001). Aceitar e alimentar a personalização de seu conhecimento favorece o desenvolvimento de opções, interpretações variadas e soluções.

Conclusão

Foi dada a largada para uma corrida para transferência de conhecimento. Os que atuam em gestão de eventos não podem esperar estar isentos dos requisitos de conhecimento enfatizados pela sociedade contemporânea. Para começar a participar dessa corrida, é necessária uma definição de conhecimento, que pode orientá-lo a desenvolver uma estratégia para transferência de conhecimento. Essa estratégia norteia a obtenção do conhecimento multidimensional necessário para a indústria de gestão de eventos. Além disso, uma rede de relacionamento que incentive a colaboração e o compartilhamento de conhecimento é útil nos esforços para obtê-lo.

Este capítulo ofereceu uma definição de conhecimento no contexto de gestão de eventos esportivos, recreativos e turísticos. Também foi delineada uma estratégia para a corrida para transferência de conhecimento, aplicando características ou dimensões do conhecimento básico e avançado à gestão de eventos. O objetivo é orientar a busca por mais conhecimento, a fim de alcançar a perspicácia necessária na indústria de eventos.

Este texto defende que você não deve simplesmente aceitar qualquer definição de conhecimento apresentada. É recomendado que você reveja as definições e crie uma própria para nortear o desenvolvimento de sua estratégia para a transferência de conhecimento. Além disso, você precisa tornar-se um ativista em rede para facilitar a implantação da estratégia. A implantação envolve a busca de conhecimento por meio da expansão de suas relações na área de gestão de eventos, da melhoria do contato entre os elos e do aprimoramento da qualidade dos relacionamentos em rede. A união da estratégia para transferir e do desenvolvimento de uma rede para alcançar conhecimento podem colocá-lo em uma posição valiosa dentro da indústria.

Para apoiar o conceito de estratégia para transferência de conhecimento, esse texto *não* oferece uma relação de conselhos que você pode seguir para produzir um evento de esporte, recreação ou turismo. Uma listagem é inútil para obter conhecimento em tempos de mudança, porque os eventos não são todos iguais e o ambiente contemporâneo em mutação sugere que você, no futuro, trabalhará em eventos que ainda não foram concebidos. Em tempos de transformação, é importante conseguir ponderar os requisitos específicos para cada contexto e evento. Dessa maneira, o que você está procurando é a perspicácia. Os *insights* e entendimentos rápidos devem colocá-lo em uma boa posição para o futuro. Assim, foi apresentado um modelo de planejamento para orientar o desenvolvimento de sua compreensão de gestão de eventos.

Questões

1. O que é a corrida para transferência de conhecimento e como você participa dela?
2. Descreva por que você está em uma corrida para transferência de conhecimento em gestão de eventos.
3. O que é conhecimento básico?
4. O que é conhecimento avançado?
5. Como você obtém conhecimento avançado e por que é tão difícil consegui-lo?

3

Modelo de planejamento de eventos: fase de desenvolvimento, parte I

Amy Cunningham, Joanne MacLean,
Laura Cousens, Martha Barnes, Brock University;
Geoff Dickson, Auckland University of Technology

Os próximos seis capítulos discutem o modelo de planejamento de eventos e descrevem o papel do gerente de eventos na produção de eventos tradicionais ou segmentados. O modelo inclui quatro fases, de acordo com a Figura 3.1.

Este capítulo examina a primeira fase do modelo de planejamento, a de desenvolvimento. Nessa fase, o gerente de eventos se posiciona como um facilitador, que orienta o desenvolvimento de estruturas para governança, redes de relacionamento, políticas, práticas de voluntariado do evento e participação na responsabilidade social corporativa.

Cada um dos cinco capítulos a seguir discute as fases de planejamento: fase de planejamento operacional do evento; execução, monitoramento e gestão do evento; avaliação e reedição ou renovação do evento.

No capítulo anterior, foram discutidos os diversos significados e definições do conceito de conhecimento. Neste primeiro item do Capítulo 3 é apresentada a ideia de facilitação, considerando que um papel fundamental do gerente de eventos é facilitar os processos para produzir um evento tradicional ou segmentado. Em seguida, outros itens discutem governança, políticas, redes de relacionamentos, práticas de voluntariado e responsabilidade social corporativa de um evento.

Figura 3.1 Um modelo de planejamento de eventos.

Fase de desenvolvimento do evento

O gerente de eventos facilita o desenvolvimento de estruturas para governança, redes de relacionamento, políticas, práticas de voluntariado do evento e participação em um programa de responsabilidade social corporativa.

Fase de avaliação e reedição do evento

O gerente de eventos facilita a seleção dos elementos do evento passíveis de avaliação, a execução das atividades de avaliação e o cumprimento das recomendações de avaliação.

Fase de planejamento operacional do evento

O gerente de eventos cria e facilita o desenvolvimento de planos operacionais formais, lógicos, sequenciais, detalhados e integrados, bem como planos de contingência, e aciona um processo de aprimoramento dos planos.

Fase de execução, monitoramento e gestão do evento

O gerente de eventos facilita a implantação dos planos operacionais formais, monitora atividades a fim de identificar irregularidades e administra os desvios dos planos.

O gerente de eventos como um facilitador

Amy Cunningham

Um dos aspectos mais interessantes da gestão de eventos é a necessidade de formar uma equipe comprometida. O evento precisa de um facilitador que oriente o *processo de compartilhamento de conhecimento* entre os membros e, além disso, seja responsável por *amparar* os processos do evento. Essas são as operações compreendidas pelo esforço colaborativo de planejamento e execução de um evento, no qual todos os membros do grupo precisam se sentir como uma parte igualmente importante do esforço coletivo.

O papel do gerente de eventos como um facilitador se estabelece na fase de desenvolvimento do modelo de planejamento. Esse papel será discutido mais profundamente, mas antes vamos dar um passo para trás e verificar o significado da própria facilitação, um conceito crucial para o papel que o gerente de eventos deve exercer e que fornece o arcabouço teórico sobre o qual construímos nosso entendimento deste item e de todo o texto.

O que é a facilitação?

Bens (2000, p.7) define a facilitação como "uma forma de oferecer liderança sem assumir o controle". A teoria considera que o aprendizado ocorre com o auxílio de alguém que facilite o processo, em oposição a alguém que simplesmente forneça conhecimento a um grupo (Laird, 1985; Lambert e Glacken, 2005). Por essa teoria de facilitação, acredita-se que, uma vez que a mudança é constante, os melhores educadores são os que aprenderam a aprender e podem conduzir outras pessoas no caminho do autodesenvolvimento e do pensamento crítico (Lambert e Glacken, 2005; Peel, 2000). Esse estilo de liderança estimula o desenvolvimento de aprendizes autônomos que colaboram com processos do grupo, onde a criação e disseminação de conhecimento dependem de todos os membros.

Para ser um facilitador eficiente e defensor dessa teoria, deve-se partir de certos pressupostos. De acordo com Bens (2000), os adeptos da teoria e da prática da facilitação adotam as seguintes premissas:

- As pessoas são inteligentes, capazes e querem fazer a coisa certa.
- Decisões em grupo são melhores que a de qualquer pessoa sozinha.
- A opinião de todos tem o mesmo valor, independentemente de seu cargo ou posição.
- As pessoas se comprometem com as ideias e planos que ajudaram a criar.
- Os participantes podem ser e serão responsáveis ao prestar contas sobre suas decisões.
- Os grupos podem administrar seus próprios conflitos, comportamentos e relacionamentos se contarem com instrumentos e treinamento adequados.

O *processo*, se bem elaborado e aplicado com fidedignidade, é confiável para atingir os resultados (Bens, 2000, p. 8).

Agora que sabemos, de modo geral, o que significa a teoria da facilitação, podemos explorar o papel do gerente de eventos que atua como um facilitador.

Papel de um facilitador de eventos

Se olharmos de novo para a Figura 3.1, veremos que o gerente de eventos tem um importante papel para desempenhar como facilitador durante todas as fases de planejamento. Nesse papel, sua missão é conseguir que *as outras pessoas assumam a responsabilidade e tenham iniciativa*. Rogers e Friedberg (1994, p. 21) expressaram da seguinte forma o papel de líder facilitador:

> Um líder é melhor quando as pessoas quase não notam que ele existe. Não é tão bom quando as pessoas o obedecem e aclamam, e é pior quando o desprezam. Falhe em respeitar os outros e eles não o respeitarão. Mas, a um bom líder, que fala pouco, quando seu trabalho está feito, seu objetivo alcançado, as pessoas dirão: "Fomos nós que fizemos".

O facilitador se torna o diretor do espetáculo, no qual cada participante desempenha um papel principal (Vidal, 2004). No fim desse espetáculo, com a criação de sinergia no grupo, que deve ser um dos principais objetivos do verdadeiro facilitador, os participantes terão tido "o prazer de trabalhar criativa e coletivamente para alcançar alguns objetivos" (Vidal, 2004, p. 394). Acima de tudo, os facilitadores buscam tornar processos específicos mais fáceis de executar durante todas as fases do evento.

Quadro 3.1 Diferenças entre ensinar e facilitar.

Descreva a diferença entre *ensinar* e *facilitar*.

Determine as *vantagens* e *desvantagens* de ensinar, em comparação com facilitar.

Há muitas habilidades, experiências e conhecimentos específicos que o gerente de eventos deve ter para facilitar um evento (Peel, 2000; Thomas, 2004), que incluem conhecimento avançado, envolvendo intuição, a respeito dos processos que orienta. A intuição ajuda os facilitadores a se colocarem em seu lugar e a tomar decisões rápidas no que se refere às necessidades de um grupo ou um processo (Peel, 2000). Tornando esses processos mais simples, tarefas específicas são completadas, objetivos são alcançados e a equipe sente uma sinergia agradável depois de um trabalho bem feito (Vidal, 2004).

Um bom facilitador dá poder ao grupo e a seus membros para aumentar seu próprio potencial e ter segurança de que são um componente igual aos outros, de modo que ninguém se torne dependente de um "professor". Todos se sentem como construtores de seus próprios conhecimentos, sendo que os pontos fortes de cada pessoa dentro do coletivo podem ser destacados e ter seus benefícios maximizados durante todo o tempo (Peel, 2000).

O Quadro 3.2 mostra, de modo abrangente, alguns dos papéis específicos que um facilitador pode desempenhar durante o processo de gestão de eventos.

Quadro 3.2 O gerente de eventos como facilitador.

Um facilitador
Auxilia o grupo a definir objetivos e metas específicos.
Propicia técnicas que ajudam no uso eficiente do tempo para tomada de decisões adequadas e apoia os membros do grupo na compreensão dessas técnicas.
Conduz as discussões em grupo de modo que não percam o foco.
Mantém apontamentos precisos que reflitam as ideias dos membros do grupo.
Apoia os membros na identificação de suas habilidades atuais e na construção de novas.
Usa o consenso para auxiliar o grupo a tomar decisões que levem em consideração as opiniões de todos os membros.
Dá suporte aos membros na administração das dinâmicas interpessoais do grupo.
Estimula o grupo a se comunicar com eficácia.
Ajuda o grupo a acessar recursos.
Cria um ambiente positivo, no qual os membros podem crescer e trabalhar juntos para conquistar os objetivos.
Encoraja a liderança em outros, dividindo as responsabilidades de líder.
Respalda e empodera outras pessoas como facilitadoras.
(Bens, 2000; Peel, 2000; Vidal, 2004)

Facilitação das necessidades de comunicação

Greenberg (2002, p. 271) explica que "a comunicação é o processo por meio do qual as pessoas enviam informações para outras e recebem informações delas". Esse pode ser um processo difícil de facilitar, por ser formado por inúmeras interações entre vários membros de uma equipe, cada qual com sua própria personalidade, conhecimento, habilidade e estilo de comunicação. Assim, é uma tarefa importante do gerente de eventos atuar como facilitador, garantindo que as linhas de comunicação permaneçam abertas, que os membros da equipe se sintam apoiados e que os processos e necessidades específicos estejam articulados e administrados por todo o processo (Bens, 2000).

No meio organizacional, o processo de comunicação pode ser extremamente complexo, dependendo da estrutura da organização. Em muitos casos, o fluxo de informação é ascendente ou descendente pelos níveis hierárquicos, ou a informação é transmitida para certas pessoas por meio de outras (Greenberg, 2002). A complexidade do fluxo pode levar à paralisação e confusão, caso não seja administrado adequadamente. O que é fascinante para o facilitador de um grupo de pessoas que o considera como parte da equipe é que a maior parte do processo de comunicação ocorre horizontalmente. Como afirma Greenberg (2002, p. 201), "mensagens desse tipo são caracterizadas por esforços de coordenação ou tentativas de trabalho conjunto".

No item anterior deste capítulo, foi visto que, no caso do gerente de eventos como facilitador, um de seus principais papéis é criar e apoiar as dinâmicas de grupo (Peel, 2000). Ao enfocar e orientar a comunicação e os processos decisórios dos membros do grupo de modo estruturado, o facilitador pode reduzir as possibilidades de se envolver em processos imperfeitos e aproveitar os pontos fortes do grupo. Se as necessidades adequadas de comunicação forem articuladas e implantadas pelo facilitador no início do processo de planejamento do evento, ele pode sair da posição de evidência em prol do coletivo, sendo chamado apenas para administrar problemas e situações conforme surgirem.

Como facilitador, o gerente de eventos ouve, pensa e reflete constantemente sobre o processo, à medida que os membros do grupo solucionam problemas e tomam decisões. Em qualquer situação de grupo, há decisões a serem tomadas e conflitos a serem resolvidos. Enquanto os procedimentos para finalização de tarefas são uma responsabilidade compartilhada por cada membro, orientar o grupo para uma sinergia que leve a uma comunicação eficaz é papel de um facilitador competente (Vidal, 2004). Nesse sentido, historicamente o facilitador age como um participante neutro, que orienta as necessidades de comunicação do grupo, estabelecendo estratégias específicas no início do processo e interferindo de acordo com a necessidade para guiar o grupo rumo à sincronicidade (Laird, 1985; Rogers e Friedberg, 1994).

Agora que a importância de facilitar a comunicação foi entendida, o Quadro 3.3 dá algumas dicas úteis a serem consideradas.

Quadro 3.3 Dicas para o facilitador.

Seja um comunicador que dá apoio.

Enfoque o problema, em vez de a pessoa.

Use as palavras com a linguagem corporal e estimule os membros do grupo a fazer o mesmo.

Incentive as pessoas a conhecer as ideias de outros membros do grupo.

Mantenha o diálogo fluindo.

Incentive a emissão aberta de opiniões.

Estimule o uso de linguagem simples.

Parafraseie para esclarecer; repita o que as pessoas dizem para dar-lhes garantia de que são ouvidas e para ter certeza de que o grupo entendeu com exatidão.

Seja coerente com o seu discurso; não diga uma coisa e faça outra; preste atenção se há esse comportamento em membros do grupo.

Seja um bom ouvinte e encoraje o grupo a fazer o mesmo; verifique a conveniência de usar um "cajado" para garantir que todo mundo tem a oportunidade de falar e de ser ouvido.

Adote uma postura neutra e evite manifestar a sua opinião pessoal, a menos que seja solicitado; enfoque seu papel no *processo* de comunicação.

Formule perguntas: com isso, você atrai participação, ajuda a levantar informações, testa suposições e leva às raízes dos problemas.

Sintetize ideias; estimule o grupo a comentar e a aproveitar as ideias dos outros.

Mantenha o rumo; estabeleça diretrizes e prazos para cada discussão.

Sumarize com clareza.

(Bens, 2000; Greenberg, 2002)

Facilitação das necessidades de comunicação em grupo: o caso do ritmo do grupo e a facilitação

De acordo com o trabalho inspirador de Drucker (1946, p. 26), "uma instituição é como uma 'melodia': não é constituída por sons individuais, mas pelas relações entre eles". Um evento pode exibir características institucionais, exigindo a facilitação das relações entre as diversas pessoas envolvidas para criar uma melodia coordenada.

Lulu Leathley, originária de Vancouver, British Columbia, Canadá, promove a importância da facilitação da comunicação em processos de grupo e é especialista na facilitação de grupos de ritmo (círculos de percussão)[1]. Ela ensina que o papel do facilitador se inicia com ele se posicionando como um condutor. Na música, o objetivo é atingir um ponto, durante a facilitação de sua execução pelo grupo, no qual todos (independente de seu histórico ou experiência musical) sentem-se capacitados e alcançam, coletivamente, uma sinergia de grupo. Assim, a meta é que o facilitador passe a ocupar, paulatinamente, o segundo plano, tornando-se parte do grupo, de forma que a música criada dependa de cada pessoa e ninguém dependa do facilitador como condutor. Para isso, Leathley estabelece certas regras (tanto verbais quanto não verbais) no começo do encontro, expressando claramente a importância de escutar os outros, fazer contato visual e entrar em contato com sua própria intuição e ritmo internos. Em outras palavras, ela encoraja e habilita os membros do grupo a olharem para dentro de si mesmos, em busca do conhecimento que ela acredita que eles já têm, para criar algo que seja a soma de todas as partes do coletivo. Ao longo da facilitação, o grupo é encorajado a demonstrar seus próprios ritmos e pontos fortes para contribuir com a música conjunta. Leathley assegura a manutenção do ritmo constante, apesar dos altos e baixos, e oferece espaço e motivação para opiniões sobre o encontro. Ao final de uma oficina de sucesso, existe a energia da conexão.

Na colaboração musical, há um sentimento geral percebido pelos músicos quando tudo culmina em um gratificante "clique" (Sawyer, 2006). Esse clique sinérgico é um desafio a ser alcançado, pois são necessárias a cooperação e habilidade de todos os membros do grupo trabalhando em conjunto para atingi-lo. A tarefa do facilitador é comunicar-se com o grupo, de forma

---

1. Os grupos de ritmo realizam atividades interativas, nas quais cada componente recebe um tambor ou outro instrumento de percussão e são conduzidos, por um facilitador, em uma melodia ou ritmo (N.T.).

verbal e não verbal, no início do processo e, então, participar e orientá-lo, *sentindo* as necessidades no decorrer do processo.

Como visto no Capítulo 2, o conhecimento permite que você se torne mais rápido para a tomada de decisão com suas habilidades intuitivas obtidas por meio da experiência. Além disso, o efeito de flexibilidade conta com a personalização de seu conhecimento, percepções e ideias como uma vantagem. O papel do facilitador é utilizar o conhecimento e o efeito de flexibilidade para facilitar os processos de um evento, o que inclui reconhecer quando certos membros do grupo estão dominando outros, não escutando os demais ou próximos de um desastre musical coletivo. Nessas situações, Leathley responde e reage às necessidades do grupo com base em sua experiência, conhecimento, habilidade e intuição: *o efeito de flexibilidade* que conquistou como professora de música e facilitadora.

Se o grupo conseguiu unir-se e sentir um clique, há uma sensação coletiva irresistível de poder, orgulho e conquista ao final do evento. Como já visto, esses são os indicativos de que os facilitadores do evento foram competentes e obtiveram sucesso em sua função. A facilitação da comunicação em um processo de grupo pode, portanto, ser vista como um dos mais importantes papéis do gerente de eventos.

O gerente de eventos esportivos, recreativos e turísticos facilita os processos de comunicação. Sua experiência, conhecimento, habilidade e intuição, ou seja, seu efeito de flexibilidade, contribuem para criar uma sinergia coletiva na produção de eventos.

Acabamos de ver o significado da facilitação e do papel de facilitador especificamente em relação às necessidades do processo de comunicação. Agora revisaremos um conceito abordado anteriormente neste livro, a importância da transferência de conhecimento, e, em especial, o papel que o gerente de eventos desempenha ao facilitá-la.

Facilitação da transferência de conhecimento

Discutimos, até agora, o papel do gerente de eventos como um facilitador e o que isso implica, em termos de processos, na organização de um evento. Como facilitador de um esforço conjunto de colaboração, é sua função certificar-se de que o conhecimento é transferido e construído entre os membros do grupo. Isso, como já visto, ajuda a garantir que as melhores e mais bem informadas decisões são tomadas na busca da finalização das tarefas, com base no conhecimento coletivo do grupo. Mas como o facilitador pode garantir que seu próprio conhecimento é transferido para todos?

O compartilhamento de conhecimento com outras pessoas é convidativo e assume que, em troca, outros facilitadores vão dividir seu conhecimento, tendo como resultado o aumento e a expansão do ápice do conhecimento. Isso traz resultados bastante positivos se partirmos do princípio que o objetivo de compartilhar e receber novos conhecimentos é aprimorarmos, continuamente, nossa eficácia e *expertise* como facilitadores.

Do ponto de vista prático, vamos rever a facilitação de Lulu Leathley quanto a oficinas baseadas em ritmo: como uma facilitadora em uma rede de outros facilitadores, Leathley usa diversas estratégias específicas de transferência de conhecimento, que permitem que ela esclareça sua área de atuação, contribua para a expansão do conhecimento do grupo e amplie sua própria base de conhecimento. Algumas dessas estratégias são:

- construir relações e compartilhar diálogos sobre experiências com outros facilitadores;
- comparecer a conferências de facilitação por meio de ritmo;
- presenciar, de forma contínua, treinamentos com outros facilitadores com variados níveis de experiência;
- juntar-se a grupos de discussão e publicar informações em diversos *sites*;
- tornar-se um membro ativo da comunidade de facilitadores de ritmo, auxiliando outras pessoas a desenvolver habilidades ao contribuir, com talento e experiência, com programas de orientação.

O *ativismo em rede*, visto no capítulo anterior, é bastante forte na comunidade de facilitadores de ritmo e percussão; existe um clima de cooperação e apoio que auxilia na importante transferência de conhecimento. Como resultado desse entusiasmo e respaldo, a comunidade de facilitadores continua a crescer e os indivíduos conseguem desenvolver sua perspicácia (rápidos *insights* e compreensão) a partir do conhecimento que compartilham.

A transferência de conhecimento, novamente, é extremamente importante na ampliação do ápice de uma base de conhecimento específico. Existem diversas maneiras de um gerente de eventos facilitar essa transferência de conhecimento, sendo que vimos vários exemplos de um caso em particular. Também destacamos as especificidades da facilitação, o papel do gerente de eventos como facilitador, a importância e as formas pelas quais as necessidades de comunicação podem ser facilitadas. Vamos agora iniciar a discussão de outro tema da fase de desenvolvimento do modelo de planejamento: a facilitação de estruturas para governança ao produzir um evento.

Facilitação de estruturas de eventos para governança

Joanne MacLean, Brock University

Vamos imaginar um evento de enorme magnitude, como os Jogos Olímpicos e Paraolímpicos. Em fevereiro e março de 2010, as comunidades de Vancouver e Whistler, no Canadá, recepcionam o mundo para um grandioso festival esportivo de inverno. As competições para os Jogos Olímpicos de Inverno duram 17 dias, seguidos por outros 10 dias de competição das Paraolimpíadas. Os organizadores têm, por missão, inspirar o mundo por meio desse evento. O Comitê Organizador de Vancouver afirma que "a missão é tocar a alma da nação e inspirar o mundo ao criar e entregar uma experiência olímpica e paraolímpica extraordinária, com legados permanentes. A visão é construir um Canadá mais forte, cujo espírito é elevado pela sua paixão por esporte, cultura e sustentabilidade" (Vancouver 2010, 2007).

Essa missão e visão devem ser alcançadas por meio da organização de um evento que inclui competição de sete esportes, em 15 modalidades. Milhares de empregados e voluntários produzirão os Jogos, e as imagens dos atletas de centenas de países ao redor do mundo serão televisionadas e seguidas atentamente por seus compatriotas. Organizar os Jogos Olímpicos requer um enorme processo de planejamento.

Agora, volte sua atenção para um evento menor que ocorre em sua comunidade, como um evento de turismo comunitário ou um campeonato simples de esporte em equipe que acontece na sua universidade. Mesmo sendo de menor magnitude e duração, comparado às Olimpíadas, ainda envolve muitos dos mesmos elementos.

Os elementos do evento podem incluir acomodação, credenciamento, cerimônias, comunicações, alimentos e bebidas, serviços de hospitalidade, gestão de mídia, serviços para o espectador e transporte. Em eventos de esporte, recreação e turismo, a lista pode ser mais extensa e incluir gestão dos participantes ou competidores, juízes, testes de drogas ou controles de *doping*, resultados e premiações. Em cada caso, é dedicada uma quantidade considerável de trabalho para o planejamento e produção de um evento de sucesso.

Eventos esportivos, recreativos e turísticos têm níveis de magnitude, apelo e complexidade que requerem estruturas bem desenhadas, que contribuam para o seu sucesso. Com frequência, a estrutura e a governança de gestão dos eventos são "silenciosas", meio que nos bastidores do programa principal de atividades que são consumidas ou assistidas. Contudo, na verdade, elementos eficientes de estrutura e governança são a base para o sucesso. Os eventos simplesmente não obteriam sucesso sem uma estrutura de planejamento e execução que permitisse comunicação eficiente, tomadas de decisão e quantidades adequadas de flexibilidade dos gerentes. Para compreender isso de forma mais aprofundada, os objetivos do item seguinte incluem: definição dos conceitos relacionados à estrutura e à boa governança da gestão do evento; esboço das dimensões teóricas de estruturas de eventos que permitem sua execução bem-sucedida, sem identificar suas especificidades; identificação de princípios que resultam na criação de estruturas de eventos eficazes; e aplicação das dimensões teóricas e princípios das estruturas para diversos tipos de eventos populares, na atualidade, na área de esportes, recreação e turismo.

Os tópicos relacionados acima permitem ao estudante obter uma apreciação de dois princípios importantes e fundamentais sobre a facilitação de estruturas para a gestão de eventos. Primeiro, que diferentes tipos de eventos precisam de diferentes estruturas de gestão, aplicando-se a mais adequada para determinado evento; e, segundo, que gerentes de eventos estão mais bem preparados ao aprenderem *princípios orientadores* que lhes permitam tomar decisões sobre a estrutura mais apropriada e eficaz para o evento que está sendo planejado, ao invés de reproduzir a estrutura de outro evento. Você pode chamar esses dois princípios fundamentais de *flexibilidade* e *especificidade* no que diz respeito à estrutura de gestão de eventos. Os itens seguintes o ajudarão a entender esses e outros princípios e suas aplicações na criação de estruturas de eventos eficazes.

Estruturas de eventos

O que exatamente se quer dizer com o termo *estrutura de evento*? O termo se refere à decomposição das tarefas envolvidas na execução de um evento, de tal modo que os funcionários ou voluntários tenham papéis definidos e entendam como suas funções se inter-relacionam. A estrutura envolve funções individuais ou de grupos em comitês para controle das tarefas, compreensão da autonomia que têm para determinadas decisões e estabelecimento de relações hierárquicas entre indivíduos e comitês. Em geral, os líderes do evento divulgam uma estrutura de gestão em formato gráfico, com caixas e linhas de conexão que representam as áreas departamentais, a proximidade entre áreas que precisam cooperar e/ou colaborar entre si e as relações hierárquicas.

Em teoria, a estrutura de uma organização é frequentemente analisada segundo três pontos de vista (Slack e Parent, 2006): o primeiro é a *formalização* (o nível de definição das regras, regulamentos, políticas e funções individuais e de comitês para orientar as atividades dos gerentes de eventos); o segundo é a *complexidade* (o escopo e o número de diversos comitês e outros grupos necessários para organizar o evento e a densidade da hierarquia de autoridade envolvida); o terceiro é a *centralização* (o quanto cada tomada de decisão é controlada pelos responsáveis pelo evento ou é delegada para funções de comitês ou indivíduos). A estrutura do evento pode ser designada para favorecer ou não a formalização, complexidade e centralização, dependendo do tipo de evento.

As estruturas de eventos são desenvolvidas para auxiliar na sua governança. Governança refere-se ao exercício de autoridade para definir políticas sobre como o evento será gerenciado, quem faz o quê, quando e como. Para um evento ser bem sucedido, a estrutura criada para produzi-lo deve obter eficácia na transferência de conhecimento e na tomada de decisões. Assim, para facilitar as estruturas de um evento, é necessário ter o conhecimento e entendimento necessários para criar a estrutura organizacional mais adequada para ele.

Além dessa teoria sobre estrutura de eventos, foram desenvolvidas diversas outras importantes, que podem auxiliar na compreensão de estruturas eficazes. Escolhemos, para incluir nesta discussão, dimensões teóricas de estruturas de eventos envolvidas na teoria de sistemas, de contingência e de complexidade. Os itens a seguir apresentam uma breve introdução de cada teoria, no contexto da eficácia de estruturas de eventos para a boa governança e sucesso em sua gestão.

Dimensões teóricas de estruturas de eventos

As estruturas de eventos variam consideravelmente. Para exemplos concretos, analise como eventos educacionais e recreativos locais são estruturados. Compare a estrutura de um evento recreativo com a de um evento de turismo local e com a de um campeonato esportivo de elite, também local. Cada evento pode ter uma estrutura exclusiva. A estrutura dita a hierarquia, que, por sua vez, influencia a liberdade de atuação em processos de definição, transmissão e implementação de decisões e ações ao se produzir um evento.

Na criação de um evento é preciso avaliar qual estrutura leva à execução mais eficiente e eficaz. Várias perspectivas teóricas, que relacionam informações sobre organizações e estruturas de eventos eficazes, auxiliam a atingir esse objetivo. As dimensões teóricas destacadas a seguir são, em grande medida, complementares, de modo que partes de cada teoria podem ser aplicadas de maneira específica à estrutura de eventos que você for desenvolver.

A *teoria de sistemas* salienta que as estruturas de gestão de eventos contam com o ambiente no qual operam para muitos dos materiais necessários para a execução do evento. Os materiais incluem uma ampla variedade de itens, como pessoas, equipamentos, tecnologias, instalações e conhecimento, para mencionar alguns. A teoria de sistemas indica que, em um evento, três sistemas diferentes trabalham juntos: de *entrada*, de *processamento* e de *saída*. Para produzir um evento, você precisa ter recursos (*entrada*), criar atividades (*processamento*) e gerar resultados finais para participantes e outros atores (*saída*). Os três sistemas são inter-relacionados e dependentes uns dos outros para obterem sucesso; uma alteração em um deles inevitavelmente afeta as outras partes. Qualquer evento que você organizar envolve entradas ou a aquisição de insumos (instalações para competição) e recursos humanos (voluntários); o processamento pode incluir a aplicação de tecnologia (*site* criado para gestão da comunicação e inscrições) e de informação (o número de equipes que podem ser acomodados em uma competição); as saídas incluem a satisfação dos competidores e o dinheiro arrecadado para a instituição de caridade de sua escolha, por exemplo. O sistema geral do evento interage com seus componentes e com seu ambiente. Compreender a aplicação da teoria de sistemas serve para identificar a importância da interdependência e influência das partes componentes da estrutura organizacional (Quadro 3.4).

Quadro 3.4   Teoria de sistemas.

A teoria de sistemas indica que estruturas de eventos são criadas e gerenciadas a partir da compreensão das entradas, processamento e saídas necessários para a execução do evento.
A estrutura organizacional interage com seu ambiente para obter os insumos necessários para produzir o evento (entradas), criar atividades (processamento) e gerar resultados finais para os participantes e outros *stakeholders* (saídas).
Entradas/processamento/saídas.
Insumos/estruturas/produtos.
Recursos humanos/atividades de eventos/experiências.

Uma extensão racional da teoria de sistemas para compreender a estrutura organizacional e gestão de eventos é a *teoria de contingência*, que sugere que a estrutura eficaz de uma organização depende de fatores contextuais do ambiente no qual opera, como tamanho, concorrência, estratégia, recursos e assim por diante. Desse modo, o formato da estrutura de eventos e suas unidades devem "se encaixar" no ambiente e funcionar de forma coordenada para que o evento tenha sucesso. Portanto, não existe "a melhor maneira" de organizar uma estrutura de eventos, na medida em que ela depende de características do ambiente operacional. Por exemplo, em um evento recreativo beneficente, a estrutura do sistema organizacional deve considerar quantos participantes se inscreverão; contudo, o número de vagas depende inteiramente do número de instalações existentes, do tempo que se pode usar as instalações e de quantos árbitros estão disponíveis. Esses fatores podem ser impactados por outros torneios acontecendo em um período ou local próximos ao seu evento e são denominados, em geral, de restrições. A compreensão das restrições e das contingências ao evento leva à otimização da estrutura organizacional, do processo decisório e da liderança (Quadro 3.5).

Quadro 3.5 Teoria de contingência.

> A teoria de contingência indica que a estrutura mais eficaz para gerenciar um evento é baseada ou dependente de fatores contextuais do ambiente no qual o evento está sendo organizado. Os fatores contingenciais incluem itens como tamanho do evento, concorrência com eventos similares e recursos disponíveis para sua realização.

Na mesma linha que as teorias de sistemas e de contingência, a *teoria de complexidade* trabalha para identificar como as organizações se adaptam, de forma ideal, a seus ambientes. Usando essa teoria, os gerentes focam na complexidade da estrutura necessária para atingir a missão do evento, mantendo a capacidade de rapidamente se adaptar e tomar decisões estratégicas. A teoria da complexidade identifica a importância de sistemas de adaptação complexos, que, em geral, consistem em um pequeno número de estruturas relativamente simples e parcialmente conectadas. No exemplo do evento recreativo beneficente, uma estrutura mais simples, envolvendo comitês de programação, organização das instalações, inscrições e voluntários, conectados entre si por meio do comitê líder do torneio, será capaz de se comunicar melhor, tomar decisões eficazes e se adaptar ao ambiente (Quadro 3.6).

Quadro 3.6 Teoria de complexidade.

A teoria de complexidade indica que as organizações podem se adaptar, de forma ideal, ao seu ambiente, criando uma estrutura de eventos que supra as necessidades em termos de sua complexidade geral sem se tornar extremamente complexa. A adaptação ao ambiente no qual o evento ocorre permite ao gestor maior flexibilidade para tomar decisões estratégicas.

No ambiente acadêmico, a palavra teoria é usada para descrever a explicação lógica de um fenômeno que foi estudado sistematicamente e que se espera que aumente nossa compreensão. As teorias descritas, resumidas anteriormente, fornecem uma base para entender por que e como as estruturas de eventos podem ser desenhadas de forma ideal. Como podemos facilitar estruturas eficazes? O que torna uma estrutura de eventos eficaz e outra não? Como as estruturas de eventos influenciam a boa governança, de modo a otimizar o processo decisório, o desenvolvimento de políticas e a eficiência do evento? A compreensão das teorias vistas lança alguma luz sobre como responder essas dúvidas. E, a partir delas, com a experiência do que funciona na prática e a transferência desse conhecimento, foram identificados diversos princípios para estruturas de eventos, como veremos em detalhes a seguir.

Princípios em estruturas de eventos

Princípios podem ser relacionados a regras ou entendimentos que resultaram da teoria e da prática sobre como e por quê as coisas funcionam. Ao desenvolver estruturas organizacionais eficazes para a gestão de eventos, diversos princípios foram identificados para auxiliar organizadores de eventos a criar uma estrutura ideal para um evento e ambiente em particular. A seguir, são listados alguns dos princípios mais importantes que se aplicam ao desenvolvimento de estruturas de eventos.

Forma acompanha a função: esse princípio sugere que o tipo de estrutura criado para gerenciar a produção de um evento deve ser baseado no objetivo e na definição dos papéis de governança dentro do formato de gestão (por exemplo, desenvolvimento de políticas, gestão, operação). Copiar a estrutura de um evento anterior de sucesso não necessariamente resulta em uma estrutura viável para outro evento. Por exemplo, seria ridículo usar a estrutura desenvolvida para a produção dos Jogos Olímpicos na execução de um campeonato colegial de basquete, já que o primeiro evento é muito maior e mais complexo que o último.

Especialização operacional: estruturas ideais identificam as atividades necessárias para a execução do evento e agrupam as que são similares ou parecidas em subunidades, a fim de estimular a comunicação e o processo decisório. Dessa forma, cria-se eficiência ao maximizar interconexões entre gerentes com responsabilidades que interferem entre si, gerando grupos de trabalhos mais autônomos, porém conectados.

Aumento da complexidade aumenta tanto o planejamento como o tempo necessário para planejar: quanto mais complexa uma estrutura organizacional, mais planejamento é necessário para garantir que a estrutura funcione de forma ideal. É evidente que, com isso, se gastará mais tempo do que com uma estrutura simples. Um exemplo desse princípio é a organização dos Jogos Olímpicos, que têm estruturas operacionais em comitês planejadas com, no mínimo, 6 a 8 anos de antecedência à competição, sendo a extensão do planejamento excepcionalmente vasta.

Eficiência da comunicação: o planejamento não acontece na mente de uma pessoa isolada das demais. Portanto, a estrutura para a gestão de eventos deve permitir a criação de elos para que as pessoas comuniquem suas atividades e decisões. Essa comunicação deve ser formalmente organizada a fim de ser eficientemente realizada. A velocidade e o volume de comunicação podem ser aprimorados dependendo do tipo de estrutura de eventos criado.

Resultados sinérgicos: sinergia refere-se ao fenômeno de se obter mais eficiência e resultados quando dois ou mais agentes trabalham juntos do que se obteria se cada um tivesse completado as mesmas tarefas isoladamente. As estruturas de eventos que criam oportunidades para resultados sinérgicos são conhecidas por serem eficientes, enxutas e mais eficazes na realização de tarefas (Kilmann, Pondy e Slevin, 1976). Os ganhos sinérgicos resultam da ideia de que o desempenho global é mais do que a simples soma dos resultados, indicando que o todo é maior que a soma de suas partes.

Compreender as teorias e princípios relativos à facilitação de estruturas de eventos eficazes é muito importante, porém saber como aplicar as ideias apresentadas para criar estruturas de eventos reais é talvez ainda mais crítico para o sucesso do evento e de seus gerentes. A seguir, partimos para uma discussão da aplicação das características-chave da teoria vista.

Aplicação de teoria e princípios em estruturas de eventos

As teorias e princípios vistos anteriormente neste capítulo sobre o desenvolvimento de estruturas de eventos eficazes aplicam-se tanto a eventos tradicionais como a segmentados. Na prática, eventos tradicionais podem ter estruturas mais formais do que os segmentados, como consequência dos ditames do corpo diretor e de políticas a respeito de como o evento deve ser organizado. A teoria de sistemas sugere que o ambiente no qual o evento é realizado deve ser considerado, tanto para eventos tradicionais como para segmentados. Os recursos necessários para criar o evento, os resultados previstos e as atividades também precisam ser considerados. A teoria de contingência afirma que o primordial é ajustar a estrutura do evento tanto a seu propósito quanto a seu ambiente, criando uma estrutura que sirva, de maneira adequada, à dimensão, recursos e finalidade dos eventos esportivos tradicionais e segmentados. A teoria de complexidade também estabelece a importância de conciliar a estrutura organizacional do evento a seu ambiente e propósito, para que seja criada uma configuração compatível com a estratégia e a flexibilidade que pode ser exigida pelo ambiente. Ser capaz de se adaptar a imprevistos, pressões e mudanças é um requisito fundamental para o desenho das estruturas de eventos tradicionais e segmentados. Isso pode ser otimizado quando a estrutura criada para o evento é diretamente ligada ao seu propósito (por exemplo, a forma acompanha a função).

Embora pareça precipitado usar a estrutura de outro evento de sucesso para planejar um novo, a medida é, na verdade, arriscada. Relacionar forma e função, ou seja, criar uma estrutura que identifique a finalidade e os papéis de governança que melhor suprem as necessidades de um evento em particular é muito importante. É uma medida crítica em estruturas de eventos esportivos tradicionais, mas, em eventos segmentados, deve ser ainda mais enfatizada sua importância, uma vez que esses eventos não contam com a coordenação de um corpo diretor, políticas estabelecidas ou com eventos similares de referência. Da mesma forma, criar um claro entendimento sobre a especialização da operação para o evento e sobre a relação entre as atividades de subunidades, com tarefas comuns ou interdependentes, promove uma comunicação eficaz e cria eficiência. Isso vale para ambos os eventos esportivos.

A complexidade da estrutura do evento certamente impacta o montante de planejamento requerido para permitir a comunicação e a tomada de decisão eficazes, bem como no tempo necessário para tornar o evento uma realidade. Planejar com o propósito específico de garantir a coordenação entre as partes da estrutura organizacional do evento é uma tarefa importante dos gerentes, que podem obter um resultado sinérgico multiplicado por uma magnitude muito maior do que o trabalho de um indivíduo ou de um comitê. Os líderes de evento precisam criar sinergia entre as partes da estrutura organizacional, garantindo um impacto positivo tanto nos eventos esportivos tradicionais quanto nos segmentados (Quadro 3.7).

Quadro 3.7 Dimensões práticas das estruturas de eventos.

Considerar e conhecer o ambiente do evento.
Identificar os recursos necessários para produzir o evento.
Definir claramente os objetivos e resultados buscados pelo evento e criar uma estrutura tendo ambos em mente.
Criar uma estrutura enxuta, mas que seja capaz de realizar as tarefas e de adaptar-se às mudanças em tempo hábil.
Construir estruturas a partir das necessidades específicas do evento.
Criar elos entre as subunidades operacionais, de forma que especialistas compartilhem as decisões que impactam suas áreas de atuação e a comunicação seja aprimorada.
Eventos maiores têm estruturas mais complexas.
Atividades criadas por todos, de forma coordenada, superam as contribuições de qualquer uma das partes da estrutura operacional.

Criar estruturas de eventos para obter boa governança como resultado é o principal objetivo de entender e aplicar a teoria e os princípios, discutidos anteriormente, às estratégias de gestão de seu evento. Uma estrutura flexível oferece níveis eficazes de comunicação, processo decisório e intercâmbio de informação entre os indivíduos envolvidos com o evento. A estrutura criada, por ser desenhada especificamente para os propósitos do evento, suprirá melhor as necessidades de seus gerentes e contribuirá para o sucesso. Estruturas de eventos eficazes para governança andam "de mãos dadas" com a facilitação efetiva de redes de relacionamento que promovem relações com outros grupos ou organizações e trazem recursos para ajudar o desenvolvimento de um evento, o que será nosso próximo tema.

Facilitação da gestão de eventos usando a perspectiva de redes

Laura Cousens e Martha Barnes, Brock University
Geoff Dickson, Auckland University of Technology

Este item continua a discussão sobre a fase de desenvolvimento do modelo de planejamento. Nessa fase, a perspectiva de redes oferece aos gerentes uma ferramenta para identificar os envolvidos – sejam eles fornecedores, concorrentes, compradores ou representantes de órgãos do governo – que têm relação com o evento. O papel de um gerente de eventos é facilitar o intercâmbio de recursos dentro de uma rede de pessoas interconectadas. Analisar as instituições que esse grupo representa oferece oportunidades para obter uma perspectiva ampla dos tipos potenciais de relacionamento e recursos disponíveis para garantir eficiência e eficácia no planejamento do evento.

Aqui, procuramos compreender a perspectiva de rede, a natureza das redes comerciais e sua aplicação teórica e gerencial em eventos tradicionais e segmentados; são identificados conceitos relevantes para redes comerciais, a fim de fornecer aos gerentes de eventos as peças fundamentais para diferenciar e analisar sua rede. Além disso, são discutidas a importância de reconhecer o valor do capital social ao facilitar relações em rede e as diferentes formas de relacionamento que a constituem. Por fim, a atenção se volta para o papel estratégico das redes, para alavancar relacionamentos e geri-los, no contexto de uma rede de eventos.

Dois exemplos são utilizados para ilustrar o valor das redes comerciais; um deles é o Campeonato Mundial de Esportes Aquáticos, de 2005, em Montreal (Parent e Seguin, 2007), que foi cancelado cinco meses antes do evento e retomado pela Federação Internacional de Natação (Fina) – os gerentes de eventos falharam na administração das relações entre os principais *stakeholders* e, então, reposicionaram-se para conquistar o evento de volta. Há também o caso dos Jogos Olímpicos "verdes" de Sydney (Kearins e Pavlovich, 2002) e as interações entre os grupos ambientalistas que eram os principais *stakeholders* em uma rede que será discutida.

Peças fundamentais: conceitos para entender redes comerciais

Cada componente de uma estrutura de eventos pode estabelecer redes comerciais. Estas são "a totalidade de relacionamentos entre empresas enga-

Modelo de planejamento de eventos: fase de desenvolvimento, parte I

jadas na produção, distribuição e uso de bens e serviços" (Andersson, 1992, p. 50). Desse modo, grupos de organizações unem-se por um propósito comum ou por um conjunto de objetivos ao produzir um evento.

As redes podem ser formadas por um grupo disperso de empresas, como no caso de eventos realizados uma única vez, que unem organizações, de forma passageira, para alcançarem vários objetivos. Por outro lado, redes firmemente unidas são caracterizadas por vínculos fortes e duradouros que estruturam eventos de grande porte, realizados regularmente, por um longo período. A natureza das redes comerciais varia de acordo com os objetivos, longevidade, magnitude ou localização de um evento. Cada um desses parâmetros que cercam um evento impacta o número de elementos ou de organizações ligadas à rede, os tipos de relações firmadas entre os membros, bem como sua estrutura, ou seja, a densidade, centralidade ou força das ligações dos grupos dentro da rede.

De modo significativo, uma rede é a soma das *relações diádicas* entre conjuntos de organizações vinculadas entre si. Uma relação diádica descreve duas organizações unidas, ou "díades", que estão ligadas uma à outra. É importante saber que uma díade não consiste no isolamento de outras relações e que essa integração estende o foco de concentração dos dois parceiros para outras relações nas quais as organizações também participam. A adoção da perspectiva de rede para compreender a natureza dos relacionamentos entre grupos envolvidos em um evento coloca-se como uma ferramenta para gerenciar o conjunto de organizações com interesse no evento. A perspectiva de rede também permite que se olhe estrategicamente para a melhor forma de gerenciar os recursos e as vantagens competitivas que existem dentro dela.

A visão de redes comerciais como um conjunto de relacionamentos entre organizações ligadas evoca uma representação gráfica com a configuração de uma teia de aranha em formato de estrela. O aracnídeo tece firmemente sua seda para criar órbitas circulares, que se estendem a partir do centro para vários pontos. Essas teias podem ter diversas formas e servir para diferentes funções, de acordo com as necessidades e circunstâncias da aranha. Comparativamente, a estrutura de uma rede comercial é o reflexo do número de organizações ou elos e dos tipos de laços que os mantêm unidos. Da mesma forma, o número de conexões entre os elos, ou a densidade da rede, também oferece informações sobre o padrão de compartilhamento de recursos pela rede e o nível de conectividade entre seus membros. Esses e outros conceitos, como centralidade, periferia e equivalência, descrevem as características das redes. De maneira significativa, cada rede é diferente, e é a compreensão de suas características que permite aos facilitadores de eventos alavancar facetas importantes dela e explorar suas muitas possibilidades e oportunidades.

A *centralidade* captura um conceito-chave das redes comerciais: o indicativo da proximidade entre os elos, a presença de um ou mais *hubs* ou pontos centrais entre os elos da rede e as relações de poder e dependência entre os que estão ligados. Em uma rede de eventos, o *hub* ou ponto central é, geralmente, o comitê organizador. É a partir dessa organização ou grupo central que a maioria dos elos são feitos. Como exemplo, o comitê organizador pode ser ligado aos patrocinadores corporativos, aos provedores das instalações, à administração pública local, à imprensa e a outras organizações que auxiliam na produção do evento. Contudo, o gerente do evento deve ter ciência de que as outras organizações da rede podem ter ligações causadas por motivos não relacionados à rede específica do evento e podem estar incorporadas em outras maiores. É importante reconhecer o centro ou ponto focal do grupo, que é sugestivo a respeito de qual é a estrutura da rede e orienta os gerentes a respeito dos padrões de recursos compartilhados que ela implica. De acordo com Brass e Burkhardt (1992), a centralidade pode ser determinada pela contagem do número de ligações em cada elo da rede, ficando no centro a organização com maior número de elos. A centralidade de uma organização também pode ser considerada ao analisar as ligações diretas e indiretas, além de poder ser aumentada quando há ligação com outros elos também centrais.

Compreender a relevância da posição de uma organização em áreas centrais ou mais periféricas de uma rede é vital, uma vez que a ligação com organizações poderosas – ou com as que têm acesso a recursos valiosos por causa de sua posição central em uma rede – pode fornecer acesso a redes de comunicação e de negócios com potencial para elevar seu poder (Brass e Burkhardt, 1992). Em situação oposta às posições centrais em uma rede, estão as *posições periféricas*, que são aquelas que estão nos limites e, em geral, não estão firmemente ligadas a organizações em posições de poder. Embora as organizações periféricas careçam de poder, sua localização é associada a elevados níveis de experimentação e inovação (Porac, Thomas e Baden-Fuller, 1989).

Essa discussão de centralidade concentrou-se no impacto da posição de uma organização, já que, para a rotina de gestão de eventos, a compreensão do conceito de posição central e periférica é extremamente importante. Gerentes de eventos precisam ter consciência da natureza dinâmica das redes – visto que são propensas a alterações conforme novos recursos e ideias ou estruturas de controles que impactam uma ou mais organizações ligadas à rede

(Scott, Ruef e Mendel, 2000). A título de exemplo, a estrutura de relações entre grupos de organizações que recebem um evento anual pode mudar, à medida que novos patrocinadores se associam ou que a administração pública local altera as políticas de segurança pública em eventos. Continuando com o exemplo, patrocinadores existentes podem ser deslocados das posições mais centrais pela entrada de novos patrocinadores e serviços de emergência podem surgir como parceiros primários. Uma tarefa crucial para os gerentes de eventos é reconhecer as constantes mudanças nas posições das organizações em uma rede e facilitar a comunicação entre aqueles ligados ao evento (Quadro 3.8).

Quadro 3.8 Exemplo de uma rede de eventos em crise: o caso do Campeonato Mundial de Esportes Aquáticos de 2005, em Montreal.

Em janeiro de 2005, a Federação Internacional de Natação (Fina) cancelou seu contrato com o Comitê Organizador (CO) do Campeonato Mundial de Esportes Aquáticos de Montreal. Embora o evento tenha sido retomado pelo CO de Montreal menos de um mês depois, os fatores que preocupavam a Fina sobre a capacidade do CO de produzir o evento fornecem informações sobre a importância de identificar os principais componentes ou *stakeholders* de um evento e gerenciar as relações com eles.

De acordo com Parent e Seguin (2007), os organizadores de eventos precisam de *stakeholders* para fornecer recursos valiosos, como instalações, capital financeiro, equipamentos, recursos humanos ou competência técnica. Os parceiros também têm papel importante ao coletar e distribuir informações e lidar com assuntos políticos ou grupos de interesse especial. No caso do Campeonato Mundial de Montreal, os *stakeholders* incluíam a Fina e a Federação Aquática do Canadá (AFC), as delegações de atletas e suas equipes de apoio, as três esferas da administração pública, a comunidade (residentes, comércio, escolas, grupos) e a imprensa (Parent e Seguin, 2007). Porém, a falha do CO original em gerenciar a rede de parceiros ligados ao Campeonato resultou em uma ação sem precedentes da Fina, que cancelou seu contrato com o CO.

Os *stakeholders* que se uniram com o propósito de receber o evento representam a rede de relacionamentos que ofereceria os recursos necessários. Para permitir que os parceiros trabalhem de modo colaborativo, é fundamental compreender claramente quem são, quais seus interesses no evento, seus valores e objetivos. A garantia de congruência em cada um desses elementos é chamada de devida diligência (*due diligence*) por Parent e Seguin (2007). Nesse exemplo do CO de Montreal, Parent e Seguin (2007) sugerem que o processo de análise não foi realizado de maneira que definisse adequadamente os *stakeholders* participantes da rede e que fossem negociadas suas contribuições e expectativas nas fases iniciais de desenvolvimento. Acre-

(continua)

Gestão de eventos esportivos, recreativos e turísticos

Quadro 3.8 Exemplo de uma rede de eventos em crise: o caso do Campeonato Mundial de Esportes Aquáticos de 2005, em Montreal. (*continuação*)

dita-se que a pressa com a qual o CO do evento foi forçado a atrair possíveis *stakeholders* limitou a sua capacidade de garantir a devida diligência. Por exemplo, o CO falhou ao identificar de forma adequada os parceiros e seus papéis; ao confirmar os interesses das organizações no evento; ou ao avaliar se os parceiros se complementavam e se enquadravam entre si e no evento (Parent e Seguin, 2007).

Os gerentes de eventos que facilitam a rede de parceiros organizacionais responsáveis pelo aporte de recursos precisam ter uma compreensão exata da natureza das contribuições de cada parceria. Os recursos podem ser instalações, fundos e contribuições em espécie, como equipamentos, conhecimento profissional ou quadro de voluntários. No caso do CO de Montreal, os facilitadores não conseguiram precisar as contribuições financeiras dos diversos parceiros da rede (Parent e Seguin, 2007). Mais especificamente, confusões em torno de um montante de um milhão de dólares em direitos e uma compreensão limitada do comprometimento dos patrocinadores por parte dos parceiros foram os problemas; houve mal-entendidos sobre se os "direitos" do evento pertenciam ao comitê que propôs sediá-lo, à Federação Aquática do Canadá (AFC) ou ao Montreal Sport International, que elaborou a proposta de sediar o evento.

Neste exemplo, as frequentes trocas de pessoal nos altos níveis do CO causaram rupturas, pois as relações de confiança e lealdade entre os *stakeholders* foram quebradas. Conforme Parent e Seguin (2007, p. 198), "a inconsistência no quadro de pessoal foi considerada um enorme problema [...], pois a transferência do conhecimento tornou-se crítica, assim como a importância de construir relações fortes e positivas com os principais *stakeholders*, como Fina e patrocinadores". A grande rotatividade na alta gerência do CO resultou em uma perda significativa do capital social do comitê do evento.

Por fim, as limitações nos processos de comunicação e de troca de informações do evento também contribuíram para o desgaste da confiança entre as organizações ligadas ao Campeonato (Parent e Seguin, 2007). A gestão de relações entre as organizações associadas ao evento é fundamental, qualquer que seja seu porte. No caso de Montreal, a falta de comunicação geral entre o CO e os *stakeholders* causou falta de confiança e, consequentemente, falta de decisões e conflitos que enfraqueceram as relações.

Este exemplo destaca áreas importantes em que as falhas para identificar parceiros, estabelecer confiança e comunicar debilitaram a capacidade dos gerentes de eventos de facilitar adequadamente sua rede de *stakeholders*. Depois da decisão da Fina de cancelar o evento, foram criados uma nova gerência, melhores relações com agências financiadoras e patrocinadores corporativos e um sistema transparente de comunicação (Parent e Seguin, 2007). Em seguida, a Fina manteve o evento em Montreal. Esse caso realça a importância de compreender a natureza das relações entre as organizações ou *stakeholders* ligados ao evento e de gerenciá-las com essa rede de parceiros.

(continua)

Modelo de planejamento de eventos: fase de desenvolvimento, parte I

Quadro 3.8 Exemplo de uma rede de eventos em crise: o caso do Campeonato Mundial de Esportes Aquáticos de 2005, em Montreal. (*continuação*)

O papel dos facilitadores de redes em eventos na fase de desenvolvimento do modelo de planejamento é, essencialmente, coordenar e gerenciar a integração dos diversos *stakeholders*. Esse tipo de coordenação requer a construção de uma estrutura de colaboração, escorada pela confiança entre os diversos *stakeholders*. A confiança pode surgir como resultado de um contexto social que permita a troca de ideias, conhecimento e informação (Lang, 2004). Com o passar do tempo, os indivíduos que representam organizações ligadas à produção de um evento esportivo desenvolvem lealdade, entendimento mútuo e conhecimento compartilhado. A crescente interdependência entre as organizações oferece um contexto social no qual os esforços dão resultados. Assim, os elos sociais – ou *capital social* – entre os *stakeholders* são instrumentos pelos quais recursos valiosos podem ser acessados.

Gerenciar relações entre os *stakeholders* utilizando diversas formas de comunicação é crucial. Este exemplo demonstra como um ambiente de descrédito e conflito pode evoluir se a confiança é enfraquecida e os esforços conjuntos são bloqueados pela falta de transparência e comunicação.

Os gerentes de eventos precisam estar cientes não apenas do número de ligações necessárias com grupos ou organizações para garantir acesso aos recursos, mas também dos diferentes *tipos de ligações*, ou relacionamentos, recomendáveis para proporcionar eficiência e eficácia na rede. Por exemplo, um evento relativamente pequeno pode precisar de ligações com clubes locais, escolas, imprensa, fornecedores de equipamentos e entusiastas do evento que comprariam entradas. O gerente de eventos precisa determinar o melhor tipo de relação, por exemplo, uma troca pontual, uma parceria ou uma aliança estratégica, para suprir as necessidades das organizações. Os relacionamentos com escolas podem ser contínuos, o que requer uma quantidade significativa de tempo e energia de gestão, enquanto fornecedores de equipamentos podem ser simplesmente contatados nos momentos de necessidade, com pouca ou nenhuma comunicação intermediária. Gerenciar relacionamentos com *stakeholders* é uma tarefa-chave e, dessa forma, os atores, considerados os mais importantes, devem ser priorizados.

O grau de centralidade ou periferia relativo de uma empresa em uma rede atua como um indicador de poder, do mesmo modo que os tipos de interações entre as organizações. A *força das ligações* entre as organizações, geralmente classificada em forte ou fraca, sugere características tais como a duração do relacionamento (Weick, 1976). Os indicadores da força das ligações envolvem o montante de recursos compartilhados, o grau de conhecimento recíproco das limitações dos parceiros (DiMaggio e Powell, 1989) e a frequência ou número de interações entre os participantes da rede (Contractor e Lorange, 1988). Os tipos de ligações disponíveis para os gestores de eventos incluem, por exemplo, trocas pontuais, parcerias, alianças estratégicas, *joint ventures*, corpos diretores interconectados e relações verticais integradas. Essas ligações baseiam-se em um *continuum* da força das relações, que varia de relacionamentos fracos, como trocas sem comprometimento ou sem a intenção expressa de manter a relação, até formas mais fortes de ligações, que têm confiança, comprometimento e lealdade crescentes, como no caso da interconexão de corpos diretores.

Nesse *continuum*, as *parcerias* representam uma forma relativamente flexível de relacionamento, com algum nível de comprometimento embutido mas com a longevidade da ligação condicionada à sua utilidade, mais do que ao seu valor estratégico.

As *alianças estratégicas*, em comparação, são formas de relacionamento mais fortes, caracterizadas pelo elevado comprometimento de recursos, altos níveis de confiança e lealdade e uniões significativas para os objetivos estratégicos das duas organizações (Doz e Hamel, 1998). São, em geral, relações mais duradouras e estão associadas aos objetivos-chave, como crescimento, aprendizagem organizacional ou desenvolvimento de novos produtos (Doz e Hamel, 1998).

A *interconexão de corpos diretores* ocorre quando membros do corpo diretor de uma organização assumem funções no corpo diretor de outra empresa. Esse tipo de ligação facilita a transferência de informações entre os níveis mais altos do processo decisório, oferece uma relação duradoura e estável para as organizações por meio do envolvimento contínuo, que pode perdurar por vários anos.

A *integração vertical* ocorre quando uma organização compra outra ou quando duas organizações decidem se fundir para alcançar vantagens competitivas estratégicas (Stotlar, 2000). A força dos elos entre organizações ligadas em rede é um indicativo da *densidade de uma rede de eventos* ou do grau de acoplamento do sistema (Krakhardt, 1992). O nível de densidade ou grau de acoplamento maior ou menor em redes indica o número de ligações entre seus membros, quer apenas alguns estejam ligados quer, no outro extremo, todos os membros da rede estejam ligados uns aos outros. Acoplamentos densos são associados a altos níveis de conectividade entre parceiros da rede

Modelo de planejamento de eventos: fase de desenvolvimento, parte I

e com interações mais frequentes (Lang, 2004). Em uma rede densa, todos os membros estão ligados aos outros, embora com diferentes tipos de relações, como parcerias ou trocas. Acoplamentos difusos ou redes fragmentadas são caracterizados por poucas conexões entre os membros, com escassas oportunidades para intercâmbio de comunicação, ideias ou recursos.

Os gerentes de eventos devem avaliar a necessidade de ligações mais ou menos densas a partir das características de seus eventos. Se os membros da rede precisam compartilhar quantidades substanciais de recursos, dividir o processo decisório, elaborar um planejamento estratégico conjunto e cooperar de outras formas altamente integradas por um longo período de tempo, um conjunto mais completo de relações entre parceiros pode ser necessário. Inversamente, se uma organização orienta o processo decisório e poucos recursos são trocados durante um curto período de tempo, pouca integração pode facilitar a troca eficaz e eficiente de recursos. Dessa forma, a magnitude geral do evento, o prazo exigido e o nível de integração em relação ao processo decisório e de planejamento podem influenciar a necessidade de uma rede mais densa ou fragmentada.

Capital social: o recurso intangível das redes

As redes de ligações interorganizacionais são *enraizadas*, ou incrustadas, nas relações sociais que existem entre os indivíduos da rede. Esse contexto social tem a capacidade de facilitar o compartilhamento de conhecimento e ideias, promover estabilidade para as relações da rede e auxiliar a gestão dos relacionamentos interorganizacionais (Lang, 2004). Contudo, nem todas as redes de eventos alcançam ou mantêm o nível de integração, ou densidade, necessário para aumentar os níveis de integração social que facilitam a transferência de conhecimento e recursos. A falha dos gerentes de eventos em especificar adequadamente as estruturas ou regras que governam as relações tem sido citada como o principal motivo para interações sociais instáveis entre *stakeholders* (Lang, 2004). Todavia, é possível tomar medidas para possibilitar o intercâmbio formal de informação e transferências informais de conhecimento em um contexto social estável.

O ambiente no qual as relações sociais podem evoluir pode variar, conforme Granovetter (1985), de alto *enraizamento* social a baixo, sendo que o alto é caracterizado por interações sociais que se repetem por um longo período e que têm elevados níveis de confiança e cooperação (Lang, 2004). Por outro lado, o baixo enraizamento social caracteriza-se por interações "distantes". No contexto de um evento, os organizadores podem facilitar o desenvolvimento de *capital social*, a habilidade de acessar recursos por meio de laços sociais, ao organizar reuniões regulares, eventos sociais ou sessões de acompanhamento que permitam interação pessoal entre os indivíduos ligados ao evento. Esses tipos de encontros favorecem a troca de opiniões e informações na rede. Além disso, são importantes oportunidades para os indivíduos aprenderem sobre os valores dos outros e receberem dicas sobre importantes facetas do evento, como resultados da interação social frequente (Salancik e Pfeffer, 1978).

A integração do conhecimento necessária para a interação eficiente e eficaz entre parceiros em um evento depende do capital social. O conhecimento compartilhado entre parceiros, a convergência de pontos de vistas, a divisão de rotinas e as similaridades em normas e valores dão suporte para difundir o conhecimento tácito obtido por meio de experiências de vida ou do cotidiano, que não se consegue traduzir em códigos verbais ou escritos (Badaracco, 1991). Dessa forma, facilitar o surgimento de laços pessoais entre indivíduos e, subsequentemente, entre suas organizações, oferece aos organizadores de eventos meios para aprimorar a capacidade geral da rede de informar práticas, implantar planos e operar eficientemente.

A *confiança* tem sido destacada como um componente importante do capital social. De acordo com Lang (2004, p.93), "é a confiança que permite que o capital social seja criado entre as pessoas". Por esse motivo, os grupos com alto índice de confiança conseguem realizar mais, adquirir mais recursos e facilitar ações em prol dos objetivos da rede. O capital social é, por si só, um recurso que precisa ser nutrido e alavancado pelos facilitadores do evento. Ao desenvolver estruturas para que as relações sociais evoluam e ao nutrir a confiança e cooperação entre indivíduos, os facilitadores de eventos têm em mãos uma estrutura exclusiva para compartilhamento de informações e um mecanismo de controle respaldado por normas e valores das pessoas ligadas à rede do evento (Lang, 2004). Esses tipos de recursos estratégicos não podem ser subestimados, por conta de suas capacidades de aprimorar as fases de planejamento geral e execução do evento (Quadro 3.9).

Conclusão

Os gerentes devem facilitar a cooperação entre a administração pública, a imprensa, os grupos da comunidade, as organizações de voluntários e os patrocinadores corporativos, entre outros, para compartilhar os recursos necessários para a produção de um evento. Assim, os eventos e as organizações ligadas a eles podem ser vistos como uma rede de ligações interorganizacionais que coopera para produzir o resultado desejado. Os facilitadores de

Modelo de planejamento de eventos: fase de desenvolvimento, parte I

eventos precisam ter consciência de vários componentes, ou conceitos, associados à rede para gerenciarem, de forma adequada, esforços coerentes e conjuntos de todas as organizações que fazem parte do grupo. Quer pela criação de instrumentos para o capital social evoluir, quer pela estimativa da necessária força de relacionamento com um parceiro para garantir o fornecimento adequado de recursos, os facilitadores de eventos precisam avaliar a trama de relações que forma sua rede como um recurso a ser configurado, gerenciado e alavancado de maneira eficiente e eficaz.

Quadro 3.9 Gestão de relacionamentos em rede: aprendizados dos Jogos Olímpicos "verdes" de Sydney.

Estejam os gerentes de eventos participando de uma rede de organizações já existente ou criando uma rede de colaboradores para contribuir e se beneficiar com um evento, facilitar relações entre organizações ligadas é um componente crucial de suas responsabilidades. No estudo de Kearins e Pavlovich (2002) sobre o papel dos *stakeholders* nos Jogos Olímpicos "verdes" de Sydney foram discutidas diversas táticas sobre a gestão das interações entre os grupos ambientalistas que eram os principais envolvidos em uma rede em torno dos Jogos. No ambiente de eventos de grande porte, como os Jogos Olímpicos de Sydney, facilitar a interação entre patrocinadores corporativos, diferentes esferas de administração pública, fervorosos grupos ambientalistas, organizações esportivas oficiais nacionais e internacionais e a imprensa, entre outros, foi fundamental para coordenar atividades e gerir o fluxo de informação e comunicação entre as organizações relacionadas.

No caso dos Jogos Olímpicos de Sydney, os esforços para oferecer uma estrutura para a rede de grupos ambientalistas foram feitos por meio da criação de uma estrutura de comitês que permitia que diferentes *stakeholders* trabalhassem de forma conjunta. Foram criados e distribuídos para os *stakeholders* da rede, de maneira ordenada, documentos de planejamento, que esboçavam políticas e procedimentos. As organizações que estariam envolvidas no preparo e execução dos Jogos foram identificadas e agregadas à rede desde o início. A comunicação foi facilitada por meio de *sites*, auditorias, relatórios, compartilhamento de boas práticas e eventos educacionais, como *workshops* (Kearins e Pavlovich, 2002). A garantia de legitimidade para a rede e seus esforços foram facilitados por meio da participação do público em geral e do fornecimento de mecanismos de representatividade no processo decisório, além da demonstração de que especialistas em diversas áreas importantes para os Jogos estavam envolvidos na rede. O foco em transparência, o respeito pelos valores e crenças de diversas organizações ligadas à rede e a permissão para o surgimento de coalizões de organizações na rede também foram destacados como mecanismos fundamentais que facilitaram a interação entre os membros da rede de organizações envolvidas nos Jogos Olímpicos de Sydney (Kearins e Pavlovich, 2002).

Questões

A partir do seu entendimento de todos os itens deste capítulo, responda às seguintes questões.

1. Descreva o que faz uma pessoa quando "facilita" e como isso é diferente do treinamento de pessoal envolvido em um evento.
2. A estrutura de um evento pode ser analisada de três pontos de vista: formalização, complexidade e centralização. Descreva-os.
3. Descreva a teoria de sistemas, de contingência e de complexidade e relacione-as ao desenvolvimento de estruturas de eventos.
4. O que significa o princípio *forma acompanha função*?
5. Comente sobre a perspectiva de rede e como ela se aplica ao gerente de eventos na fase de desenvolvimento do modelo de planejamento.

4

Modelo de planejamento de eventos: fase de desenvolvimento, parte II

Julie Stevens, Maureen Connolly, Lorne J. Adams,
Cheri Bradish, Brock University

Este capítulo continua a discussão da primeira fase do modelo de planejamento de eventos, a fase de desenvolvimento. Agora, o gerente de eventos é visto na posição de facilitador para o desenvolvimento de práticas de voluntariado e políticas, além de participação na responsabilidade social corporativa. O capítulo começa com um item sobre gestão de voluntários.

Facilitação das práticas de gestão de voluntários

Julie Stevens, Brock University

Produzir um grande evento esportivo, seja tradicional ou segmentado, exige um número significativo de pessoas. O cenário ideal é o que conta com um comitê anfitrião mediante uma fonte interminável de recursos financeiros que possibilite contratar toda a equipe necessária para produzir um evento de sucesso. Infelizmente, no entanto, gerentes de eventos lidam com circunstâncias reais, e não ideais, o que significa que a maior parte do trabalho de planejamento e produção do evento é realizada por um grupo de voluntários. Para que um gerente de eventos possa atuar como facilitador de programas de voluntários, os objetivos deste item incluem identificar a contribuição de voluntários, diferenciar os diversos tipos de voluntários de eventos, explicar os elementos de um programa de voluntariado e identificar o papel do gerente de eventos como facilitador de um programa eficiente nesse tipo de gestão.

Contribuição de voluntários para grandes eventos esportivos

> "Voluntários são cruciais para o sucesso dos Jogos e temos certeza que a experiência adquirida por eles deixará um legado duradouro".
>
> (Gary Jakeman, gerente geral do Island Games de 2005, em Shetland, Escócia)

Os voluntários têm um papel crucial em grandes eventos (Fairley, Kellett e Green, 2007; Ralston, Lumsdon e Downward, 2005). Eventos internacionais multiesportivos e de um único esporte, bem como eventos de turismo, envolvem milhares de voluntários. As Olimpíadas são, de longe, o evento que mais demanda voluntários. O Comitê Organizador dos Jogos Olímpicos de Verão de Pequim, em 2008, envolveu 100.000 voluntários durante o período dos Jogos, sendo 70.000 para a Olimpíada e 30.000 para a Paraolimpíada. O Comitê Organizador dos Jogos de Inverno de Vancouver, em 2010, previa que 25.000 voluntários seriam utilizados. Outros grandes eventos esportivos, internacionais e domésticos, também dependem de um grande número deles. Os Jogos da Commonwealth de 2002 recrutaram 10.345 voluntários, que contribuíram com um total de 1.260.000 horas de trabalho. A Copa do Mundo de Rugby de 2007 contou com 6.000 voluntários para produzirem a competição de 20 times; o Campeonato Mundial Volvo de Youth Sailing Isaf de 2007 usou 175 voluntários para auxiliar 226 competidores e 4.000 voluntários estavam envolvidos nos Jogos de Inverno do Canadá de 2007, um evento multiesportivo que inclui 22 esportes e 3.600 atletas, treinadores e chefes de delegação. Cada um desses exemplos demonstra o importante papel desempenhado pelos voluntários em eventos esportivos.

O impacto do voluntariado em eventos se estende além do evento e influencia positivamente tanto os indivíduos que se voluntariam como a comunidade receptora que o sedia. Pesquisas mostram os benefícios do voluntariado em eventos, como o aumento da participação nesses programas

(Fairley et al., 2007), turismo comunitário sustentável por meio de voluntariado em eventos (Ralston et al., 2005), oportunidade de gerar um maior capital social na comunidade (Downward e Ralston, 2007) e melhoria do desempenho do setor público (Karkatsoulis, Michalopoulos e Moustakatou, 2005). Por exemplo, o sucesso dos Jogos da Commonwealth de 2002, em Manchester, levou à criação dos Voluntários de Eventos em Manchester (Manchester Event Volunteers, MEV), uma organização que fornece apoio de voluntários para uma gama de eventos comunitários, regionais e nacionais. Poucos anos após os Jogos de 2002, o MEV já tinha criado um banco de dados de mais de 3.000 voluntários e apoiado mais de 400 eventos na comunidade local.

Voluntários de eventos

Grandes eventos envolvem, em geral, quatro níveis de voluntários que refletem dois tipos principais de papéis exercidos na organização (Figura 4.1). O planejamento é composto do *primeiro nível de voluntários executivos e diretivos*. Os voluntários de nível superior desenvolvem uma missão e visão para o evento, geralmente compondo o corpo diretor, e atuam a partir do momento em que a proposta para sediar o evento é preparada. O *segundo nível de voluntários gerenciais* trabalha no comitê executivo, em geral planejando e administrando os principais elementos da sociedade anfitriã. Por exemplo, na estrutura da sociedade anfitriã dos Jogos do Canadá, o comitê executivo inclui vice-presidentes e vice-presidentes adjuntos para cada área operacional, tais como vice-presidente de atletismo e vice-presidente adjunto de instalações desportivas. Os voluntários que exercem esse papel gerencial normalmente se envolvem com a organização de cinco a dois anos antes do início do evento, sendo, portanto, ativamente implicados na fase de desenvolvimento do modelo de planejamento e nas seguintes. O *terceiro nível de voluntários operacionais* relaciona-se com funções operacionais e coloca o evento em funcionamento, executando o preparo de curto prazo antes do evento ou o serviço durante sua ocorrência. Esses voluntários se juntam à organização do evento até um ano antes de seu início, sendo responsáveis por importantes preparativos de curto prazo. Por exemplo, eventos multiesportivos incluem diversos esportes e cada instalação precisa de uma equipe para organizar especificamente a competição de determinado esporte. Os membros da equipe que cuidam disso são voluntários operacionais, tais como o supervisor de voluntários, que se encarrega da sala de voluntários no local e, mais importante, dos contatos e da escala de trabalho do evento necessária para dotar a instalação de um quadro de pessoal. Por fim, a maior parte da força de trabalho voluntária é composta do *quarto nível de voluntários durante os jogos*. Além de comparecer às reuniões de informações e orientações, eles trabalham durante o evento e começam suas tarefas quando o evento se inicia – portanto, o seu envolvimento é muito curto. Alguns organizadores de eventos estabelecem um tempo mínimo de comprometimento exigido dos voluntários de quarto nível. Por exemplo, o *site* de voluntários do comitê organizador dos Jogos de Inverno de Vancouver de 2010 declara dar preferência para candidatos que podem se comprometer com os 27 dias de duração dos Jogos. O papel dos voluntários durante o evento pode incluir serviços como motorista da frota da organização, atendente de estacionamento e recepcionista das instalações.

Figura 4.1 Níveis de voluntários na organização de um evento esportivo

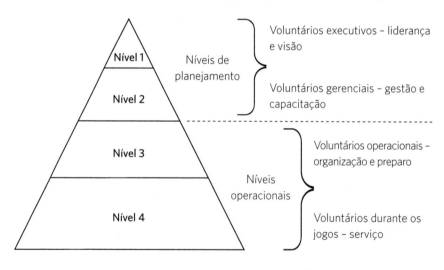

A fim de garantir o sucesso do evento, as organizações anfitriãs precisam providenciar voluntários em cada nível. No caso de eventos de grande porte, isso é feito por intermédio de um setor especificamente criado para gerir voluntários, enquanto em pequenos e médios eventos as responsabilidades do programa de voluntários possam ser designadas a um pequeno grupo composto por voluntários e/ou funcionários da equipe de planejamento. O objetivo de um setor de voluntários é agregar valor aos serviços em um evento. Em outras palavras, este setor administra-os para elevar a categoria dos serviços do evento para todos os *stakeholders*. O Quadro 4.1 apresenta, em linhas gerais, as responsabilidades do Serviço de Voluntários para a organização dos Jogos da Commonwealth de 2002. Esse exemplo ilustra a abrangência das tarefas sob responsabilidade de um programa de voluntários e destaca a amplitude do planejamento necessário para administrar adequadamente a força de trabalho voluntária do evento. Algumas palavras foram colocadas em itálico para ressaltar como esses serviços envolvem muitas das práticas fundamentais de gestão de recursos humanos, como recrutamento, seleção, entrevistas e administração de dados.

Quadro 4.1 Responsabilidades do Serviço de Voluntários para os Jogos da Commonwealth de 2002

O papel do Serviço de Voluntários era:

Atuar como uma *agência de recrutamento* para vagas de voluntários.

Encontrar candidatos adequados para as tarefas, incluindo o processo de *criar descrições de funções*.

Definir áreas de entrevistas no *Centro de Voluntários* e gerir todos os aspectos relacionados com as entrevistas (incluindo a alimentação do banco de dados, os formulários e assim por diante).

Selecionar Líderes de Voluntários com mais condições de conduzir entrevistas com voluntários em nome do programa.

Criar banco de dados de acordo com as descrições de funções.

Desenvolver um *sistema de entrevistas* – questões, formulários, casos especiais.

Oferecer treinamento no processo de entrevista para todos os entrevistadores.

Recrutar continuamente voluntários com determinadas habilidades para complementarem defasagens.

Auxiliar na relocação de quaisquer candidatos inadequados para o papel proposto e *administrar questões problemáticas*.

Manchester (2002, grifo dos autores)

Planejamento de um programa de voluntariado

Kemp (2002) faz referência aos voluntários de eventos como a "força de trabalho oculta" e argumenta que os organizadores de eventos devem incluir o desenvolvimento de recursos humanos como parte do planejamento de evento. A gestão de voluntários envolve diversas práticas de recursos humanos, mas Rodsutti (2005) acredita que recrutamento, orientação, atribuição de responsabilidades e reconhecimento são as mais críticas. Juntas, essas práticas compõem o ciclo de vida de voluntariado, que inclui estágios como recrutamento, inscrição, triagem, orientação e treinamento, atribuição de responsabilidades, credenciamento e reconhecimento (Figura 4.2 – Ciclo de vida de voluntariado para eventos). O planejamento e a implantação de estratégias eficazes para gerir o relacionamento do voluntário com a organização do evento em cada estágio do ciclo de vida são fundamentais para o sucesso (Bussell e Forbes, 2007). No entanto, é importante considerar como práticas de gestão de pessoas, normalmente empregadas para funcionários, podem ser modificadas para uso em uma força de trabalho voluntária, composta por diferentes motivos, comprometimentos, aspirações, experiências e habilidades (Wilson e Pimm, 1996). Além disso, Brudney e Nezhina (2005, p. 306) sugerem que "quanto maior o número e a variedade de tarefas desempenhadas, maior a necessidade de práticas gerenciais para apoiar, administrar e coordenar esses recursos humanos". Isso indica que, à medida que o corpo de voluntários de um evento aumenta, também deve aumentar a complexidade do programa de voluntários. Portanto, o gerente de eventos desempenha um importante papel ao facilitar o planejamento de um programa que preveja cada estágio do ciclo de vida de voluntariado.

Figura 4.2 Ciclo de vida de voluntariado para eventos.

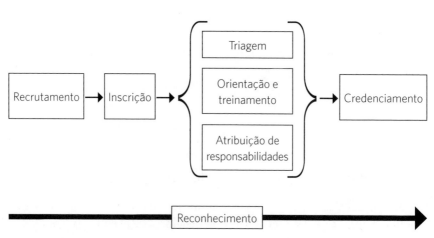

O primeiro e o segundo estágios do ciclo de vida de voluntariado envolvem, respectivamente, recrutamento e inscrição. Getz (1991) acredita que a gestão de voluntários em eventos de curto prazo foca no recrutamento e na construção do apoio da comunidade. Bussell e Forbes (2002) argumentam que a chave para o sucesso de uma organização ao recrutar seus voluntários é compreender seu público-alvo e sugerem seguir os "4 Q do Voluntariado" – o quê (definição), em que lugar (contexto), quem (características) e por que (motivação) – como meio de desenvolver essa compreensão. Shin e Kleiner (2003, p. 64) acreditam que os responsáveis pelo planejamento do programa de voluntariado devem pesquisar diversas áreas principais sobre voluntários, para que o programa seja eficaz. Isso inclui as questões que seguem.

- Quais são as responsabilidades do voluntário (descrição de função)? Qual tipo de trabalho é necessário (curto ou longo prazo)?
- Quando os voluntários serão necessários (comprometimento de longo prazo, para uma única vez, de dia ou de noite)?
- Quando e como a organização será beneficiada por utilizar um voluntário? Em que lugar o voluntário é necessário?

Consequentemente, o gerente de eventos deve usar os "4 Qs do Voluntariado" como um guia para o programa de recrutamento e de inscrição.

O momento do recrutamento depende do porte do evento e do volume de voluntários necessários para o sucesso de sua produção. Para grandes eventos, as campanhas de recrutamento são desenvolvidas e lançadas em algum momento entre um e dois anos de antecedência do evento. Por exemplo, o processo de inscrição para os Jogos Olímpicos de Inverno de Vancouver de 2010 começou em 2008. Além disso, o recrutamento não precisa ser uniforme, ou seja, pode enfocar os residentes locais primeiro e, então, ser estendido para além das fronteiras da cidade sede, em uma etapa posterior. Essa estratégia foi usada pelo comitê organizador dos Jogos de Verão de Pequim de 2008: os organizadores iniciaram o recrutamento de voluntários localmente em agosto de 2006 e abriram inscrições para as pessoas de fora da capital em janeiro de 2007; o registro foi encerrado em maio de 2008, para o evento de agosto de 2008. Eventos de pequeno porte, multiesportivos e de um único esporte, podem recrutar em um período de tempo mais curto.

Uma vez que o cronograma para a campanha de recrutamento esteja elaborado, os organizadores devem avaliar como a inscrição será feita. As estratégias correntes usam tanto o envio *online* de documentos eletrônicos como o correio ou o comparecimento pessoal. Os Jogos da Commonwealth de 2002 receberam 24.000 inscrições de voluntários (60% submetidas por meio da internet), o que indica que o volume de trabalho envolvido simplesmente para coletar e registrar os interessados pode ser muito grande. A inscrição está intimamente ligada a atribuição de tarefas, já que os organizadores do evento precisam entender o que eles querem que os voluntários façam antes de poder recrutá-los. Em especial, os formulários de inscrição devem coletar informações relevantes para a atribuição de responsabilidades, tais como disponibilidade, preferência de esporte e conjunto de habilidades. Embora a atribuição de responsabilidades ocorra posteriormente no ciclo de vida, na fase operacional do modelo de planejamento, que será discutida no próximo capítulo, está intrinsecamente vinculada com o plano de recrutamento e o formulário de inscrição.

O próximo estágio no ciclo de vida de voluntariado inclui três tarefas convergentes: triagem, orientação/treinamento e atribuição de responsabilidades. A ordem em que ocorrem varia entre voluntários – o que é fundamental é que todos os estágios estejam completos antes que um voluntário seja credenciado para um evento (Figura 4.2).

A triagem de voluntários envolve checagens de segurança nos antecedentes criminais de cada um deles. Dado que essa checagem pode ser cara e levar tempo, os organizadores do evento devem determinar quando é necessária. Além disso, deve ser decidido quem deve arcar com os custos da política de checagem: se os voluntários pagam por seus atestados de antecedentes criminais ou se a organização do evento paga os valores para conduzir checagens de segurança depois que as inscrições são entregues. De qualquer modo, a política de gestão de risco da organização anfitriã fornece orientações para o setor de voluntários em relação aos procedimentos de triagem. Em alguns casos, todos eles devem ser checados, e então o atestado de antecedentes é solicitado junto com a inscrição. Alternativamente, apenas um grupo de voluntários pode ser checado, como foi o caso dos Jogos da Commonwealth de 2002, quando os organizadores do evento conduziram checagens de segurança aleatórias a partir do conjunto de inscrições de voluntários. Em outros casos, os organizadores podem decidir que apenas aqueles em funções de alto risco, como os que ficam em contato direto com menores de idade, devem ser checados.

O componente de treinamento e orientação de um programa de voluntariado varia em graduação, desde experiências intensivas de desenvolvimento profissional para voluntários executivos e gerenciais a breves orientações para os que serão voluntários durante o período dos Jogos. A extensão do programa está relacionada com a filosofia geral do evento: se os organizadores acreditam que a missão do evento é deixar um legado de capital humano de longa duração na comunidade, então o treinamento das pessoas não é exclusivamente para o evento corrente, sendo que experiências futuras podem ser um importante princípio subjacente ao programa de voluntariado. O número de voluntários envolvidos também limita o treinamento e a orientação: treinar 12.000 voluntários é muito diferente de treinar 125. Por exemplo, os organizadores da Copa do Mundo de Rugby de 2007 executaram um programa de treinamento detalhado para os 6.000 voluntários do evento. No total, foram 50.000 horas para preparar os voluntários, em sessões com duração de um dia, que abordaram tarefas e detalhes específicos a respeito das instalações do evento e do papel dos voluntários.

Como mencionado anteriormente, a atribuição de tarefas é uma etapa crítica no ciclo de vida porque influencia diretamente a satisfação do voluntário e, como tal, causa impacto no sucesso geral do evento. Gordon e Erkut (2004) afirmam que é importante levar em conta as preferências individuais ao atribuir tarefas e fazer a escala de trabalho de voluntários nos eventos. Mais especificamente, os organizadores do evento aumentam a responsabilidade de voluntários por meio de táticas que garantam um ajuste entre o voluntário e suas tarefas (Kim, Chelladurai e Trail, 2007). Um planejamento cuidadoso assegura que o tempo, o talento e as habilidades do voluntário são usados bem e com sabedoria (Murk e Stephan, 1991). Portanto, o gerente de eventos deve avaliar, em primeiro lugar, quais informações são necessárias a respeito de cada voluntário e, em segundo, como usar essas informações na decisão de quais tarefas designar para ele. Um elemento-chave dessa etapa é elaborar descrições de funções. Os voluntários de planejamento e produção devem conduzir uma análise de necessidades de cada unidade com o objetivo de identificar as tarefas e a quantidade de pessoas essenciais. Desse modo, os voluntários podem se inscrever para funções específicas que satisfaçam suas preferências pessoais, ao mesmo tempo em que os organizadores do evento suprem todas as solicitações de voluntários.

Depois de recrutado, treinado e designado para determinada função, um voluntário está enfim pronto para ser credenciado. Nesse ponto, eles devem estar bem informados a respeito de seus papéis, responsabilidades e escalas de trabalho. O planejamento para credenciá-los deve ser bem elaborado, a fim de administrar o número de pessoas envolvidas. Por exemplo, os organizadores dos Jogos da Commonwealth de 2002 levaram 42 dias para distribuir 12.000 uniformes para seus voluntários.

O reconhecimento de todos os voluntários, independente do tipo e duração de seu compromisso, é um grande desafio para gerentes de eventos. O diagrama do ciclo de vida de voluntariado indica o reconhecimento como uma função contínua, que começa tão logo o voluntário é recrutado e acaba depois que o evento termina. O programa de reconhecimento atende às necessidades de "atenção e conforto" dos voluntários e deve se adaptar a eles. Estes precisam receber agradecimentos de um modo que os faça se sentir verdadeiramente valorizados. Aqueles que trabalham apenas durante o evento podem se sentir bem simplesmente com os uniformes, lanches e um lugar confortável para descansar durante o turno, enquanto os mais comprometidos do corpo diretor justificam um reconhecimento mais formal. Acima de tudo, o reconhecimento contínuo do quadro de voluntários é necessário para celebrar a contribuição deles ao evento.

O gerente de eventos desempenha um importante papel de cultivar um ambiente positivo para os voluntários na organização do evento. O programa de voluntariado deve ser uma prioridade e, como tal, ser um componente independente em qualquer estrutura de evento, mas que não pode existir isoladamente. Como consequência, os gerentes de eventos precisam alinhar o programa de voluntariado com o evento como um todo e instruir todos os envolvidos a respeito de seus propósitos, práticas e políticas. Como Murk e Stephan (1991, p.73) afirmam, "Experiências bem sucedidas com voluntariado dependem da satisfação mútua de suas necessidades e da organização". Ao cultivar o apreço pelo evento e pelo papel dos voluntários, o gerente de eventos garante que os "voluntários se empenham e se envolvem adequadamente, assumindo a missão e o propósito da organização" (Volunteer Canada, 2001, p. 49).

Além de atuar como facilitador de um programa de gestão de voluntários na fase de desenvolvimento do modelo de planejamento de evento, os gerentes de eventos devem se cercar de políticas que apoiem todos os elementos de um evento. O conceito de desenvolvimento de políticas é discutido a seguir.

Facilitação do desenvolvimento das políticas do evento

Maureen Connolly e Lorne J. Adams, Brock University

Como um gerente de eventos, você se defronta, ao mesmo tempo, com políticas estabelecidas e com a necessidade de desenvolver novas. Algumas vezes você se sente restringido ou limitado pelas políticas e, outras vezes, gostaria de ter políticas formuladas para ajudá-lo a lidar com uma das contingências que surgiram no evento que está administrando. Essa é a vida de um gerente de eventos. Você tem que negociar em um mundo que é bem definido e talvez restritivo em alguns temas, mas, ao mesmo tempo, pouco preciso e indeterminado em outros. Conforme esses temas aparecem, você tem que se perguntar se as políticas existentes ajudam na situação presente ou se devem ser modificadas. Você pode ter que se perguntar, também, se novas normas precisam ser desenvolvidas ou se você pode lidar com aquele tema sem uma política formal que o aborde.

Graff (1997) realizou muitos trabalhos com voluntários e identificou a existência de quatro objetivos gerais ou tipos de políticas. Ela as adaptou para o contexto dos programas de voluntariado, de modo que sejam relevantes para o seu papel de gerente de eventos, e descreveu as quatro funções das políticas como sendo as seguintes.

1. Políticas como um enunciado da crença, posição ou valor.
2. Políticas como um método de gestão de risco.
3. Políticas como regras.
4. Políticas como um auxílio para a eficácia de programas.

O *site* da Brock University, http://www.brocku.ca, oferece um documento intitulado Administration of Board Policies (Políticas do Corpo Diretor), que amplia os conceitos acima um pouco mais, fazendo as indicações a seguir.

- As políticas seguem um formato predefinido por consistência e facilidade de referência.
- As políticas expressam uma posição sobre um assunto em particular que tem implicações institucionais.
- As políticas autorizam ou restringem ações para assegurar que princípios, leis e regulamentações em vigor sejam cumpridos.
- As políticas fornecem orientações, alternativas e limites para os que tomam decisões.
- As políticas promovem a eficácia operacional e/ ou minimizam riscos, de acordo com os objetivos.

Do mesmo modo, a Universidade de Alberta indica, em seu *site* (http://www.conman.ualberta.ca/stellent/groups/public/@finance/documents/policy/pp_cmp_054535.hcsp), que "Políticas devem ser afirmações claras e concisas de comportamentos, práticas e padrões esperados. Como refletem os valores da instituição, é importante que políticas existentes e novas sejam desenvolvidas ou revisadas a partir de uma abordagem eficaz e consistente". Deve estar claro, agora, que as políticas formam o alicerce a partir do qual o seu evento deve ser desenvolvido. Embora possa parecer evidente, como Graff (1997) indicou, decisões a respeito de políticas são tomadas constantemente – no entanto, podem não ser chamadas de políticas e nem ser formalizadas no papel. Assim, nas palavras de Graff (1997), redigir políticas é formalizar decisões que podem já ter sido tomadas para um evento. Colocá-las por escrito confere clareza e indica sua importância para o assunto. Além disso, as pessoas podem ter maior incentivo em cumprir uma regra escrita do que uma expectativa implícita. A formalização de políticas também garante que as decisões não são tomadas em função de cada caso particular.

É verdade que diversas políticas são escritas como reação a crises ou problemas (Graff, 1997). Quando há um desvio do plano ou alguma coisa dá errado é quando se nota as lacunas nas políticas existentes. A necessidade de desenvolver novas políticas para lidar com o que ocorre no momento e/ou para prevenir sua recorrência no futuro fica evidente.

O processo de desenvolvimento de políticas, portanto, é outra responsabilidade para a qual o gerente de eventos deve atuar como facilitador. Embora possa parecer, inicialmente, uma tarefa desencorajadora, você já teve contato com os processos necessários para criar políticas eficazes. Neste ponto do texto, você foi orientado para poder entender a natureza e o propósito do seu evento em particular, bem como do público, dos participantes e dos *stakeholders* envolvidos. Isso é o que fornece o contexto para formalizar políticas. No entanto, como mostramos agora, muitas vezes políticas eficazes só podem ser escritas se forem em resposta a metas e objetivos realistas, claramente formalizados. Quando concebidas nesse contexto, é possível alcançar a finalidade que Graff (1997) apontou para as políticas, isto é, que as responsabilidades sejam esclarecidas e que as linhas de comunicação e de controle sejam estabelecidas. Nas palavras dela, é assim que as políticas podem, então, garantir a continuidade ao longo de diversas gestões e de diversos eventos.

Uma fonte bibliográfica que sintetizou um pouco da literatura sobre políticas é o Ontario Health Promotion Resource System (http://www.ohprs. ca/hp101/mod5/module5c22.htm). A conclusão foi que o desenvolvimento de políticas não é um processo linear, mas que consiste em quatro etapas: *início, ação, implantação*, junto de *avaliação* e *reformulação*, indicando, assim, que o desenvolvimento de políticas é um ciclo de atividades contínuas, sem um ponto final. O texto fornece, também, uma série de questões-chave que são úteis quando se elabora políticas.

- Você identificou e analisou os assuntos que a sua política deve abranger?
- Os objetivos de sua política são aceitáveis e as metas mensuráveis?
- Em sua política específica, quem é responsável pelo quê?
- Você identificou quais barreiras são possíveis de encontrar na implantação?
- Você tem um plano para lidar com as barreiras?

A seguir, em coerência com o tema deste texto, é apresentada uma orientação teórica da Dra. Maureen Connolly sobre o desenvolvimento de políticas, que aborda diversas perspectivas. Como será visto, essas perspectivas teóricas permitem que você posicione os elementos práticos que discutimos anteriormente em um contexto muito mais amplo, que orientará seu comportamento como gerente de eventos. Embora a Dra. Connolly construa seu arcabouço teórico com clareza, ele não é, de maneira nenhuma, a única maneira de abordar o desenvolvimento de políticas. Você deve, como ela o incentiva, investigar e refletir sobre como utilizaria o arcabouço teórico para abordar na prática o desenvolvimento de políticas na gestão de eventos. A orientação teórica e o cenário prático da Dra. Connolly é apresentado em seguida.

Primeiro, quero que você perceba que não existe uma ação sem orientação ou sem premissas. Ou seja, sempre há uma política funcionando. Depende de você (e de mim) percebermos as forças, valores e crenças que guiam nossas ações, ou podemos atuar sem esse conhecimento e permanecer inconscientes a respeito de o quê conduz nossas ações. De qualquer modo, é uma decisão. Segundo, não posso permitir que você termine este texto sem ter alguma coisa diferente para considerar; assim, quando apresento a teoria ou o modelo que proponho como uma abordagem digna ao desenvolvimento de política, darei uma pequena alterada nela. Dado o tema da maior parte dos textos escritos neste livro, a teoria de contingência é a orientadora da minha discussão de desenvolvimento de políticas, o que envolve a adição de considerações sobre contingência às de relações humanas – tipicamente associadas com modelos contingenciais. Terceiro e, portanto, meu argumento é o seguinte: não há nada mais prático do que uma boa teoria; se você quer fazer a coisa certa na hora certa, saiba o que orienta a sua ação e seja capaz de recuar no meio da confusão e se conectar com esse princípio básico. Eu darei um exemplo e a oportunidade para você pensar, aprender e refletir.

Modelos de relações humanas de comportamento organizacional parecem ser apropriados para aplicar quando são estudados eventos que dependem de relações interpessoais. Esses modelos reconhecem os profissionais e os clientes como pessoas complexas que fazem escolhas de como agir e em que acreditar a partir de suas percepções de diversos objetivos pessoais inter-relacionados e características organizacionais e do evento. Dada a infinita gama de variáveis que se modificam livremente, ou que são contingentes, a partir das escolhas das pessoas e de suas ações subsequentes, os modelos de relações humanas são frequentemente chamados de modelos (ou teorias) de contingência.

Os modelos contingenciais indicam que a satisfação e o desempenho individuais e a eficácia organizacional como um todo dependem mais de um adequado "ajuste" entre um conjunto de variáveis situacionais, tecnológicas, ambientais, sociais, relacionais, culturais e pessoais do que do uso de qualquer abordagem única. Modelos de contingência também se preocupam com os processos pelos quais as pessoas gerenciam ambiguidades, incertezas e complexidades.

Uma tarefa importante na fase de desenvolvimento do modelo de planejamento envolve facilitar a criação de políticas para estruturas, redes de relacionamento, equipe e voluntários de um evento. O desenvolvimento de políticas para um evento requer a geração de declarações ou premissas que orientem as pessoas envolvidas. Políticas direcionam (ou guiam) posturas, ações, responsabilidades e a consequência de ações que são esperadas. O conjunto de políticas de um evento fornece a estrutura fundamental para todas as ações e resultados desejados. O objetivo do desenvolvimento de políticas é orientar a equipe de eventos apontando direções naquelas áreas-chave: posturas, procedimentos e ações/protocolos.

De acordo com Webster (1985), as políticas são prudência ou sabedoria na gestão dos acontecimentos, sagacidade, que significa discernimento ou habilidade de fazer a coisa certa em determinado momento. Planejar com discernimento requer que certas questões sejam levantadas:

- Quais são as intenções?
- Quais são os pressupostos?
- O que ou quais são os recursos, como serão distribuídos e sob qual autoridade?
- Quais são os relacionamentos necessários para as coisas funcionarem e qual é a estrutura de autoridade para promover os relacionamentos?

- O que funcionou e o que não funcionou, e como eu sei?
- O que ou como eu devo aprender com isso e qual é o processo de adaptação à aprendizagem?

Essas questões podem também ser usadas para iniciar o desenvolvimento de políticas. Respondê-las ajuda a revelar temas que podem ser usados para elaborar políticas para um evento. Por exemplo, se o programa do evento prevê a existência de diversos comitês, então a intenção pode ser que a relação entre os membros deles seja a de trabalhar em sequência, como forma de abordagem eficiente de grupo. Assim, são necessárias políticas que prevejam a estrutura de base sobre como os membros dos comitês devem interagir para ser eficientes; são imprescindíveis políticas procedimentais para orientar as ações durante as interações; e são indispensáveis políticas protocolares para fornecer regras de comportamento durante as interações. A integração das políticas entre esses fatores aumenta o controle.

Conceitos complementares no desenvolvimento de políticas

Os conceitos complementares a seguir se referem ao cidadão padrão, ao currículo oculto, à sintonia cultural e ao corpo vivido. Vamos verificar cada um deles.

O "cidadão padrão" de Wendell (1996, p. 41) é um indivíduo idealizado, jovem, incessantemente produtivo, que pode manter um ritmo tecnológico e de máquina, cujo corpo não deixa transparecer a incapacidade de planejadores de eventos e desenvolvedores de políticas de chegar a um acordo sobre a contingência e a diversidade. Wendell também enuncia o que ela chama de "mito de controle", ou seja, "a recusa de chegar a um acordo sobre a realidade completa do corpo vivido, incluindo seus aspectos que são culturalmente rejeitados, o que leva as pessoas a adotar o mito de controle, cuja essência é a crença de que é possível, por meio de ações humanas, ter os corpos que queremos, evitando a doença, a deficiência e a morte" (1996, p. 9). Um conceito-chave do trabalho é a realidade do corpo. Eventos e políticas que não levem a sério os corpos dos organizadores, recursos humanos, equipe de apoio e voluntários, bem como eventuais participantes ou assistentes, são condenados pelos caprichos de contingências desconhecidas, mas geralmente previsíveis.

O trabalho de Bain (1990) a respeito do currículo oculto em educação física é altamente aplicável a contextos de eventos e ressoa muito bem com modelos de contingência e, em particular, contingências do corpo. Por "currículo oculto", Bain se refere ao que é ensinado aos alunos pelas regularidades institucionais, pelas rotinas e rituais das vidas de professores e alunos. As dinâmicas de poder ou as expectativas não são promovidas explícita ou didaticamente, mas vividas como normais, familiares e inquestionáveis. Três temas que advêm do trabalho de Bain sobre o currículo oculto são a meritocracia, a ideologia tecnocêntrica e a construção de relações sociais. A meritocracia é o uso de um padrão para regular o comportamento direcionado a um objetivo, por meio do mito de que o trabalho duro é capaz de obter a merecida recompensa ou, em outras palavras, o comportamento conforme as normas é retribuído à altura.

A ênfase é, na verdade, mais em ordem e controle do que em conquistas, e cria, em geral, um sistema de trabalhadores em duas camadas, em que um grupo acredita que será recompensado – mas que raramente obtém os recursos ou o treinamento necessário para alcançar um nível mais alto – e outro grupo que consiste de indivíduos talentosos e/ ou inteligentes – que obtém os recursos e continua a ter êxito independente do quanto trabalha. A ideologia tecnocêntrica elabora finalidades ou metas tidas como certas e que não precisam de análise. A ênfase é colocada, então, no desenvolvimento de meios cada vez mais eficientes e eficazes para alcançar as metas. Numa ideologia como essa, os arranjos sociais existentes tendem a ser reproduzidos, e não questionados, e o corpo tende a se tornar uma mercadoria para ser trocada por admiração, segurança ou ganho econômico (Bain, 1990, p. 29). A construção de relações sociais também é uma reprodução das dinâmicas de poder por meio de padrões incontestáveis de interação, exemplificando uma falta altiva de consciência em relação à diversidade e à contingência.

Se você, como um gerente de eventos, quer representar uma autêntica meritocracia, embuta no evento e em suas políticas estruturas de responsabilidades e de consequências que o tornem como tal. Se os fins justificam os meios, então espere "jeitinhos" e várias outras formas de burlar regras em nome da eficiência, em vez de esperar soluções inovadoras e holísticas para os problemas. Se a reprodução de diferenciais injustos de poder não for controlada, então espere apatia e falta de comprometimento no lugar de respeito, cortesia e relações públicas.

A noção de sintonia cultural de Lanigan (1988, 1992) é uma estratégia para a meta-análise, ou para a compreensão do quadro geral. Ele nos dá três

Modelo de planejamento de eventos: fase de desenvolvimento, parte II

coisas para pensar: lógicas normativas de uma cultura (as regras implícitas e explícitas), sinais ou indicadores de que essas regras são importantes (como as pessoas comportam-se para defender, quebrar ou expandir as regras) e códigos de maior abrangência que mantêm tudo isso funcionando. Levando essa estrutura para um evento e para o desenvolvimento das políticas que o orientam, veríamos políticas protocolares como as lógicas normativas, políticas procedimentais como os sinais ou indicadores e políticas estruturais como o nível ou código sistêmico maior.

O conceito de Merlearu-Ponty (1962) de corpo vivido encerra a seção de conceitos complementares. O corpo vivido é um corpo real no mundo cotidiano de tempo, espaço e relações entre pessoas, lugares, objetos e acontecimentos. Aqui vai um exemplo que, espero, permita que você distinga o corpo vivido e o corpo abstrato ou desconectado. Estamos em um espaço juntos onde estou com muito calor e você pode estar com muito frio. Não importa o que diz o termômetro: a experiência que eu vivo é de muito calor. Da mesma forma, podemos ter diferentes experiências vividas para outras coisas, como o conforto da cadeira, a iluminação, os sons, os odores, as sensibilidades químicas e assim por diante. *São os corpos vividos que realizam as avaliações de eventos e decidem contratá-lo para o próximo* evento deles, de modo que levar em conta contingências da vivência individual no planejamento e desenvolvimento de políticas é mais do que cortesia: é uma necessidade econômica e de reputação. Esses conceitos são discutidos com mais profundidade e detalhes no Capítulo 10 (Facilitação da qualidade na gestão de eventos).

Aplicação: transformação da política em práxis

A medida em que você ler o exemplo a seguir, anote quais políticas precisariam ser mais explícitas e onde pode haver lacunas na política formal. O exemplo deixa clara a ligação com a teoria de contingência. Quando terminar de ler o exemplo, a partir da sua experiência e reflexão sobre os assuntos colocados e de como eles afetam os participantes, você será capaz de indicar o tipo e o contexto das políticas que você precisaria como um gerente de eventos.

Este exemplo é de um encontro e conferência anual de uma organização nacional cujo tema é a vida ativa de pessoas portadoras de deficiência. O evento tinha em torno de 120 participantes, sendo 65 jovens portadores de deficiência, uma equipe organizadora de 10 a 12 pessoas, outra de serviços de conferência com quatro pessoas, diversos profissionais de apoio e 65 estudantes voluntários. Também havia relações significativas com a cidade e a região ao redor.

No que diz respeito a eventos de esporte, recreação ou turismo, receber 350 pessoas em cinco dias nao é extravagante. No entanto, as contingências eram intrigantes, para dizer o mínimo. Destacando-se entre elas estavam os diversos projetos construtivos espalhados por toda a área que sediava o evento, tornando entrar, sair, encontrar o caminho e acessar qualquer lugar um desafio para não deficientes e um pesadelo para participantes com deficiências.

Havia regras explícitas óbvias. A segurança e a dignidade de todos os participantes eram uma prioridade. Pessoas portadoras de deficiência foram consultadas a respeito de quais necessidades precisariam ser supridas. Nenhum esforço foi poupado para deixar os espaços acessíveis. O planejamento começou com 15 meses de antecedência ao evento. Regras implícitas eram mais sutis: todos têm boas intenções; todos os *stakeholders* recebem o mesmo crédito; ninguém discute ou briga... apenas discordâncias maduras; o impacto na reputação é significativo; as atividades prometidas serão desenvolvidas da forma como foram descritas; todos os voluntários e o pessoal de apoio comparecerão e saberão o que deve ser feito. Subtextos mais profundos tratavam de preocupação com as lesões, ignorância sobre as deficiências, medo de dizer a coisa errada ou de ser ofensivo sem querer, alergias alimentares, desorientação no caminho para as atividades, ônibus e voos perdidos e não comparecimentos. O maior sistema em funcionamento para o evento ser bem-sucedido era uma meritocracia autêntica, ou seja, um código de conduta pelo qual as pessoas de fato trabalhavam muito pelo bem do evento, sentiam orgulho daquela ética de trabalho e eram publicamente reconhecidos por ela.

Na conferência, houve diversas ocasiões de destaque, incluindo a cerimônia de abertura, diversas recepções, excursões para locais turísticos nas redondezas, banquete de encerramento, reunião geral anual, sessões de conferência, palestras e plenárias, atividades e programas sociais para jovens representantes. Uma das atividades para jovens era passeio de barco, organizada meses antes do evento, com a discussão sobre o número de crianças que precisavam de assentos especiais ou de acompanhantes, número de barcos disponíveis e número de funcionários de apoio cuja presença era necessária no local. Havia um voluntário de apoio para cada jovem, embora nenhum deles tivesse experiência com barcos. A cidade providenciou transporte gra-

Modelo de planejamento de eventos: fase de desenvolvimento, parte II

tuito para os jovens e seus voluntários, apoio médico e coordenadores para os ônibus. Orientações para chegar ao local estavam disponíveis. O clima estava perfeito. Equivocadamente, supusemos ser o clima nossa única contingência incontrolável e, logo no início, ele estava cooperando. À medida que um imprevisto após o outro se apresentava, percebemos, em retrospectiva, que, apesar de nosso compromisso com a autêntica meritocracia, não tínhamos levado suficientemente a sério a experiência vivida do corpo, espaço, tempo e suas interações. A saga começou.

O número de pessoas maior do que o normal usando cadeira de rodas e a necessidade de assistência ambulatorial fez com que o embarque nos ônibus durasse uma hora a mais do que o planejado. Embora tivéssemos telefones, não havia um no local de destino, portanto não pudemos avisá-los do atraso. Esse é um exemplo de pessoas sem deficiência subestimando o tempo que uma pessoa portadora de deficiências leva para entrar em um veículo de transporte. Além disso, os jovens nos ônibus experimentavam uma hora de espera em um espaço quente lotado com outras pessoas, de modo que a experiência vivida naquela hora provavelmente pareceu bem mais longa, e a experiência corporal de transpirar em assentos de vinil com 30 dos seus amigos próximos foi também um começo pouco divertido para a atividade.

Finalmente, os ônibus partiram. O ar condicionado e o movimento diminuíram a frustração prévia. O caminho para o local foi excelente, mas ir da entrada até os barcos foi mais complicado, uma vez que não havia sinalização nem pessoas familiares: não havia sinais evidentes de uma atividade de passeio para jovens portadores de deficiência. Graças aos inventivos e atentos voluntários, conseguimos encontrar o caminho para a doca, onde três barcos e três pessoas de apoio esperavam 65 crianças e jovens, no dia que se tornava o mais quente já registrado.

Os resultados incluíram desidratação, que levou a reações adversas a remédios em vários jovens (reações imprevistas do corpo vivido); inúmeras pessoas que não participavam do evento na área pública ofereceram seus barcos, água potável, e diversos objetos de jogos (bolas, *frisbees*, pipas). Essa foi uma experiência imprevista, mas bem-vinda, de relação vivida. De novo, o tempo vivido mostrou sua cara feia enquanto a espera na fila parecia interminável; no entanto, os voluntários maximizaram o uso da orla, usando, assim, o espaço vivido de um modo criativo, consciente e seguro. Os coordenadores aprenderam com o tempo vivido na aventura anterior de embarcar no ônibus e fizeram um retorno gradual ao campus, à medida que grupos de jovens completavam sua experiência de passeio recreativo e turístico. Lamentavelmente, como uma equipe de planejamento, subestimamos o tempo vivido e o corpo vivido, e superestimamos a relação vivida de preparo do nosso programa de passeio de barco pela equipe. Nosso espaço vivido de voluntariado e cidadania e as contribuições de relação foram agradáveis surpresas.

Esses acontecimentos dentro de um evento maior são um exemplo dramático de como a consideração do corpo vivido nos permite planejar, adaptar e avaliar nosso comportamento. Entretanto, não nos permite voltar no tempo e fingir que tudo estava bom e que nosso planejamento e políticas foram adequados aos desafios de nosso contingente populacional altamente corporal.

Também deve ser dito aqui que, mesmo que nosso grupo não fosse de crianças e jovens portadores de deficiência, diversos erros significativos ocorreram bem antes que o dia de passeio de barco chegasse. Eu o desafio a revisitar as questões anteriormente formuladas, agora à luz do evento que foi descrito.

- Quais eram as intenções?
- Quais eram os pressupostos?
- O que ou quais eram os recursos?
- Quais materiais eram necessários?
- Quais relacionamentos eram necessários para que as coisas funcionassem?
- O que funcionou e o que não funcionou, e como eu sei?
- O que ou como eu posso aprender com isso?
- O que pode ser feito da próxima vez?

Agora, adicione ao seu reexame dessas questões uma atividade reflexiva final: suponha que sua abordagem geral é um modelo baseado em contingência que considera seriamente a contingência corporal. Sugira um procedimento e um protocolo, juntamente com as políticas necessárias que poderiam ter feito diferença para o dia do passeio de barco. Adotar a contingência lhe permitirá antever e reagir de forma a tornar suas políticas coerentes e seus eventos memoráveis pelas melhores razões, inclusive pelas ações que provam dignidade e respeito.

Um desafio na gestão de eventos é facilitar a elaboração de políticas que direcionem o pessoal para as posturas, ações, responsabilidades e consequências de ações esperadas. Acima de tudo, a criação de políticas é usada para orientar, inclusive diversos funcionários e voluntários, nas atividades que ocorrem dentro da estrutura de um evento.

Outra importante área a considerar na fase de desenvolvimento do modelo de planejamento é a responsabilidade social corporativa, que pode valorizar um evento. Uma discussão dessa importante área na gestão de eventos é oferecida a seguir.

Facilitação da responsabilidade social corporativa

Cheri Bradish, Brock University

"Ser um cidadão corporativo responsável no mercado esportivo de hoje significa ser um servidor vigilante do investimento emocional e financeiro feito por indivíduos, empresas e grupos comunitários na sua organização esportiva. É reconhecer, valorizar e nutrir a parceria que é fundamental para esse investimento".

(Executivo de Esportes, Maple Leaf Sports and Entertainment, 2005).

A *Responsabilidade Social Corporativa* (RSC) é um conceito reemergente e estrategicamente valioso para gerentes e profissionais modernos. Como tal, é essencial que gerentes de eventos entendam a importância de "retribuir" por meio de seus respectivos eventos e organizações. Seja por vínculos de caridade, programas de bem-estar de funcionários ou até conexões internacionais, os gerentes de eventos devem apreciar a importância da prosperidade da comunidade e se comprometer firmemente, junto com sua organização, a ser uma liderança ativa em ações comunitárias positivas.

Amplamente definida e interpretada, a RSC é vista como um compromisso abrangente de uma organização com o bem-estar sustentado de uma comunidade, tanto na teoria como na prática. Mais genericamente, a RSC também pode ser interpretada como o comprometimento de uma organização de atuar com ética. Um compromisso legítimo de RSC pode ser obtido via uma série de meios, incluindo práticas discricionárias de negócios, delegação de responsabilidades, recursos corporativos, bem como desenvolvimento e estímulo da comunidade (Kotler e Lee, 2005). A RSC também pode ser chamada de *cidadania corporativa*: a obrigação que uma organização tem de ser ética e responsável por meio de ações positivas.

De acordo com a interpretação majoritária, a RSC ficou conhecida e associada com vários conceitos e práticas de retribuição, o que dá a gerentes de esportes, recreação, turismo e eventos uma série de diferentes possibilidades para demonstrar seu compromisso com o bem-estar da comunidade. Em sua essência, *deve existir uma verdadeira dedicação à RSC para tornar o compromisso relevante e autêntico*. Os gerentes podem adotar diversas estratégias sob o conceito maior de RSC, o que facilita práticas comerciais corretas e éticas, incluindo princípios de reputação corporativa, marketing relacionado a causas, filantropia estratégica, relações comunitárias e até esportes para o desenvolvimento.

A *reputação corporativa* é uma mistura complexa de características que identificam a "personalidade" pública de uma organização, medida por meio da percepção pública e corporativa que se tem dela. É articulada pela prática de ações empresariais responsáveis e pelo compromisso com o bem-estar da comunidade. A compreensão e a interpretação da reputação corporativa são importantes para gerentes de esporte, recreação, turismo e eventos. Uma empresa que tem uma boa reputação encontra considerável boa vontade de investidores, funcionários e consumidores.

O *marketing relacionado a causas* é, como o nome sugere, principalmente uma estratégia de marketing que, quando bem executada, pode ser considerada como um verdadeiro compromisso com o bem-estar da comunidade. Esse tipo de marketing pode ser considerado outro elo importante da prática de RSC de uma empresa. A título de exemplo, o marketing relacionado a causas pode ser o apoio de uma empresa a uma causa social por meio de um programa de afinidade para seus consumidores. Assim, uma maneira simples de criar uma ligação seria a "Empresa de Recreação A" doar um dólar para a Sociedade de Combate ao Câncer para cada inscrito em um evento local. Há muitos programas existentes hoje em dia, que são tanto mais eficazes quanto maior a autenticidade e a demonstração de um verdadeiro comprometimento com a causa, tendo dirigentes e funcionários da empresa de fato participando do evento, em número grande o suficiente para serem notados.

Filantropia estratégica é um termo entendido simplesmente como doações estratégicas, normalmente em forma de apoio financeiro. Uma organização adota uma causa (ou causas) para defender, alinhada com sua missão e objetivos, e contribui com ela financeiramente durante o ano. Novamente, do mesmo modo que o marketing relacionado a causas, é importante que exista um compromisso verdadeiro (por exemplo, de tempo e de dinheiro) com essas causas, e que a parceria seja autêntica no sentido de querer melhorar sua condição.

As *relações com a comunidade* como parte de um marketing mais abrangente também são uma área efetiva para a prática de RSC. Uma organização de esportes, recreação ou turismo pode, assim, por meio de programas de integração, desenvolver relacionamentos proveitosos com a comunidade. Existe a oportunidade, então, de destacar ações positivas tanto da empresa que dá o apoio quanto da comunidade que recebe o benefício. Relações comunitárias, assessoria de imprensa e relações públicas podem trabalhar em conjunto para desenvolver e executar programas sólidos de RSC.

O *esporte para o desenvolvimento* é um conceito segundo o qual as organizações entendem e interpretam o esporte e a recreação como instrumento para o desenvolvimento, seja econômico e/ou comunitário, e até mesmo da forma como é indicado no Código Olímpico Internacional de Conduta, como paz para todas as nações. Parcerias com instituições de Esporte para o Desenvolvimento, como é a Right to Play (Quadro 4.2), adicionam um elemento global e mais atenção internacional para uma organização com compromisso geral de RSC.

Como gerente de eventos, entender a RSC lhe confere uma vantagem em termos de melhoria de qualquer evento que você esteja organizando. Conhecer as empresas que têm um plano de RSC bem desenvolvido é outro instrumento que você pode adicionar à sua caixa de ferramentas. Encontrar a empresa certa para o evento é o seu desafio mas, uma vez encontrada, todos, incluindo você, podem se beneficiar.

Em um nível, se a empresa é compatível com o evento, você pode ter acesso a recursos humanos, técnicos, financeiros e materiais que você não teria de outro modo. Em outro nível, o prestígio ou a visibilidade do seu evento pode ser reforçado ao fazer uma associação com uma empresa altamente respeitada. Ainda em outro nível, pode haver um efeito em cadeia, de modo que as pessoas digam: se o evento X está envolvido, então também devemos nos envolver.

A ideia de retribuir à comunidade cria um relacionamento simbiótico. O evento ganha apoio e reconhecimento da comunidade, e a comunidade tem a ganhar tanto benefícios tangíveis (tais quais investimentos econômicos) como intangíveis (tal qual renome como destino turístico). Eventos com um plano de RSC bem definido e comprometimento com o plano podem aumentar a penetração de mercado, fortalecer seu posicionamento de marca, melhorar a imagem corporativa e aumentar a autoestima dos funcionários. Também podem contar com uma maior atração de *stakeholders*.

Embora tenhamos recomendado que você saiba quais empresas têm um plano de RSC bem desenvolvido, também lhe caberia promover a RSC para parceiros ou *stakeholders* específicos. Fazendo isso, você pode melhorar a

Quadro 4.2   Right To Play

A organização Right To Play usa programas de esportes e jogos especialmente elaborados para promover a saúde, construir competências para a vida e fomentar a paz para crianças em comunidades afetadas pela guerra, pobreza e doença. Trabalhando tanto em contextos humanitários como de desenvolvimento, a Right To Play tem projetos em mais de 20 países na África, Ásia e Oriente Médio. É um executor de escala global de programas de Esporte para o Desenvolvimento e a Paz, tendo um papel ativo na condução de pesquisas e desenvolvimento de políticas nessa área e na defesa dos direitos das crianças.

A Right To Play enfoca quatro áreas estratégicas de programas: educação básica e desenvolvimento de crianças, promoção de saúde e prevenção de doenças, resolução de conflitos e educação para a paz, e desenvolvimento e participação comunitária.

Trabalhando com parceiros, fundadores e comunidades locais, a Right To Play adapta todos os programas para satisfazer às necessidades identificadas. Cada programa tem objetivos, impactos e resultados específicos. Para construir cada um deles, a organização recorre a recursos especialmente concebidos para esportes e jogos, bem como a especialistas em desenvolvimento de programas, pesquisas, monitoramento e avaliação, políticas e equipes de representação locais.

Os princípios da Convenção sobre os Direitos da Criança são a base da Right To Play, que assegura que seus programas beneficiem as crianças mais marginalizadas, incluindo meninas, crianças de rua, crianças que entraram em combate, refugiados e crianças infectadas pelo HIV e com AIDS.

A Equipe de Atletas Embaixadores da Right To Play é formada por um time internacional de atletas de ponta de mais de 40 países. Os atletas inspiram as crianças, são modelos para optar por estilos de vida saudáveis e ajudam a divulgar e a levantar fundos para os projetos da Right To Play. Liderada pelo presidente e CEO Johann Olav Koss, quatro vezes medalha de ouro nas Olimpíadas, os Atletas Embaixadores da Right To Play incluem Wayne Gretzky, Martina Hingis, Dikembe Mutombo, Haile Gebrselassie, Michael Essien, Frank Lampard, Anja Pärson, o time de futebol Chelsea e muitos outros.

O *alcance global* da Right To Play é extensivo, com trabalhos no Azerbaijão, Benin, Chade, China, Etiópia, Gana, Indonésia, Jordânia, Líbano, Libéria, Mali, Moçambique, Paquistão, territórios palestinos, Ruanda, Serra Leoa, Sri Lanka, Sudão, Tanzânia, Tailândia, Uganda, Emirados Árabes e Zâmbia.

Para mais informações sobre a Right To Play, veja
http://www.righttoplay.com/International/Pages/Home.aspx

reputação e o sucesso do evento e criar uma situação de ganha-ganha para o evento e para a comunidade.

Os Capítulos 3 e 4 descreveram a fase de desenvolvimento do modelo de planejamento. Agora vamos para a fase de planejamento operacional do evento, no Capítulo 5.

Questões

A partir do seu entendimento de todos os itens deste capítulo, responda às seguintes questões:

1. Discuta o impacto de voluntários para a gestão de eventos e a necessidade de um programa adequado.
2. Descreva as etapas de um ciclo de vida de voluntariado.
3. Descreva pelo menos três estratégias mencionadas neste capítulo que são usadas para revelar áreas que necessitam da criação de políticas formais que orientem as pessoas envolvidas em um evento.
4. O que é Responsabilidade Social Corporativa (RSC)?
5. Como a RSC pode ser instituída em eventos? O quanto você valoriza a RSC?

5

Modelo de planejamento de eventos: fase de planejamento operacional

Cheryl Mallen, Brock University

Este capítulo foca na segunda fase do modelo de planejamento de eventos, a de planejamento operacional, que envolve a criação de planos operacionais formais elaborados para cada componente que forma a estrutura do evento. Exemplos de componente incluem acomodação, credenciamento, cerimônias, comunicações, teste de drogas ou controle *antidoping*, serviços de alimentos, bebidas e de hospedagem, assessoria de imprensa, resultados e premiações, serviços para espectadores, transporte, além da gestão de árbitros e juízes, participantes e voluntários. Também é nesta fase que ocorre a definição da equipe responsável (voluntários e funcionários remunerados) para criar planos operacionais formais que delineiam os passos necessários para produzir o evento. As ligações entre os membros da equipe designados para os diferentes componentes do evento criam uma rede intraorganizacional.

Este capítulo detalha quatro mecanismos importantes para o sucesso da rede e do planejamento operacional, que envolvem: o cultivo da rede de planejamento operacional; a criação de planos lógicos, sequenciais, detalhados e integrados; a inclusão de planos de contingência; e o início de um processo de aperfeiçoamento do plano. Além disso, são apresentados temas fundamentais para o planejamento operacional e cenários práticos.

Mecanismo 1: cultivo da rede de planejamento operacional

A formação da rede de planejamento operacional requer de um gerente de eventos a sensibilidade de facilitar a atribuição de responsabilidades a indivíduos especialistas em planejamento, formando uma equipe com o melhor número e composição possível de pessoas para suprir as necessidades de planejamento operacional do evento. A tarefa de criar planos operacionais para cada componente da estrutura requer uma combinação complexa de planejadores talentosos. Não há uma fórmula para designar a rede de indivíduos corretamente, uma vez que cada situação é única – contudo, se os indivíduos são designados de modo incorreto, podem surgir problemas que influenciam a eficiência do plano de desenvolvimento.

Um exercício simples demonstra a complexidade de atribuir tarefas às pessoas. Imagine dividir seus colegas de classe de modo que formem determinado número de equipes, que existiriam em um evento tradicional ou segmentado. Como você os dividiria? Quais critérios levaria em consideração para a divisão? Existem diversas formas de escolher membros de uma rede, como: agrupar indivíduos com experiências similares; criar grupos com ampla variedade de especialidades, o que pode expandir a base de conhecimento ou formar grupos de pessoas que possam trabalhar bem juntas. As pessoas também podem ser colocadas em grupos a partir de seus interesses pessoais em cada componente da estrutura do evento. Não há uma forma específica de dividir o grupo que pode ser aplicada indiscriminadamente em todas as situações, o que importa é que um gerente de eventos seja compreensivo e sensível em relação aos critérios de formação de equipes com os membros da rede, considerando o contexto particular em que se está trabalhando.

As pessoas designadas para cada componente do planejamento operacional de um evento formam um elo da rede, que pode, depois, dividir-se em elos constitutivos. Por exemplo, as pessoas responsáveis pelo planejamento do componente de acomodação podem ser subdivididas, de modo que cada uma seja incumbida de uma parte do plano, como a de hospedagem para participantes do evento, de árbitros e juízes e de membros do comitê organizador. As ligações entre os elos constitutivos promovem as interações necessárias para concluir as tarefas de planejamento geral de alojamento.

As ligações entre os elos (incluindo as de dentro de um componente e as entre eles) criam uma rede de alianças multilateral e intraorganizacional. Essas ligações determinam como os membros interagem para elaborar planos, administrar decisões de planejamento e lidar com questões ou problemas. Cada ligação é parte do projeto estrutural que cria a rede de alianças, cuja aplicação pode ser exclusiva de um evento.

O projeto de rede de alianças é crucial para a eficácia do desenvolvimento de planos operacionais bem-sucedidos, mas são muitas as influências que lhe causam impactos. Para ilustrar, características encontradas na teoria de contingência e na teoria de complexidade podem ser aplicadas ao formato de uma rede – essas duas teorias foram inicialmente apresentadas na fase de desenvolvimento, no capítulo 3, e também se aplicam na fase de planejamento operacional do modelo.

A teoria de contingência aponta que não há um único modo de estruturar as ligações de alianças entre os elos de planejamento, pois, como sugere a teoria, a busca por uma estrutura correta simplesmente é impossível, já que não se pode encontrar um sistema de organização que "seja superior a todos os outros em todas as circunstâncias" (Owen, 2001, p. 399). A estrutura de cada aliança de planejamento operacional deve ser desenhada de forma eficiente para as necessidades específicas de cada evento.

Uma aplicação da teoria de contingência durante a fase operacional do evento sugere que um projeto de rede operacional que funcionou em um evento anterior pode não funcionar para nenhum outro. Então, o que orienta o desenho de cada rede na fase de planejamento operacional?

Wijngaard e de Vries (2006) indicam que são a autoridade e a responsabilidade atribuídas junto com as tarefas que determinam uma configuração ou estrutura. Portanto, é o comportamento esperado dos membros da rede operacional do evento e dos planejadores que norteiam a sua concepção. Isso significa que um gerente de eventos precisa ser sensível ao contexto do evento para poder configurar eficientemente cargos, papéis, poder, responsabilidade, divisões e autonomia das pessoas requeridas para o planejamento operacional de um evento. Em eventos, estruturas hierárquicas no planejamento operacional podem ser muito inflexíveis para um ambiente complexo. Além disso, um projeto multilateral pode não ser o melhor quando aplicado a todos os componentes, o que pode configurar a necessidade de diferentes desenhos de rede intraorganizacional para os diversos componentes do evento.

Outra teoria, a de complexidade, também se aplica na fase operacional de eventos, indicando que a condição básica do nosso ambiente contemporâneo é que ele está em situação volúvel (Doherty e Delener, 2001). Isso significa que as condições ambientais incluem níveis de "incerteza, diversidade e instabilidade" (Stacey, 1996, p. 349). Não é alcançado um estado estável no ambiente pois o "mundo é composto, principalmente, de estruturas dissipativas" (Keirsey, 2003, p. 4), o que envolve uma constante evolução das estruturas, à medida que estão sendo separadas e reunidas por diversas forças. Isso significa que não se pode esperar uma situação de "equilíbrio" (Keirsey, 2003, p. 4). A complexidade no ambiente inclui estruturas evolutivas, o que sugere que não se pode esperar trabalhar em um ambiente isento de alteração.

Uma aplicação da teoria de complexidade indica que um gerente de eventos deve desenhar a rede de alianças operacional de forma que seja eficientemente ajustável em situações de mudança. Compreender que mudanças são esperadas implica que o trabalho do planejador não acaba mesmo quando a rede de alianças está concebida e instituída. A rede precisa ser gerenciada para enfrentar situações novas ou transformadas.

Assim, não se pode esperar uma situação de equilíbrio na rede operacional de eventos. As alterações podem envolver o movimento de membros dentro dos elos, a troca de alguns membros ou a reconfiguração de como os elos interagem. Redes de alianças multilaterais e intraorganizacionais são construídas ao longo do tempo, e as adaptações também devem ser realizadas continuamente para garantir que o desenho atenda às demandas de flexibilidade do desenvolvimento de planos operacionais para produzir um evento. Isso pode ser uma tarefa constante e demorada de um gerente de eventos.

Mecanismo 2: criação de planos operacionais formais

Aos membros da rede operacional de um evento é atribuída a tarefa de criar planos operacionais formais, que compõem os documentos concebidos para oferecer orientação ao executar cada componente de um evento. Essa tarefa obriga os membros da rede operacional a elaborar regras, que não podem ser desenvolvidas de maneira automática pela tecnologia, para a produção do evento (Wijngaard e de Vries, 2006). Os planos formais estabelecem funções de meta, controle e direção para a execução, sendo, em geral, criados diversos planos operacionais em sequência. Todos os membros da rede operacional de cada elo precisam ter o conhecimento necessário para dar conta do escopo de responsabilidades para a função de planejamento, incluindo a definição do modelo formal e a criação de planos operacionais lógicos, sequenciais, detalhados e integrados.

Plano operacional formal do evento: definição de formato

Antes de começar a tarefa de registrar instruções detalhadas, é preciso um formato para assegurar consistência e controle (Wijngaard e de Vries, 2006) e para orientar a apresentação de todos os planos operacionais. São vários os formatos usados para eventos de esporte, recreação e turismo. Novamente, não há um jeito certo que deve ser usado: a regra geral para escolher um formato é certificar-se de que todos os requisitos do plano possam ser expressos. Esses requisitos podem incluir um sumário executivo, os objetivos, o cronograma para cada atividade planejada, uma lista detalhada de tarefas previstas, a autoridade relacionada com cada elemento planejado, diagramas ilustrando locais de atividades e posição dos principais itens para o evento. Qualquer formato escolhido deve considerar a complexidade e fluidez do planejamento operacional do evento, além de tudo o que deve ser registrado em determinado plano para garantir que os diversos pontos sejam comunicados com facilidade.

O apêndice A fornece um exemplo de formato que contempla o cronograma de realização, a lista detalhada de atividades e os responsáveis, intitulado Exemplo de um plano operacional para o campeonato masculino de basquete da National Collegiate Athletic Association (NCAA), segunda rodada, San Jose, Califórnia: componente da hospitalidade.

Planejamento operacional lógico

Para criar planos operacionais formais lógicos, todos os membros da rede de planejamento operacional devem aprender a considerar as atividades ou tarefas individuais necessárias para a conclusão de seus componentes em particular. Os objetivos são estabelecidos e, então, os membros "ponderam" e registram cada tarefa a ser executada; uma lista formal, coerente e contendo um passo a passo lógico das atividades pensadas para o evento é desenvolvida.

Muitos eventos já produzidos têm informações, seja em cópia impressa ou eletrônica, que fornecem listas ou linhas gerais de atividades; consultá-las pode ajudar o desenvolvimento de planos operacionais lógicos para um evento. No entanto, a informação de referência é específica de um contexto, não levando em conta diversas nuances que existem em outro evento em particular. As informações se referem à estrutura de rede operacional, componentes e ações concretas que foram concebidas para aquele evento específico. Assim, consultas a materiais de referência são positivas somente para obter conhecimento básico sobre um evento: o material consultado não substitui a responsabilidade de um gerente de eventos de refletir sobre cada atividade. Não há atalhos para esse processo.

O planejamento operacional de eventos com um processo de ponderação não é uma atividade simples, pois requer pensar em cada um dos elementos dentro de cada componente e delinear etapas lógicas a serem registradas na documentação do plano operacional. O planejamento operacional inclui a criação deliberada de suposições, premissas e conclusões dos passos lógicos necessários para a produção de um evento de sucesso.

Planejamento operacional sequencial

Cada plano operacional precisa listar as tarefas do evento em uma sequência ordenada e fundamentada, sendo que o método mais comumente utilizado para isso envolve o conceito de tempo. Por exemplo, um plano operacional pode ser dividido para registrar todas as tarefas que precisam ser concluídas três, seis ou doze meses antes do evento, as atividades durante a semana que antecede o evento e uma relação minuto a minuto das tarefas para cada dia. Como uma atividade paralela, planos sequenciais separados podem ser elaborados para dispor os itens específicos necessários nas instalações (como varão e cortinas, mesas, cadeiras), incluindo horário e lugar nos quais são requeridos.

O conceito de *entrelaçamento* pode ser usado para auxiliar no desenvolvimento de planos operacionais sequenciais: envolve pensar conceitualmente em todas as necessidades de um elemento do evento por vez. Por exemplo, um membro da rede pode conceber e registrar as tarefas necessárias para concluir os planos operacionais de gestão da imprensa ao entrelaçar conceitualmente as necessidades potenciais de um membro da mídia do momento da sua chegada ao estacionamento do evento até sua partida. Esse processo de entrelaçamento é seguido repetidamente para desenvolver as múltiplas etapas lógicas e sequenciais que precisam ser registradas no plano operacional. Um planejador pode *entrelaçar em ordem direta* ou *em ordem inversa*.

Entrelaçar em ordem direta é registrar os elementos conforme eles ocorrerão, em um processo progressivo, cronológico no tempo. Por outro lado, o entrelaçamento em ordem inversa requer prever conceitualmente o produto final e, então, retroceder no tempo para determinar a sequência das atividades que devem ter sido executadas.

Não importa se um planejador imagina conceitualmente as necessidades de planejamento pensando para frente ou para trás: o objetivo é desenvolver um processo que auxilie a determinar a sequência das etapas para produzir um evento.

Planejamento operacional detalhado

A quantidade de detalhes necessários em um plano operacional varia de evento para evento. O plano precisa ser escrito em um formato claro para garantir que outros membros da rede possam ler, compreender e se orientar para a execução das tarefas, conforme descrito. O plano deve clarificar, restringir a necessidade de perguntas e reduzir potencialmente interpretações impróprias a respeito das ações necessárias para produzir o evento. É necessário um relato detalhado de cada tarefa, sendo que a definição do nível apropriado de detalhamento é o mais difícil.

Existem três níveis de detalhamento no planejamento operacional. Cada nível requer uma quantidade diferente de detalhes em relação a cada tarefa do evento no registro formal. Os três níveis são chamados de planejamento nível 1, 2 ou 3, sendo que, quanto maior o nível, maior o detalhamento oferecido pelo plano operacional.

O *planejamento nível 1* oferece o menor grau de detalhes no planejamento, resultando em um plano com o mínimo de pormenores para explicar cada tarefa. Assim, é suscetível a dúvidas quanto a minúcias das tarefas do evento e não oferece detalhes passo a passo das orientações para evitar interpretações errôneas caso outros se encarreguem do plano. Consequentemente, o planejamento nível 1 está sujeito a interpretações que podem alterar as atividades planejadas. Para um exemplo, observe a coluna de planejamento nível 1 no Quadro 5.1.

O *planejamento nível 2* requer uma quantidade mediana de detalhes no planejamento, oferecendo uma clareza geral e mais orientações detalhadas sobre o passo a passo das atividades. O planejamento nível 2 responde à maioria das dúvidas que se pode ter para a execução; no entanto, ainda é suscetível a algumas interpretações que podem alterar as atividades planejadas. Para um exemplo, veja a combinação das colunas de planejamento nível 1 e nível 2 no Quadro 5.1.

O *planejamento nível 3* demanda o maior nível de detalhes, dando instruções claras e prevendo com profundidade as necessidades para concluir as tarefas. O planejamento nível 3 está sujeito a um número limitado de dúvidas e eventual desvio do plano, já que especifica de forma precisa os detalhes para a execução de cada tarefa. Para um exemplo, observe a combinação das colunas de planejamento nível 1, 2 e 3 no Quadro 5.1.

Quadro 5.1 Um exemplo de formato de plano operacional e os três níveis de detalhamento para um cantor de hino voluntário em um evento esportivo, recreativo ou turístico televisionado.

Objetivos do plano:

1. Desenvolver um plano operacional para controlar a execução do hino no evento.

2. Garantir que o plano operacional: inclua a integração dos planos de execução do hino com outros componentes do evento; inclua planos de contingência; e passe por um processo de aperfeiçoamento.

3. Garantir um sistema de comunicação eficaz para disseminar os planos de gestão da execução do hino para cada indivíduo responsável por elementos no plano.

Prazo	Responsável	Planejamento nível 1 (nível básico de detalhes de planejamento)	Planejamento nível 2 (nível intermediário de detalhes de planejamento adicionado ao nível básico)	Planejamento nível 3 (nível avançado de detalhes de planejamento adicionado ao nível básico e intermediário)
4 meses antes do evento	Coordenador do hino	Confirmar por telefone com o cantor, indicando: • Data. • Horário de checagem técnica. • Horário da apresentação. • Local. • Solicitações da apresentação (como versão bilíngue e deve comparecer à checagem técnica 1h30 antes do evento). • Cachê. • Não será oferecido transporte para o evento. • É oferecido um pernoite no dia anterior ao evento.	Acompanhar confirmação do cantor por escrito (por exemplo, por e-mail), incluindo todos os detalhes do planejamento nível 1 mais: • Orientações para chegar ao local. • Onde estacionar (custo do estacionamento). • Qual portaria usar. • Número de ingressos que recebe para o evento.	Confirmar por escrito também inclui: • Informar se o evento paga o estacionamento (se encaminha uma credencial para o estacionamento ou se reembolsa taxas). • Como confirmar o número de ingressos que serão usados para o evento e onde podem ser retirados. • Nome da pessoa que deve encontrar ao chegar e onde encontrá-la. • Nome e telefone de pessoa para contato caso surjam dúvidas.

(continua)

Prazo	Responsável	Planejamento nível 1	Planejamento nível 2	Planejamento nível 3
3 meses antes do evento	Coordenador do hino e coordenador de credenciamento	Confirmar credencial do cantor: • Nome do cantor é colocado na lista de credenciados.	• Revisar o acesso que o cantor do hino usará no local e rechecar que o credenciamento concedido garante o acesso.	• Concluir credenciamento e fazer ajustes para que a credencial esteja nas mãos da pessoa designada para encontrar o cantor do hino na portaria da instalação (credenciamento fornecido na chegada do cantor para evitar espera na fila para retirada do passe).
	Coordenador do hino e coordenador da recepção no hotel	Confirmar acomodação e refeições para o cantor: • Reservar um quarto para o cantor do hino no hotel anfitrião do evento. • Providenciar para que os gastos sejam pagos pelo evento. • Determinar o que será colocado no quarto (como cesta de frutas e garrafas de água) e a pessoa responsável. • Providenciar para que o café da manhã e almoço do cantor sejam no hotel. • Ligar para o cantor para confirmar o quarto e as refeições oferecidas. • Fornecer o nome e informações de contato do hotel, caso surjam dúvidas.	Acompanhar confirmação do cantor por escrito (por exemplo, por e-mail), incluindo todos os detalhes do planejamento nível 1 mais: • Orientações para chegar ao hotel anfitrião. • Orientações de caminho do hotel anfitrião ao local do evento. • Informar ao cantor para lançar as despesas do café da manhã e almoço no quarto e faturar para o evento.	Confirmação por escrito também inclui: • Informar se o evento paga o estacionamento do hotel (e como conseguir reembolso ou se uma credencial de estacionamento será fornecida). • Informar que despesas extras são pagas pelo hóspede (por exemplo, serviço de quarto, compra de filmes, lavanderia e minibar).

Modelo de planejamento de eventos: fase de planejamento operacional

(continua)

Quadro 5.1 Um exemplo de formato de plano operacional e os três níveis de detalhamento para um cantor de hino voluntário em um evento esportivo, recreativo ou turístico televisionado. (*continuação*)

Prazo	Responsável	Planejamento nível 1	Planejamento nível 2	Planejamento nível 3
2 meses antes do evento	Coordenador do hino e coordenador do evento	Confirmar apresentação do cantor: • Criar e fornecer informação sobre o cantor para o coordenador do evento (para o roteiro de teleponto e televisão).	Ligar para o cantor para confirmar os dados antes de enviar a informação	• Confirmar a pronúncia do nome com o cantor do hino e fornecer o nome soletrado foneticamente para uso no roteiro de teleponto e pela televisão.
		Providenciar a checagem técnica: • Ligar e providenciar que um técnico das instalações esteja na checagem técnica do cantor. • Confirmar verbalmente a data do evento, horário da checagem técnica (2 horas antes do evento) e local exato dentro da instalação (por exemplo, no centro do campo).	Acompanhar confirmação do cantor e do técnico por escrito (por exemplo, por e-mail), incluindo todos os detalhes do planejamento nível 1 mais: • Tipo de microfone e equipamento de som que devem estar disponíveis. • Número de microfones necessários. • CD de playback do hino como precaução caso o cantor não possa se apresentar.	• Confirmar como o técnico e o cantor podem se comunicar antes do evento, caso ocorra algum imprevisto. • Confirmar como o cantor receberá o microfone e garantir que sabem ligá-lo. • Confirmar onde o cantor ficará depois do hino até ir embora ao final da cerimônia de apresentação.
	Cantor do hino e coordenador do evento	Reunião de contingência: • Realizar encontro para discutir problemas potenciais e predeterminar como serão administrados.	• Reunião de contingência aberta a todos os desvios potenciais do plano que possam ocorrer.	• Registrar sugestões de contingência, compondo reações predeterminadas por escrito.

(continua)

Prazo	Responsável	Planejamento nível 1	Planejamento nível 2	Planejamento nível 3
		Problema 1: cantor do hino não chega ou não pode cantar por qualquer motivo. Resposta ao problema 1: ter o CD do hino pronto para ser tocado imediatamente.	• Tocar o CD durante a checagem técnica para garantir que está correto.	• Comunicação disponível para permitir a propagação dos problemas do hino. • Por exemplo, técnico de áudio no telefone fixo de ramal 2222 e o coordenador do hino em seu celular.
		Problema 2: cantor do hino começa a cantar e surgem problemas técnicos. Resposta ao problema 2: ter o CD do hino pronto para ser tocado.	• Providenciar para que o CD do hino seja tocado durante a checagem técnica para garantir que está correto.	• Providenciar para que o CD seja carregado e esteja pronto para ser tocado no evento.
1 semana antes do evento	Coordenador do hino e coordenador do evento	Reunião para aperfeiçoamento: • Revisar todos os detalhes do plano operacional do cantor do hino. • Criar lista de checagem para usar no dia do evento.	• Entrar em contato com o hotel anfitrião do evento para confirmar as reservas de hospedagem e refeição.	• Fazer última ligação telefônica para o cantor do hino para confirmar todos os detalhes.
Dia do evento HORÁRIO	Coordenador do hino	• Cantor do hino chega ao local e estaciona seu veículo.	• Atendentes no estacionamento estão cientes que o cantor do hino é esperado e sabem para onde direcioná-lo (qual portão).	• Atendentes no estacionamento telefonam para o coordenador do hino para avisá-lo que o cantor chegou e está se dirigindo para o portão correto.

Modelo de planejamento de eventos: fase de planejamento operacional

(continua)

Quadro 5.1 Um exemplo de formato de plano operacional e os três níveis de detalhamento para um cantor de hino voluntário em um evento esportivo, recreativo ou turístico televisionado. (*continuação*)

Prazo	Responsável	Planejamento nível 1	Planejamento nível 2	Planejamento nível 3
13h00		• Cantor do hino entra no portão das instalações.	• Receber cantor no portão e entregar credencial. • Acompanhar cantor até a área de espera.	• Mostrar ao cantor o camarim na chegada. • Informar ao cantor onde pode deixar seus pertences enquanto se apresenta.
13h15		• Cantor na área de espera. • Oferecer guarda-volumes, café/chá, entre outros.	• Fornecer orientação sobre o papel e o período de execução das atividades do cantor do hino.	• Reconfirmar dados para apresentar o cantor, pronúncia do nome, títulos, entre outros. • Informar cantor onde espera por "sua deixa" para cantar, "a deixa" para a música, quem lhe dará e tomará o microfone, orientações que deve olhar para a câmera de televisão, a saída para deixar a área após cantar o hino e a rota para assistir ao evento (entregar ingressos).
13h30		• Realizar a checagem técnica. • Cantor vai para o seu lugar para cantar e testar o microfone e sistema de som.	• Técnico de som da instalação fica disponível durante toda a checagem em caso de qualquer problema com os equipamentos. • Testar CD de *playback* por precaução.	

(continua)

Quadro 5.1 Um exemplo de formato de plano operacional e os três níveis de detalhamento para um cantor de hino voluntário em um evento esportivo, recreativo ou turístico televisionado. (*continuação*)

Prazo	Responsável	Planejamento nível 1	Planejamento nível 2	Planejamento nível 3
13h50		• Acompanhar cantor para área de espera.	• Providenciar material de leitura.	
15h00		• Acompanhar cantor para área do show.		
15h07		• Apresentar o cantor.		
15h07:30		• Cantor canta o hino.		
15h12:30		• Cantor sai do campo.		
		• Agradecer ao cantor.		
		• Acompanhar cantor de volta ao camarim para pegar seus pertences e acomodá-lo para assistir ao evento.		
15h13		• Cantor parte ao final do evento.		

Um gerente de eventos deve facilitar aos membros da rede de planejamento operacional a percepção dos detalhes necessários para determinado evento. Com os detalhes registrados, é preciso integrar os vários planos para os diversos componentes.

Planejamento operacional integrado

O desenvolvimento de planos operacionais para cada componente do evento isola cada uma das entidades, sendo fundamental para a gestão de eventos bem-sucedidos a integração dos detalhes entre planos. Compor, entrelaçar ou entretecer elementos do evento gera planos coerentes, coesivos e fáceis de seguir para o evento em geral.

Um exemplo de integração para um plano de acomodação é o entrelaçamento com elementos do plano de transporte. Essa integração pode ajudar a coordenar elementos tais como os locais de embarque e desembarque no meio de hospedagem. Pode garantir também que o transporte coincida com os horários de chegada combinados com as acomodações. A integração com elementos do plano de credenciamento também ajuda no compartilhamento de credenciais e designação dos quartos, coordenando esforços.

Todos os planos operacionais individuais dos componentes do evento exigem a integração com os principais elementos de outros planos, sendo que o processo de integração ou de intercâmbio precisa ser criado e facilitado.

Um processo bem-sucedido de integração depende de dois fatores operacionais principais. O primeiro envolve o estabelecimento de oportunidades de troca composta entre os membros da rede operacional. O processo de integração precisa ser desenhado para possibilitar um número adequado de oportunidades de intercâmbio entre os elos, que devem ocorrer de forma regular e ser adaptável para permitir trocas intermitentes para satisfazer às necessidades desses fluxos. Um gerente de eventos facilita o processo de integração e garante que oportunidades adicionais são providenciadas caso seja necessário.

O segundo fator-chave envolve entendimentos compartilhados da necessidade de troca ou de cooperação para disseminar informações de planejamento. O grande volume de detalhes de planejamento e a necessidade de determinar como os dados podem interagir tornam a atividade de integração complexa (Matusik, 2002). São exigidos facilitação e tempo para garantir que os membros da rede operacional compreendam as estruturas e estratégias estabelecidas para auxiliar no processo.

Uma integração bem-sucedida depende do compartilhamento de dados entre os elos da rede operacional. A teoria de redes indica que membros de redes operacionais podem trocar informações de planejamento sem o uso de hierarquia. Oportunidades para integração podem incluir elementos como mensagens, boletins, anúncios, quadros, desenhos, diagramas, croquis, mapas, relatórios, reuniões e orientações formais e informais.

No geral, a força do plano operacional lógico, sequencial e detalhado está em sua união. Cada membro da rede operacional deve trabalhar em cooperação para integrar elementos-chave entre planos. O sucesso de um evento pode, de fato, depender de quanto o gerente de eventos pode facilitar a transferência de dados operacionais pelos elos de planejamento. O fluxo de conhecimento do planejamento operacional é contingente à estrutura e às estratégias estabelecidas para propagar a transferência.

Outro mecanismo que ajuda no desenvolvimento da excelência em planos operacionais de eventos é a inclusão de planos operacionais contingenciais ou planos de contingência, desenvolvidos simultaneamente aos planos citados.

Mecanismo 3: inclusão de planos de contingência

Para aumentar a prontidão do planejamento, os planos de contingência envolvem a averiguação de desvios potenciais do plano operacional que poderiam ocorrer e predeterminam ações para reduzir suas chances ou para gerenciá-los, em caso de ocorrência. O resultado do planejamento de contingência é um plano alternativo. Ele pode ajudar a alcançar um maior nível de preparo em qualquer evento, mas não pode assegurar que todos os desvios serão previstos: sempre haverá desvios inesperados do plano operacional em virtude da natureza complexa dos eventos. Quanto maior o número de situações de contingência previstas e dotadas de planos alternativos, mais tempo os membros de planejamento operacional fornecem aos componentes da rede para gerenciarem desvios não esperados.

Em geral, para começar um planejamento de contingência, é feita uma reunião cujo objetivo é realizar um fórum aberto para os membros da rede operacional expressarem suas ideias a respeito de desvios do plano que possam acontecer. Cada componente ou subcomponente do evento realiza uma reunião de contingência para discutir o plano de desvios potenciais para aquele membro específico. Exemplos de questões contingenciais são preocupações sobre mau funcionamento dos equipamentos, explosão de um cano de água quente ou um protesto por uma causa social realizado no local e no dia do evento.

Facilitar uma reunião de contingência exige que um gerente de eventos mantenha os participantes focados na tarefa de detectar desvios possíveis e de preparar um registro formal com as ideias, sem deixá-los discutir como gerenciar cada um. As reuniões de contingência permitem a criatividade dos membros a respeito de o que pode dar errado no evento. É importante facilitar a reunião no sentido de deixar as ideias fluírem e conter as contribuições de natureza prática sobre desvios potenciais até a próxima etapa do planejamento de contingência.

Depois de uma reunião de contingência, o passo seguinte é determinar quais dos desvios sugeridos terão alternativas previstas antes do evento. Os membros da rede operacional desenvolvem ações para enfrentar cada imprevisto caso ocorra. As ações contingenciais são criadas nas semanas e meses seguintes ao término dessas reuniões de planejamento. Cada tema de contingência pode ser integrado ao plano operacional ou pode ser apresentado como um suplemento ou como um plano de contingência operacional.

Mecanismo 4: início do processo de aperfeiçoamento do plano

Desenvolvidos um plano operacional lógico, sequencial, detalhado e integrado, junto com planos de contingência, é preciso aperfeiçoá-los para uso. Um método para se chegar nesse objetivo envolve a realização de um encontro com os principais representantes de cada componente. A reunião é facilitada para que os representantes revisem os planos integrados e aperfeiçoem os detalhes, em um esforço coordenado e eficiente.

Outro processo de aperfeiçoamento, com a finalidade de adicionar detalhes ao plano e eliminar quaisquer dúvidas que possam surgir se ele for implantado, pode ser visto por meio de um exemplo. O Comitê Organizador dos Jogos Olímpicos de Inverno de Salt Lake City em 2002 instituiu, como técnica de aperfeiçoamento, um processo de revisão juntamente do que chamaram de "Guia Executivo" (Bowen, 2006). O processo de revisão incluía o intercâmbio de planos operacionais para serem examinados por outras pessoas da rede operacional do evento. Os examinadores procuravam lacunas nos detalhes fornecidos no plano operacional, certificavam-se da clareza na redação do planejamento e indicavam qualquer dúvida que surgisse durante a leitura desses planos. O Guia consistia em um sumário executivo dos principais cronogramas que precisavam ser seguidos e era usado como uma referência rápida. Planejadores de eventos talentosos concluíram o processo de aperfeiçoamento para alcançar a excelência no planejamento.

O processo de aperfeiçoamento do plano operacional é a última etapa na fase de planejamento. Um exemplo que ilustra diferentes níveis de detalhamento pode ser visto no Quadro 5.1.

Temas contemporâneos na fase operacional do evento

São três os principais temas no planejamento operacional contemporâneo de eventos: tempo, comunicação e um ambiente de cooperação para coordenação dos planos operacionais.

Tempo é uma questão séria para um gerente de eventos, pois a gestão de eventos envolve esforços para facilitar a conclusão de todos os planos operacionais dentro do prazo disponível. O tempo impacta o nível de detalhes de planejamento que pode ser realizado, os planos de contingência desenvolvidos e o processo de aperfeiçoamento. Um gerente de eventos deve estar constantemente atento ao ritmo do planejamento e deve facilitar o término dos planos operacionais dentro do prazo estipulado.

A comunicação é fundamental na gestão de eventos, sendo que facilitar sua excelência é dever do gerente responsável. Seu papel requer assegurar-se de que as oportunidades de troca da rede operacional são usadas e encorajar interações entre os elos desta. O favorecimento de uma comunicação melhor é vital para o resultado do evento.

Facilitar um ambiente de cooperação ao coordenar planos operacionais pode ser o maior desafio que um gerente de eventos enfrenta. De acordo com Grant (2001), as questões fundamentais em operações relacionam-se com problemas de cooperação e coordenação. Os problemas de cooperação originam-se da variedade de personalidades envolvidas na rede operacional, enquanto os de coordenação ocorrem por conta das experiências, habilidades e conhecimento dos membros dela, necessários para integrar os planos.

Além disso, questões de coordenação surgem por causa do ambiente de trabalho virtual ou disperso, que permite que se trabalhe de qualquer lugar do mundo com o uso da tecnologia da comunicação. Coordenar atividades que ocorrem em outro local exige comunicação adicional e demanda clareza nos contatos.

Temas adicionais sobre a prática de planejamento operacional são fornecidos no apêndice B: Temas e Sugestões para Facilitar a Fase de Execução, Monitoramento e Gestão do Modelo de Planejamento, de Scott McRoberts.

Cenários práticos de planejamento operacional

O conhecimento essencial para desenvolver planos operacionais pode ser obtido com exercícios de planejamento. O exercício pode envolver o planejamento individual, uma atividade e de planejamento com uma pequena equipe e um cenário de um grupo em mudança. O planejamento individual deve permitir o progresso em suas habilidades pessoais para deslocar-se do planejamento nível 1 para o nível 3; contudo, não oferece o conhecimento essencial para trabalhar em uma rede operacional, que é o mais comum em gestão de eventos. Por essa razão, uma pequena equipe e um grupo em mudança são recomendados para exercitar o planejamento operacional de eventos.

O formato de equipe pequena é composto por grupos de trabalho de duas a quatro pessoas. Os membros discutem coletivamente para construir conhecimento a respeito da criação de planos operacionais lógicos, sequenciais, detalhados e integrados, detalhando-os do nível 1 ao nível 3. O aprendizado progride na medida em que várias pessoas discutem, ponderam e estabelecem os detalhes a registrar no plano operacional. Symes e McIntyre (2000) e LaDuke (2004) indicam que o caminho para criar conhecimento é a habilidade de questionar. Em gestão de eventos, levantar dúvidas em pequenos grupos é um mecanismo-chave para orientar o desenvolvimento de conhecimento nas áreas em que o detalhamento é necessário, para tomar decisões sobre o que é importante e o que é secundário ou sem importância e para gerenciar o processo de registro.

O formato de equipe em mudança envolve diversos grupos com dois a quatro membros em cada. Todos os grupos completam os mesmos exercícios de planejamento operacional; contudo, na metade do processo, dois membros de cada equipe são trocados para trabalhar com outra equipe. Nesse formato, os membros precisam usar seu conhecimento para determinar como se familiarizar com novos componentes, como atualizá-los sobre a situação do planejamento, como integrar seus conhecimentos no plano e como realizar avanços quando os membros mudam.

Trabalhar no estilo de grupos em mudança simula a realidade de uma equipe de planejamento operacional no ambiente de trabalho. Discussões anteriores sobre a teoria de complexidade indicam que o ambiente é volúvel (Doherty e Delener, 2001) e que um ambiente estável não é possível por causa das "estruturas dissipáveis" (Keirsey, 2003, p. 4). O formato de grupo em mudança desloca a equipe de um estado de equilíbrio para um estado de alterações ou transformações. É comum na gestão de eventos que o planejamento operacional demore meses ou anos para ser concluído, e a equipe não permanece em equilíbrio durante todo esse período. Exercitar em um ambiente que é afetado por forças de mudanças pode oferecer uma vantagem para o desenvolvimento de planos operacionais e, consequentemente, para trabalhar na indústria de eventos.

Mallen e Adams (2006) oferecem evidências que o exercício de planejamento operacional de eventos no formato de grupos em mudança favorece a conscientização a respeito de diferentes estratégias de planejamento, a gestão de opiniões divergentes em discussões sobre o plano, a explicação, interpretação e entrelaçamento de ideias, a definição das atribuições de direção e a geração de conclusões.

Para ajudar no desenvolvimento de suas habilidades de planejamento operacional, são fornecidos três cenários. No ambiente profissional, você receberá somente instruções gerais de sua tarefa de planejamento operacional, sendo que ninguém pode lhe fornecer todas as orientações sobre cada detalhe que precisa ser pensado para a tarefa. Você terá que pensar sobre os elementos e decompô-los para determinar os detalhes específicos e as necessidades de planejamento. Esses cenários foram elaborados para lhe encorajar a refletir sobre eles. Se você não puder chegar à resposta, formular e registrar dúvidas ilustram seu entendimento das necessidades.

Para pensar sobre os cenários, siga o seguinte processo de cinco etapas.

1. Desenhe a estrutura de planejamento (considere o exemplo de formato de plano operacional mencionado).
2. Desenvolva de dois a três objetivos de planejamento.
3. Crie detalhes de planejamento nível 3 no plano operacional, de forma lógica e sequencial (inclua um cronograma que abarque todas as atividades e atribua tarefas aos responsáveis, designando, por exemplo, o voluntário A ou B).
4. Elabore um plano de contingência para, no mínimo, cinco problemas potenciais.
5. Registre o processo selecionado para aperfeiçoar o plano operacional.

Lembre-se: pequenos detalhes fazem a diferença no seu plano operacional. Quando o primeiro esboço estiver concluído, revise o plano como se você fosse um participante que deve seguir as etapas indicadas no plano. Procure possíveis dúvidas, pois qualquer uma não respondida abre oportunidade para interpretação do plano, e é assim que desvios ocorrem.

Os três cenários de planejamento operacional são apresentados a seguir.

Cenário 1

Pequenos *microchips* podem ser colocados em diversas partes do corpo de um atleta, como em patinadores de gelo, ginastas, mergulhadores ou esquiadores estilo livre, para auxiliar a arbitragem de muitos esportes. Os *microchips* podem transmitir um sinal para um computador do tamanho de um relógio de pulso e alimentarem uma tela de informações para os juízes acompanharem. Em teoria, a informação fornecida pode indicar a posição do corpo do atleta em todos os momentos durante a competição, incluindo o número de piruetas, se foi um 360° completo e a posição exata do corpo na aterrissagem ou entrando na água. Essa tecnologia pode eliminar o componente subjetivo da arbitragem, pois o programa de computador pode fornecer dados sobre o grau de dificuldade do movimento e da execução das ações.

Crie um plano operacional para equipar os atletas com *microchips* para um evento de sua escolha (por exemplo, ginástica ou patinação no gelo). No plano, considere a gestão dos *microchips*, desde o momento em que são levados para a área de competição e estão prontos para ser acoplados aos atletas, à bola e às telas disponíveis para os juízes; inclua o processo de segurança necessário para garantir que um fã não tenha acesso a um *microchip*, utilize-o e apareça no sistema; pense também no processo de devolução dos *microchips* depois da competição e seu armazenamento para outros usos. Prepare planos de contingência para, no mínimo, cinco problemas potenciais com o sistema de *microchip* (por exemplo, mau funcionamento, roubo, tentativa de invasão ao programa de computador para adulterar os registros dos atletas).

Pondere a respeito de cada etapa necessária no plano operacional e como o trabalho será organizado. Reflita sobre as necessidades como se você fosse um atleta ou juiz utilizando o sistema de *microchip*: quais são as necessidades dos atletas? Quais as necessidades dos juízes ou árbitros? Quais dúvidas você teria sobre a instalação e uso do sistema? Elabore um plano lógico, sequencial e detalhado para testar suas habilidades em planejamento operacional de eventos.

Cenário 2

Você é responsável pela gestão da entrevista coletiva de um grande evento de turismo (de sua escolha), que será realizada na parte da manhã, um dia antes do lançamento do evento, em um dos principais hotéis da região central da cidade. Você quer atrair o comparecimento de jornalistas de jornais, rádio, televisão e internet.

Crie um plano operacional para gerenciar os elementos-chave da coletiva de imprensa, incluindo convites para quatro segmentos de mídia, sendo um para jornais, um para rádio, um para televisão e um para mídia *on-line*. Os detalhes operacionais devem incluir o preparo para a entrevista coletiva no hotel, considerando o processo de gestão da chegada da imprensa, da checagem das credenciais, da liberação para o evento e da participação na conferência. Lembre-se de que o plano operacional deve conter todas as necessidades de comunicação (por exemplo, informar a equipe do local do evento sobre as necessidades de mesas, cadeiras, microfones, plataformas, varão e cortinas, pedestal para *banner* e segurança). Adicione ao plano a gestão dos palestrantes representantes do evento e as oportunidades de imprensa, como entrevistas pessoais e fotos. Suponha que há recursos financeiros disponíveis para todas as atividades.

Cenário 3

Você está para assumir e gerenciar as necessidades de transporte e acomodações para três patrocinadores importantes que comparecerão a um grande evento recreativo com mais de 500 participantes. Você pode escolher qual é a atividade recreativa do evento. Então, comece a planejar os convites para os patrocinadores (eles também podem ser escolhidos por você). Suponha que eles são de fora da cidade e desenvolva planos de transporte para um representante de cada empresa patrocinadora, de modo que ele chegue às instalações do evento para participar das cerimônias de abertura (um deve chegar de carro, outro de ônibus e o terceiro, de avião). Elabore planos de acomodação para um hotel local; lembre que o plano operacional deve incluir todas as comunicações com os patrocinadores sobre o plano em andamento e uma conversa final condensada para informá-los de todas as decisões conclusivas a respeito de transporte, acomodação, participação na cerimônia de abertura e como espectador das atividades do evento recreativo. Suponha que há recursos financeiros disponíveis para todas as atividades.

Conclusão

Na segunda fase do modelo de planejamento, a operacional, membros da rede desenvolvem planos operacionais intensivos que envolvem atividades programadas para cada componente do evento. A força desses planos é determinada pelo processo lógico e sequencial, a quantidade de detalhes de planejamento fornecida, a integração entre os componentes planejados, a prontidão extra suportada por planos de contingência e o processo de aperfeiçoamento dos planos antes de seu uso. A facilitação de planos operacionais de qualidade pode ser praticada por meio de exercícios. O conceito de qualidade em planejamento operacional de eventos é discutido no Capítulo 10: Facilitação da qualidade na gestão de eventos, depois que as fases de planejamento forem apresentadas. Acima de tudo, estes são criados como preparo para a próxima fase do modelo de planejamento, a de execução, monitoramento e gestão.

Questões

1. Como a teoria de contingência e a de complexidade são aplicáveis à fase de planejamento operacional do modelo de planejamento?
2. Descreva a diferença entre planejamentos nível 1, nível 2 e nível 3.
3. O que os planos de contingência oferecem e por que são importantes para a gestão de eventos?
4. O que é um processo de aperfeiçoamento do plano e como auxilia um gerente de eventos?
5. Quais são os três principais temas contemporâneos na fase de planejamento operacional e como um gerente de eventos pode superá-los?

6

Modelo de planejamento de eventos: fase de execução, monitoramento e gestão

Lorne J. Adams, Brock University

Este capítulo enfatiza a responsabilidade do gerente de eventos de fazer o plano operacional funcionar no momento mais importante: o evento em si. Embora muita gente conheça detalhes do plano operacional, ninguém o conhece tão bem quanto você. Esse é o motivo pelo qual vão recorrer a você para facilitar o trabalho das pessoas que executam o plano e monitoram as atividades, bem como para gerenciar e dirigir os imprevistos que surgirem. O modo como você administra tudo isso determina não só o sucesso do evento, mas também o seu sucesso como gerente.

Muito será exigido de você durante o desdobramento do evento: entender o seu papel e a si mesmo é um ponto crítico para o sucesso do evento. Você não pode ser um observador desapaixonado: estará completamente imerso no evento e em tudo que o envolve. Você também trará o seu conjunto exclusivo de habilidades e capacidades, predisposições e tendências com você – que fazem tanto parte do evento como as pessoas e sistemas que você está tentando controlar.

Execução: realização do plano

A execução envolve a realização do plano, transferindo os conceitos e processos operacionais planejados da equipe de planejamento para uma infinidade de voluntários e funcionários do evento designados para implantar o plano (Bowen, 2006). A facilitação da execução de planos operacionais não acontece de forma passiva: é dirigida por objetivos, orientada por metas e é dinâmica. O ambiente não nos espera agir. Vivemos em um mundo singular baseado em mudanças (Mallen, 2006), sendo que as forças destas demandam nossa reação e a gestão de suas repercussões. Nesse ambiente, a execução não é fácil. O primeiro passo envolve coordenação, garantindo que todas as pessoas envolvidas estejam falando a mesma língua.

Disseminação dos requisitos de execução e reuniões operacionais

Um grupo ou equipe muito maior do que o que elaborou o planejamento se responsabiliza pela execução do evento. Seus membros precisam de uma oportunidade para ouvir, entender e assimilar o plano na sua área de responsabilidade exclusiva e no contexto maior do plano em geral, sendo realizadas reuniões operacionais para isso. Há diversos elementos importantes a considerar para organizar essas reuniões: convidados, pauta, materiais complementares, objetivos claros, papéis e responsabilidades e visitas nas instalações.

Quem está envolvido nessas reuniões? Em alguns casos, quando o evento é pequeno, é possível envolver todo mundo nas reuniões operacionais. Entretanto, à medida que crescem o porte e a complexidade do evento, fica mais difícil e menos provável abranger a todos. Como o plano deve ter gerentes específicos em cada elo, é dessas pessoas que se considera essencial a presença. Os gerentes, por sua vez, ficam responsáveis por realizar reuniões de execução com as equipes e voluntários que formam a rede ligada à sua área de responsabilidade exclusiva.

Organizar uma reunião de execução requer o quê? Para começar, deve ser desenvolvida uma pauta detalhada. Isso ajuda a prever a quantidade adequada de tempo para a reunião e a pauta. A ideia é maximizar o uso do tempo das pessoas e mantê-las concentradas, o que é obtido por meio de uma pauta detalhada com algumas diretrizes gerais de distribuição da duração de cada item, ajudando os participantes a manter o foco e permitindo que haja um fluxo de temas na reunião.

Respeite o tempo das pessoas enviando a pauta aos participantes com antecedência suficiente para que examinem e analisem o material. Esta orientação é subjetiva: se você envia muito antes, corre o risco de que as pessoas a coloquem de lado e esqueçam; se o envio é muito tarde, podem acabar examinando o material enquanto a reunião ocorre, o que leva a discussões inúteis, podendo inviabilizá-la de ocorrer rapidamente. Como regra geral, uma antecedência de sete a dez dias é um período razoável para a maioria das pessoas.

Também devem ser providenciados materiais complementares com a pauta, o que inclui o fornecimento de planos operacionais formais. Mais uma vez, como os participantes são pessoas que vão treinar e orientar outras, é necessário um elevado nível de detalhamento aqui. Durante o plano, as responsabilidades pessoais de cada membro devem ser destacadas de alguma forma. Isso pode ser feito simplesmente salientando textos em negrito ou com uma caneta marca-texto, personalizando os planos. Apesar de tomar tempo, resulta em uma ferramenta de orientação. Além disso, a inclusão de um resumo executivo pode diminuir os questionamentos. Um fluxograma organizacional também ajuda a definir responsabilidades e a estabelecer um contexto para cada elo envolvido com o plano. Por fim, um esquema das instalações com instruções detalhadas e acuradas favorece a compreensão das dependências e da localização dos equipamentos. A representação gráfica poupa uma série de explicações verbais que podem ser mal-interpretadas.

Nunca pressuponha que todos os participantes das reuniões leram o material fornecido antecipadamente. As pessoas não têm a intenção de prejudicar uma reunião, nem de deliberadamente atrasar o processo, quando faltam com sua responsabilidade de revisar o material. No entanto, elas podem ter rotinas pesadas e complexas e, algumas vezes, até os bem-intencionados podem ter que lidar com assuntos externos ao seu evento, não importando quão importante pareça para você. Como facilitador, é seu dever realizar uma revisão verbal para certificar-se de que os participantes compreenderam o material pelo qual estão responsáveis.

Reuniões operacionais fornecem oportunidades para garantir que cada pessoa responsável pela execução do plano entenda as metas e objetivos do evento e conheça suas responsabilidades, incluindo as ações necessárias. Criar deveres específicos limita a possibilidade de alguém achar que outra pessoa era responsável por determinada tarefa e, portanto, aumenta a carga final.

Também é primordial que os membros da equipe compreendam a inter-relação de seus papéis com outros elementos do plano; precisam ver como o que estão fazendo contribui para o plano maior e que o que fazem é importante. Quando se torna claro que sua função não é um fim em si mesmo, mas uma parte essencial de algo muito maior, o comprometimento e a motivação aumentam.

Além dos materiais impressos e das discussões na reunião operacional, é fundamental uma visita na instalação ou instalações do evento para examinar elementos no local, no contexto do plano operacional. Durante a visita, gerentes dos elos podem avaliar necessidades ou problemas específicos, como acesso a pontos de energia e de água, sistema de som, acesso a internet, entre outros (Quadro 6.1).

Ao final das reuniões operacionais e visitas no local, gerentes de componentes e de elos formadores de cada componente devem ter ciência dos objetivos específicos do evento, de suas responsabilidades exclusivas e de como se enquadram no plano geral. Devem também estar familiarizados com as instalações e preparados para motivar e treinar as pessoas que se reportam a eles. Suas dúvidas já devem ter sido sanadas e, se você fez um bom serviço, eles estarão animados para começar.

Monitoramento da dinâmica e fluidez do ambiente operacional

Durante a execução, você, como facilitador, precisa verificar os detalhes do plano usando uma "lente de aumento". O monitoramento das questões de cronograma e de progresso são as duas principais áreas que você deve enfocar. Por exemplo, você precisa monitorar se foi reservado tempo suficiente para obter os materiais essenciais para o local, com antecedência suficiente para que as pessoas não tenham que ficar sentadas esperando conseguir realizar seu trabalho. Ainda nesse sentido, você reservou tempo suficiente para instalar e testar equipamentos? Se as pessoas precisam estar em dois ou mais locais no mesmo dia, em horários específicos, há tempo suficiente para a viagem? Monitorar significa questionar para determinar se as pessoas estão cuidando das tarefas que levarão à execução bem-sucedida do plano no prazo previsto.

Quadro 6.1   Métodos eficazes para facilitar a transferência do conhecimento,
por Melody Rioux

Orientar uma nova equipe (remunerada ou voluntária) exige que organizadores de eventos transfiram de forma eficiente e eficaz o conhecimento necessário para o quadro de pessoal. É extremamente importante reconhecer que sobrecarregar a equipe com conhecimentos irrelevantes para a alçada de suas funções causa confusão e, consequentemente, consome tempo valioso. Portanto, organizadores de eventos precisam determinar a abrangência de cada função, o prazo que será dado à equipe, a informação que precisa ser transferida e as formas mais eficazes de transferi-las, baseadas na *experiência prévia* individual.

A experiência prévia que uma pessoa pode trazer para o evento pode ser extremamente benéfica se ela for colocada em uma posição onde pode usar seu próprio conhecimento tácito. Ao determinar técnicas eficazes para transferência de conhecimento, o método preferido é "observação no posto de trabalho" ou "treine o treinador". Por exemplo, se você tivesse que entregar um manual de 30 páginas a alguém sobre como criar credenciais para toda a equipe de um evento, este poderia não fazer sentido para a pessoa por causa de sua experiência prévia. Por essa razão, o organizador de eventos deve facilitar o desenvolvimento do conhecimento trabalhando com o membro da equipe, mostrando passo a passo todo o processo, quantas vezes forem necessárias para que a pessoa se sinta segura ao desempenhar suas tarefas. Quando esse estágio for alcançado, você pode fornecer o manual para servir como referência, pois agora todo o conhecimento que o manual contém será compreensível. É imperativo que organizadores de eventos reconheçam as habilidades que a equipe traz para cada função e enfoquem o conhecimento a partir da experiência. No exemplo dado, pode levar quatro ou cinco horas para uma pessoa se sentir confortável para desempenhar suas tarefas; contudo, se você tem um indivíduo que já trabalhou, em eventos anteriores, com credenciamento, o manual pode ser uma forma suficiente para transferir o conhecimento, acompanhado por uma breve visita e orientação sobre o setor de credenciais.

O gerente de eventos tem um papel fundamental ao facilitar processos para a transferência de conhecimento da fase de planejamento operacional para os envolvidos com a execução do evento. Ele facilita, então, a conclusão desse processo, que pode sofrer adaptações para aqueles com maior ou menor experiência nas suas tarefas. É responsabilidade do gerente de eventos ter a sensibilidade para determinar as adaptações necessárias nos processos de transferência do conhecimento para auxiliar de forma eficaz cada membro da rede.

É claro que o desempenho da execução operacional não pode ser completamente controlado (e o conceito de controle pode até ser inapropriado) em um ambiente dinâmico e fluido. Entretanto, como gerente de eventos, você busca *controlar o escopo*. Esse controle demanda que as pessoas permaneçam nos limites do projeto, sem adicionar ou introduzir elementos que não fazem parte do plano geral. Contudo, apesar das tentativas de inspeção dentro do possível e de operar dentro dos parâmetros do plano, "basicamente o sistema não é fechado, ou seja, fica aberto para todos os tipos de influenciadores inesperados" (Wijngaard e deVries, 2006, p. 395).

Uma das principais fontes de influência para a execução do plano são os próprios membros da rede, que precisam de algum nível de autonomia. No entanto, "essa autonomia também contribui para a imprevisibilidade e ambiguidade do sistema de controle" (Wijngaard e deVries, 2006, p. 395). Além disso, manter o controle é uma questão complexa em eventos, mas é seu trabalho garantir que a qualidade faça parte do seu. O Capítulo 10, Facilitação da qualidade em gestão de eventos, fornece definições de qualidade e sugere que você crie uma declaração pessoal de qualidade para orientar seu trabalho como facilitador da execução, monitoramento e gestão de um evento. O Capítulo 10 também fornece exemplos de declarações de qualidade.

Como facilitador, é importante que você veja e seja visto pelos membros da rede. Você pode usar um princípio operacional chamado de "os cinco P da execução": use sua *presença* e seu *posto* para apoiar a *performance positiva* e *produtiva*. Presença é o conceito de gestão por meio de visitas aos locais de execução. Quando você está presente, é mais fácil ocorrerem diálogos: os executores podem fazer perguntas e você, por sua vez, também pode questioná-los. Isso, em primeira instância, reduz a ambiguidade, ademais de dar a sensação de que o que eles estão fazendo é uma contribuição importante e valiosa. Sua presença também reforça a sua própria percepção de atenção aos detalhes. No mínimo, você ganha um conhecimento prático de todas as fases do plano.

A presença física, além disso, aumenta a importância de componentes específicos, pois, por terem sido considerados suficientemente importantes para você visitá-los, têm seu valor elevado para as pessoas que estão realizando a tarefa. Quer goste ou não, como gerente de eventos você tem uma posição hierárquica que pode ser usada de modo positivo e produtivo. Quando você usa seu tempo para visitar, formular e responder perguntas, um processo sutil de compromisso se apresenta. Se você presta atenção nas preocupações dos que trabalham na linha de frente, ouve suas sugestões e dá a sua opinião sobre o projeto ou evento, as pessoas se sentem mais comprometidas em realizar o trabalho, e em realizá-lo bem. Eles são pessoas e você passa a ser visto como um deles, não como um objeto. Se os trabalhadores têm a sensação de que todos são importantes para o sucesso final do projeto, eles se sentirão mais responsáveis por garanti-lo com seu desempenho produtivo.

Gestão da execução do plano operacional

Como gerente de eventos, é sua responsabilidade facilitar a gestão dos desvios do plano operacional que ocorrem por qualquer motivo. Essa é uma tarefa difícil. De acordo com Wijngaard e deVries (2006), é necessário conhecimento tácito para fazer avaliações a respeito da precisão do desempenho. Conhecimento tácito, como já foi dito, está relacionado com conhecimento avançado, sendo adquirido por meio de experiências pessoais. É o *know-how* que você forma ao longo dos anos como estudante, como voluntário e como profissional emergente. É a "noção do trabalho" desenvolvida por "ter estado lá". Schön (1983), em seu livro *The Reflective Practitioner*, aborda a capacidade de profissionais de trabalhar "em zonas indeterminadas" para as quais sua formação não os preparou explicitamente. Isso requer uma aplicação do conhecimento. Algumas dicas podem ajudar a levar a execução por um bom caminho.

Verifique os desvios em relação aos planos operacionais por meio de diversos mecanismos, como revisões periódicas de evolução, relatos de ocorrências e observações diretas.

Crie um clima em que as pessoas não tenham receio de relatar ocorrências na hora certa, incluindo temas e problemas que se apresentam.

Não espere por relatórios de evolução: mantenha-se na linha de frente da execução, observando e formulando perguntas.

Todos os planos de execução contêm riscos, alguns imprevisíveis. Crie um plano de contingência para todas as questões previsíveis e esteja preparado com uma estratégia para perceber e gerir questões imprevisíveis (adaptado de "How to stay the course: sensing and responding to deviations from plan", 2006).

Uma vez percebidos desvios do plano, você vai precisar desenvolver uma estratégia para colocar de novo as coisas nos trilhos. É preciso ser um gerente de eventos qualificado e bem informado para conseguir lidar com os problemas, criar um processo decisório e implantar adaptações para garantir que as atividades planejadas fiquem em conformidade com os cronogramas

Gestão de eventos esportivos, recreativos e turísticos

e em aceitáveis níveis de completude. As decisões a respeito de como gerir os problemas devem estar alinhadas com os objetivos e prioridades gerais do evento. Você vai precisar determinar com antecedência o processo a ser usado, quem será envolvido, qual a estratégia para resolver conflitos e suas etapas de execução; também precisará ficar atento para as restrições de tempo e a necessidade de agir rapidamente.

Gestão de desvios do plano para superar falhas previsíveis

Você precisa estar consciente do fato de que a gestão de desvios do plano operacional pode acarretar uma resposta previsível que pode ser negativa para o evento. Deve dominar essa previsibilidade para melhorar suas habilidades decisórias durante a execução do evento. Dörner (1996) revelou essa previsibilidade quando mostrou detalhadamente como pessoas bem-intencionadas e inteligentes podem enfrentar dificuldade em sistemas complexos e dinâmicos. Ele desenvolveu um jogo com uma população hipotética, simulando o ambiente do mundo real, e descobriu que os participantes respondiam de uma maneira consistente e de acordo com um padrão.

Sua pesquisa indicou que os participantes tendiam a *agir sem análise prévia da situação*, ou seja, eles aceitavam as coisas como pareciam ser, sem levar muito em conta ocorrências anteriores ou históricos pertinentes a uma boa decisão. A falta de um efeito negativo óbvio e imediato a uma ação levou-os a acreditar que suas decisões haviam solucionado o problema. Os participantes *não conseguiram prever os efeitos colaterais e as consequências de longo prazo de um curso de ação em particular*. Ademais, os participantes *não consideraram o período de latência entre ação e consequências*, sendo que, decorrido algum tempo, foram forçados a reagir rapidamente como consequência de suas decisões anteriores. Esse "efeito dominó" repetiu-se nas simulações e, na maioria dos casos, aumentou o problema ou criou novos, que precisaram ser tratados com urgência cada vez maior. Os problemas cresceram de forma exponencial, e não linear, e criaram resultados finais catastróficos; os participantes demonstraram, ainda conforme Dörner (1996), "uma compreensão inadequada do desenvolvimento exponencial e uma incapacidade de ver que um processo que progride exponencialmente, uma vez iniciado, chega ao fim com uma velocidade incrível" (p. 33). Dörner (1996) concluiu que "as pessoas cortejam o fracasso de maneiras previsíveis" (p. 10).

Ao considerar que os eventos são produzidos em períodos restritos, convém ressaltar o trabalho de Dörner (1996). Certamente, ninguém tem a intenção de fracassar, nem desejaria, de forma ativa, esse resultado. No entanto, se você não compreende a si mesmo e ao sistema (evento) com o qual está lidando, existe a possibilidade de que o resultado desejado não seja alcançado. Além disso, quando chamado a tomar decisões, lembre-se que não se trata de uma atividade simples, algo que só ocorre em um determinado momento. A tomada de decisões é mais bem descrita como um processo que ocorre ao longo do tempo e que é "repleta de nuances pessoais e história institucional" (Garvin e Roberto, 2001, p. 1).

É conveniente você rever o material sobre teoria de complexidade, de contingência e de sistemas apresentado anteriormente. Uma compreensão das teorias o auxiliará a decidir o que for necessário durante a execução de um evento. Além disso, pense em como você vai analisar situações, considerando o histórico, os efeitos colaterais e as consequências das ações.

Predefinição de equipe e processo de tomada de decisão

Para administrar desvios do plano, a equipe responsável pelo processo decisório deve estar predefinida. Basicamente, deve-se saber responder "quem a compõe?" e "por quê?". Não há fórmulas mágicas ou diretrizes para responder essas questões. Alguns integrantes importantes serão identificados com a ajuda de seu conhecimento avançado. De certo, qualquer pessoa que for afetada diretamente deve ser considerada.

O processo decisório com o qual a equipe trabalha precisa ser predefinido. Quem deve ser envolvido com o tema? Como são comunicados? Quanto tempo é necessário para construir ou obter uma decisão? Em quanto tempo a decisão deve ser divulgada? Há a necessidade de um processo de decisão à distância (teleconferência)? Como o processo decisório se desdobra (consenso, maioria simples, maioria, consulta a uma autoridade para decisão final)? Como os conflitos nesse processo são administrados?

Como foi visto, qualquer reação a desvios do plano precisa estar relacionada com a visão e os objetivos do evento. Mintzberg, Raisinhani e Théorêt (1976) descrevem um processo modelo como sendo uma situação na qual as metas estão claras, mas os métodos para alcançá-las exigem a tomada de decisão. Os pesquisadores indicam também que esta, em um sistema modelo, envolve um ambiente no qual "o processo inteiro é altamente dinâmico, com muitos fatores alterando o ritmo e a direção do processo decisório" (p. 263). Em um processo modelo, a tomada de decisão tem sido, historicamente, dividida em três áreas: *identificação, desenvolvimento e seleção*

(Mintzberg et al., 1976). A identificação compreende o reconhecimento da situação e a comunicação, pelo sistema, de que é necessária uma decisão; o desenvolvimento engloba a busca de alternativas para solucionar o problema; e a seleção envolve a avaliação das alternativas e o fim do processo, com a decisão escolhida para execução.

Quando a decisão é tomada, deve ser seguido um processo para executá-la, que determina como deve ser implantada. Quem a executará? Quais processos precisam existir para garantir que esta está sendo conduzida? Qual monitoramento será realizado para assegurar que ela está alcançando os resultados desejados? O processo para executar as decisões deve ser facilitado para que elas sejam colocadas em prática de modo eficiente e eficaz, sendo útil a criação de decisões predeterminadas.

Decisões predeterminadas e não predeterminadas

Como você passou muitas horas desenvolvendo o plano para seu evento, deve ter se perguntado "e se...?" em muitas ocasiões. Na gestão de eventos, uma grande parte da tomada de decisão na rede operacional é prescrita e automaticamente executada em determinado momento. As decisões prescritas são expressas nos planos operacionais de contingência e, quando surgem as situações, as decisões já tomadas são adotadas. Estas são consideradas predeterminadas.

Em contrapartida, há situações para as quais a decisão não é predeterminada. Durante essas situações, os sistemas de comunicação que foram preestabelecidos tornam-se fundamentais para conseguir negociação, coordenação, tomada de decisão e cooperação entre os membros da rede operacional e para integrar as ações dentro do plano operacional geral. De acordo com Wijngaard e deVries (2006), ao executar esses planos fora do contexto de decisões predeterminadas, é estabelecido um padrão decisório e de trabalho funcional que precisa estar apoiado pelo sistema. A facilitação deste é uma prioridade ao gerenciar decisões não predeterminadas.

Temas inerentes à execução, monitoramento e gestão na prática de redes operacionais

Na gestão de operações, membros da rede "contribuem significativamente para o desempenho do sistema" (Wijngaard e deVries, 2006, p. 408), pois estão posicionados dentro da estrutura de planejamento e controle para executar tarefas e gerir questões e problemas que surgirem. Embora os elementos de planejamento e controle eliminem o maior número possível de situações potenciais, eles "nunca conseguem ser completos, pois são inúmeros elementos tácitos na situação para controlar" (Wijngaard e deVries, 2006, p. 405). Se as estruturas de planejamento e controle nunca oferecem domínio total, então o sistema está sujeito ao planejamento e controle inadequados (Konijnendijk, 1994). A inadequação inclui ambiguidades que, por sua vez, abrem oportunidades para interpretações individuais das tarefas planejadas (Wijngaard e deVries, 2006). Sem a possibilidade desse domínio total, as estruturas de planejamento e controle podem oferecer o que Wijngaard e deVries (2006, p. 405) chamam de "controle percebido" e parâmetros a partir dos quais os desvios são estabelecidos. Isso significa que o controle total não é possível, de forma que o ambiente do evento envolve a facilitação das questões que surgirem.

Tema: detalhamento do plano operacional e desempenho da execução

Se os planos operacionais não são detalhados ou se ocorrem circunstâncias que exigem desvios, então certa autonomia operacional é imprescindível, com a maior necessidade de tomar decisões. Para a eficácia nesse processo, os membros da rede operacional responsáveis pela execução do plano precisam de "um bom entendimento do sistema para controlar as especificidades da situação concreta, assim como dos princípios básicos da estrutura de planejamento e controle" (Wijngaard e deVries, 2006, p. 398). Além disso, esses membros envolvidos com o plano precisam de uma compreensão profunda dos objetivos do evento e dos resultados esperados.

Se os planos operacionais são detalhados, a rede operacional só precisa dar início às etapas descritas. Um plano detalhado limita o grau de decisões necessárias, de mudanças operacionais e de liberdade para alterações.

Tema: conhecimento e desempenho da execução

Uma das questões que podem impactar o desempenho da execução é o nível de conhecimento dos membros da equipe operacional. Você deve averiguar se os componentes da rede de execução compreendem e têm conhecimento profissional das necessidades e objetivos gerais do evento. É evidente que não se pode aplicar uma prova para garantir que isso ocorra, mas você pode gerar uma série de oportunidades e fóruns para facilitar esse objetivo.

Uma forma inicial que ajuda a verificar o nível de conhecimento transferido para os membros da rede de execução é simplesmente checar os registros de presença nas atas das reuniões operacionais. Se eles compareceram às reuniões regularmente, então puderam aprender as necessidades e objetivos? Se perderam reuniões, que medidas tomaram para recuperar a informação que foi passada? Que medidas você tomou para auxiliar aqueles que não tiveram acesso à informação?

Outro assunto que se coloca é o conhecimento da equipe de execução a respeito de seus papéis. Como gerente de eventos, essa pode ser uma boa hora para você se olhar no espelho e perguntar, por exemplo: quão bem eu facilitei o processo para garantir que todos os membros entendam seus papéis? Fiz suposições por causa da minha própria familiaridade com o que é necessário? Usei linguagem clara e compreensível? Havia um prazo previsto para todas as tarefas que fosse realista? O processo de integração foi completado?

Tema: desvios do plano

Existem inúmeras razões para que uma atividade não seja finalizada como planejada. Algumas delas, que contribuem para esse resultado, são destacadas a seguir.

Um dos problemas mais óbvios é quando um ou mais membros da equipe operacional se ajustam à função ou ao evento conforme o nível de compreensão de alguém, ou da falta dela. Pior ainda, algumas vezes as pessoas se encarregam de alterar a atividade por razões que somente elas sabem: por causa de experiências prévias, para ficar do jeito que "sempre" foi feito, porque não é da forma como fazíamos ou porque eles podem fazer melhor, e assim por diante.

Uma das principais razões para as atividades não serem realizadas de acordo com o planejado é o sistema de comunicação e as habilidades de comunicação dos integrantes. Além disso, a comunicação é um fator-chave na capacidade dos membros da rede intraorganizacional de trabalhar em equipe, que ajuda a aumentar o nível de cooperação presente na execução das tarefas. A função do gerente de eventos é facilitar o processo de comunicação para garantir que os problemas gerais de comunicação sejam superados, pois podem progredir se a informação for retida, estiver disponível somente

Modelo de planejamento de eventos: fase de execução, monitoramento e gestão

para poucos ou se decisões que afetam uma função ou tarefa em particular não forem divulgadas.

Tema: conflitos na execução

Conflitos podem ser inevitáveis, mas toda vez que você juntar uma equipe para trabalhar em direção a um objetivo comum há potencial para que ocorram. "Ironicamente, uma das características importantes de uma equipe bem estruturada – diversidade de pensamento, experiências passadas e habilidades – é, por si própria, uma fonte potencial de conflito" (Keeping on Track, 2006, p. 8). Um dos propósitos de unir pessoas é para analisar opções, exercer o pensamento crítico e colaborativo e, por fim, escolher o melhor curso de ação. É obvio que esse tipo de foco pode gerar muito debate, pois as pessoas podem ter ideias bastante divergentes. Conforme as reuniões são realizadas, pode chegar um momento no qual, ao tentar decidir entre duas posições distintas, as pessoas se tornem defensoras de um grupo ou de outro. Quanto mais essa situação se estender, maior a probabilidade de resultar em conflito. Garvin e Roberto (2001) apontam que este aparece de duas formas: *conflito cognitivo* e *conflito afetivo*.

Conflito cognitivo é o tipo de debate saudável focado na tarefa em questão. É de natureza tangível, aberto a alternativas e basicamente voltado para solução de problemas. Os embates podem ser bem intensos, mas não são pessoais; são relacionadas à troca de ideias com o objetivo final de chegar ao melhor plano possível.

O conflito afetivo, por outro lado, é pessoal; pode surgir de um confronto de personalidades, uma antipatia intuitiva por alguém ou uma reação defensiva ao criticismo. Quando existe o conflito entre pessoas, é menor a probabilidade de cooperação, de escutar ideias novas, de avançar com o projeto. As pessoas podem tornar-se defensoras de determinada postura, como visto, mas menos receptivas se é tomada uma decisão que contradiz o ponto de vista defendido. Para promover o conflito cognitivo e reduzir o afetivo, Garvin e Roberto (2001) oferecem uma estrutura de eficácia para o processo decisório, formada por "3 C": *conflito, consideração das partes* e *conclusão*, sendo que cada um deles deve ser trabalhado com cuidado. Os tipos de conflito foram discutidos anteriormente, mas vale repetir: como um gerente de eventos, você quer facilitar o conflito cognitivo tanto quanto possível, enquanto quer, ao mesmo tempo, minimizar o conflito afetivo.

O segundo "C", consideração das partes, é um conceito relativamente simples, mas, na prática, é frequentemente ignorado. Como destacado, quando existem dois pontos de vista sobre um assunto, um será escolhido e outro posto de lado. É obvio, portanto, que algumas pessoas precisarão apoiar e executar ações que elas, em determinado momento, rejeitavam. O conceito de consideração é, algumas vezes, chamado de devida diligência ou processo de imparcialidade. Em seu âmago, refere-se ao senso de probidade. Entre ser escutado, expressando visões e ideias, e ser de fato levado em consideração existe uma grande distância. A consideração indica que suas ideias foram escutadas cuidadosamente, ponderadas no contexto e claramente compreendidas. A aceitação das partes requer facilitar para que os membros escutem atentamente, façam perguntas, tomem notas, peçam explicações, sejam pacientes durante a explicação das posições e mantenham posturas pessoais. Evite, de todas as maneiras, aparentar já ter se decidido.

A consideração das partes também significa que, uma vez tomada a decisão, você divulgará qual é a escolha final e por que é o melhor curso de ação. Ao fazer referências às informações que recebeu e como elas afetaram sua escolha, você contribuirá para a aceitação.

Encerrar o assunto com uma conclusão também é um ato de equilíbrio. Debates não podem seguir incessantemente, nem ser cessados de forma prematura. Em muitos casos, o próprio evento ditará o prazo no qual uma decisão precisa ser tomada, mas, mesmo que seja essa a situação, há a necessidade de concluir. Um facilitador habilidoso sabe quando "encerrar o caso" – quando informações suficientes foram coletadas, quando o discurso repetitivo é aparente e quando evitar armadilhas de paralisia para análises.

Tema: comunicação na execução

No decorrer deste texto, você encontra conselhos implícitos e explícitos para comunicar-se frequentemente e de forma eficaz, pois a comunicação eficaz é essencial para um gerente de eventos em todas as etapas. Tanto já foi escrito sobre comunicação, que vai além do escopo deste texto. No entanto, o incentivamos a trabalhar constantemente no desenvolvimento dessas habilidades. Seja um ouvinte ativo e tudo que isso implica, incluindo contato visual, criação de vínculos, uso de paráfrases, linguagem corporal, elaboração das perguntas certas, postura não julgadora, despersonalização de problemas, entre outros.

Por fim, seja generoso em seus elogios. Agradeça publicamente os resultados e sucessos daqueles que cuidam do plano.

Temas adicionais de execução, monitoramento e gestão

Material adicional sobre temas de execução, monitoramento e gestão é fornecido no apêndice B: Temas e sugestões para facilitar a fase de execução, monitoramento e gestão do modelo de planejamento, por Scott McRoberts.

Conclusão

Com certeza, muito se espera de um gerente de eventos como facilitador da fase de execução do evento: suas habilidades serão testadas. Gerentes de eventos precisam entender a si mesmos e aos complexos sistemas que são parte de qualquer evento. É também bastante claro que o pré-planejamento e a articulação adequada dos objetivos e processos são essenciais para o seu sucesso.

É preciso estar ciente que as decisões que você tomar têm efeitos de curto e longo prazo no sucesso final do evento. Gerentes de eventos têm a responsabilidade decisiva de monitorar e gerenciar os esforços de execução – recorrerão a você pela sua observação direta e conhecimento tácito. Como você será responsável por manter as coisas no trilho, também será por colocar em prática os processos para isso. Esteja atento aos dois tipos de conflitos vistos (cognitivo e afetivo) enquanto facilitar atividades. Também lembre-se da importância de aprimorar as capacidades de comunicação.

Agora vamos para a próxima fase do modelo de planejamento de eventos, a de avaliação. Essa fase começa, na verdade, no desenvolvimento, avançando por todas as outras do modelo; porém, toda ela é discutida no próximo capítulo.

Questões

1. Descreva uma reunião operacional (incluindo o motivo da reunião, quem participa e o que é feito).
2. Quais são as duas áreas principais de foco ao monitorar um evento?
3. Descreva os cinco P da execução.
4. O que pode ser feito para superar falhas previsíveis na gestão de execução de eventos?
5. Há temas inerentes à execução de um evento. Quais são eles e como influenciam um evento?

7

Modelo de planejamento de eventos: fase de avaliação e reedição, parte I

Scott Forrester, Brock University

Este capítulo aborda a fase de avaliação e reedição do modelo de planejamento de eventos. O objetivo é dotar o gerente de eventos do conhecimento necessário para que possa negociar esta fase com eficácia, avaliar o evento de modo adequado e tomar decisões em relação à reedição deste a partir de dados coletados. Para isso, esse tema é dividido em dois capítulos. Este capítulo discute fundamentos para avaliação e reedição de eventos e decisões necessárias antes da avaliação. Em seguida, o Capítulo 8 apresenta o desenvolvimento de instrumentos de avaliação e o uso do conhecimento advindo da avaliação de eventos para contemplar a fase de reedição. É importante notar que o preparo para a fase de avaliação e reedição se inicia no desenvolvimento do modelo de planejamento e continua durante todas as demais.

Conhecimento prévio para gerentes de eventos

No Capítulo 2, o autor definiu conhecimento básico como os fundamentos primários para o conhecimento. A fim de que os gerentes de eventos consigam facilitar, com sucesso, a fase de avaliação do planejamento de eventos, precisam desenvolver um nível fundamental de compreensão, tanto do conceito como da aplicação da avaliação. Os gerentes devem entender o que é avaliação, por que é necessária e como se diferencia da pesquisa ou da sondagem[1]. Devem conhecer as suas principais questões, os passos necessários para avaliar um evento e as decisões que devem tomar para facilitar o processo de conduzir a avaliações de eventos com sucesso.

O que é avaliação?

A definição de avaliação depende, normalmente, do motivo e contexto no qual ela é aplicada. O termo *avaliar* é um verbo – implicando a necessidade de ação da parte do gerente de eventos – definido como "determinar ou estabelecer o valor de" ou "determinar a significância, valor ou condição de, normalmente depois de cuidadoso exame e estudo" (Dicionário Merriam-Webster, s/d – http://www.m-w.com/). Do mesmo modo, *avaliação*, um substantivo, é definida como "um ato de apuração ou determinação do valor de ou importância de" ou "uma verificação do valor de algo" (Dicionário On-line Webster, s/d – http://www.websters-online-dictionary.org).

Para os objetivos deste texto, uma definição mais específica de avaliação, adequada ao contexto de eventos esportivos, recreativos e turísticos, seria: coleta e análise sistemática de dados com o objetivo de julgar o valor ou importância de um aspecto em particular de um evento. O aspecto em particular pode estar relacionado com a satisfação dos espectadores, a importância de voluntários, a eficácia da publicidade ou promoção e o impacto econômico medido pelo montante de divisas de turismo geradas pelo evento. Independente do que está sendo avaliado, o objetivo é coletar dados sistematicamente, de modo que possam, então, ser usados para tomar decisões durante a fase de reedição do modelo de planejamento de evento, concernentes à sua melhoria.

---

1 No original, *evaluation, research* e *assessment*. O autor faz a diferenciação na linha de pesquisa avaliativa, explicativa e descritiva, respectivamente. No entanto, o uso desses termos em inglês é uma diferenciação mais instrumental, no sentido de atender aos objetivos deste texto, e não consagrada pela bibliografia da área de pesquisa. Em português, não há termos que reproduzam fielmente essa mesma distinção: a opção por "sondagem" deve ser considerada, do mesmo modo, instrumental. (N.T.)

Henderson e Bialeschki (2002) indicam que há três componentes necessários para conduzir avaliações. O primeiro é o *propósito*, o segundo são os *dados* e o terceiro envolve *decisões*.

O propósito está ligado ao motivo primordial pelo qual a avaliação está sendo feita ou ao que é especificamente o objeto dela. Identificar o seu propósito exige formular questões de avaliação que determinem o contexto no qual o evento é avaliado. Como Henderson e Bialeschki (2002, p. 18) sugerem, "é essencial identificar claramente quais questões devem ser formuladas ou qual o critério para avaliar antes dos dados serem coletados para um projeto de avaliação ou de pesquisa". Os dados são as informações coletadas de forma sistemática para atender ao propósito. Por fim, o componente de tomada de decisão requer determinar o "significado", "valor" ou "importância" do evento baseado na análise das informações (dados) colhidas em relação ao propósito da avaliação. Essas decisões podem tomar a forma de conclusões, interpretações derivadas da análise dos dados, assim como de cursos de ação recomendados, indicando o que deve ou poderia ser feito a partir delas. É comum os resultados sugerirem como os dados podem ser aplicados na prática e, consequentemente, alimentar o planejamento da fase de reedição do evento.

Por que a avaliação é necessária?

Avaliar o evento é um passo necessário do modelo de planejamento, com o objetivo de que decisões baseadas em dados possam ser tomadas a respeito do mérito, importância, valor ou significado deste, permitindo então que o gerente de eventos defina seu formato a partir de informações. O gerente também pode usar avaliações para justificar alocação de recursos, examinar interesses conflitantes e analisar o orçamento restrito com o qual a maioria dos eventos opera. Os resultados de avaliações bem pensadas, cuidadosa e sistematicamente executadas são essenciais para um processo decisório sólido. Os gerentes são cada vez mais responsáveis pelos diversos aspectos relacionados com a produção de um evento, tais como recursos humanos, gestão de voluntários e segurança, para citar alguns. Em geral, independente de qual aspecto do evento está sendo avaliado, o propósito é medir sua eficácia em termos de cumprimento das metas e objetivos estabelecidos e da qualidade de seu desempenho – por exemplo, o quanto ele foi ou não rentável. Henderson e Bialeschki (2002, p. 25), na síntese de seu trabalho sobre avaliação, identificaram cinco propósitos principais, conforme abaixo.

1. *Fazer a prestação de contas*: trata-se de estabelecer em que medida a alocação de recursos, receitas e despesas, marketing, esforços de promoção e patrocínio, atividades e processos "eficaz e eficientemente cumprem os propósitos para os quais [um evento] foi desenvolvido".
2. *Avaliar metas e objetivos*: os eventos podem ser avaliados em termos de cumprimento ou não das metas e objetivos. Isso pode também ajudar a determinar a adequação da formulação destes e se há necessidade de modificá-los em eventos futuros.
3. *Verificar resultados e impactos*: pode-se medir até que ponto festivais, conferências, convenções ou eventos esportivos locais, regionais, nacionais ou internacionais incentivaram o turismo pelo impacto econômico do evento, por meio do exame dos benefícios financeiros diretos e indiretos, verificados pelos gastos de turistas na localidade. O gerente de eventos também pode desejar determinar o impacto que um festival local teve sobre a qualidade de vida de uma comunidade.
4. *Identificar razões de sucesso e fracasso*: avaliar o evento também serve ao propósito de identificar o que funcionou bem e por qual motivo, o que não funcionou, por quê, e como isso pode ser evitado ou melhorado no futuro.
5. *Melhorar e estabelecer um curso de ação futuro*: as avaliações também podem ajudar a identificar maneiras pelas quais alguns aspectos específicos do evento podem ser aprimorados, bem como auxiliar o processo decisório em relação à execução, continuidade, ampliação ou término deste.

Além desses cinco propósitos principais, a avaliação também pode identificar e resolver problemas, encontrar formas de melhorar a gestão, determinar a importância do evento ou de seus programas, medir o grau de sucesso ou fracasso, identificar custos e benefícios e mensurar impactos, satisfazer patrocinadores e autoridades ou ajudar o evento a ganhar aceitação/credibilidade/apoio (Getz, 1997). Em outra síntese, Chelimsky (1997) aponta três funções principais da avaliação. A primeira é de desenvolvimento ou provisão de apoio avaliativo para fortalecer o evento e melhorar seu desempenho. A segunda é de prestação de contas ou medição dos resultados ou da eficácia, o que oferece informações aos que participam do processo decisório. A terceira é de conhecimento ou aquisição de uma profunda compreensão a respeito de fatores e processos que sustentam o evento e que contribuem para seu sucesso ou fracasso. Independente do propósito específico, a avaliação é um componente-chave do modelo de planejamento de eventos.

Diferenças entre avaliação, pesquisa e sondagem

Antes de ir adiante, é importante que o gerente de eventos saiba distinguir alguns conceitos similares, mas com diferentes significados, a fim de poder facilitar o processo de avaliação do evento com eficácia. Os termos sondagem, avaliação e pesquisa são frequentemente usados como sinônimos. Embora os três conceitos sejam similares em relação aos métodos sistemáticos usados para coletar dados, seus objetivos e resultados são diferentes.

A sondagem é orientada para a prática, e pode ser definida como "qualquer esforço para reunir, analisar e interpretar evidências que descrevam a eficácia de uma instituição, departamento, divisão ou programa" (Schuh e Upcraft, 1998, p. 3). A avaliação é definida como a coleta e análise sistemática de dados a fim de opinar sobre a importância ou o valor de um aspecto específico de um evento. Embora tanto sondagens quanto avaliações possam ter métodos minuciosos similares de coleta e/ ou análise de dados, as sondagens têm uma intenção *descritiva*, enquanto a "avaliação é qualquer esforço de usar essas evidências para aumentar a eficácia" (Schuh e Upcraft, 1998, p. 3). A avaliação se situa além da função descritiva, sendo usada para tomar decisões a respeito da importância, valor ou melhoria de algum aspecto do evento.

Pesquisa, por outro lado, é geralmente definida como uma inquisição sistemática elaborada para comprovar fatos e princípios, gerar e testar hipóteses e teorias, contribuir com um corpo de conhecimento ou desenvolver um entendimento mais profundo de um fenômeno em particular, cujos resultados podem ou não ser generalizáveis. Erwin (1993) situa a diferença entre pesquisa e avaliação no fato de que "a pesquisa pode contribuir com novos conhecimentos, mas pode não mostrar se programas precisam ser melhorados ou estão funcionando bem" (Erwin, 1993, p. 231). De modo semelhante, Schuh e Upcraft (1998, p. 3) observam que "[a pesquisa] pode ou não estar relacionada com a determinação da eficácia ou trazer mudança".

Um gerente de eventos deve ser capaz de distinguir entre esses termos para compreender o objetivo da avaliação e como as informações geradas por ela são usadas para tomar decisões sobre a importância do evento. Posteriormente, essas informações podem ser utilizadas na fase de reedição do modelo de planejamento deste.

Questões-chave para avaliação

Além de verificar se o evento foi ou não um sucesso na consecução de suas metas e objetivos, há diversas outras perguntas que as avaliações podem responder. Questões de avaliação normalmente se enquadram em um dos cinco tipos reconhecíveis, de acordo com o tema que abordam (Rossi et al., 1999), conforme abaixo.

1. *Questões sobre as necessidades do evento* (avaliação de necessidades): a avaliação das necessidades é frequentemente utilizada como um primeiro passo para determinar a capacidade inicial de sediar um evento, ao conceber um novo ou reestruturar um já reconhecido.
2. *Questões sobre o conceito ou projeto do evento* (avaliação de programa/ teoria do evento): avaliar o conceito ou o projeto de um evento envolve redigir ou representar graficamente, de modo explícito, a teoria que o orienta e, então, medir o quanto ela é adequada. Isso é essencial ao planejar novos e para testar eventos-piloto em suas versões iniciais.
3. *Questões sobre operação, execução e serviços do evento* (avaliação de processos): a avaliação de processos fornece informações para monitorar estratégias ou procedimentos específicos durante sua execução, de modo que se preserve o que funciona e se elimine o que não.
4. *Questões sobre os resultados e o impacto do evento* (avaliação de impacto): a avaliação de impacto examina tanto os intencionais como os não intencionais do evento.
5. *Questões sobre o custo e o custo-efetividade do evento* (avaliação de eficiência): avaliar a eficiência envolve examinar os benefícios em relação aos custos incorridos para realizar o evento. A análise custo-benefício pode ser usada para avaliar o relacionamento entre os custos e os resultados/ impactos (benefícios) por meio da atribuição de valores financeiros a ambos. A análise custo-efetividade também usa os custos e resultados do evento, mas os examina em termos de custo por unidade de resultado obtido.

Facilitação do processo de avaliação do evento

Para facilitar e gerenciar o processo de avaliação do evento com eficácia, uma série de questões devem ser consideradas pelo gerente antes

Modelo de planejamento de eventos: fase de avaliação e reedição, parte I

de se responsabilizar por uma empreitada dessas. As questões seguintes foram adaptadas de McDavid e Hawthorn (2006), a fim de se adequarem ao contexto de avaliação de eventos.

De que tipo de evento se trata e onde está em relação ao seu ciclo de vida?

É um evento tradicional ou segmentado? Se for tradicional (o Capítulo 1 dá uma visão geral dos tradicionais), que tipo de esporte, promovido por quais motivos (recreativos, competitivos e/ou turísticos) e em que nível (local, regional, estadual, nacional ou internacional)? Ou que tipo de evento segmentado se trata (festival, banquete, conferência, convenção ou outro tipo de apresentação)? Além disso, se segmentado, qual a história dele, como se desenvolveu e em que fase está (crescendo, permanecendo estável ou declinando)? Independente de ser tradicional ou segmentado, o gerente de eventos deve considerar onde o evento se encontra em relação a seu ciclo de vida. Ou seja, ele perdeu seu impacto ou frescor? Parece desinteressante ou perdeu seu apelo?

Quem são os principais *stakeholders* da avaliação?

Stakeholders são todos os indivíduos, grupos ou organizações que têm um interesse significativo na operação bem-sucedida de um evento. Por exemplo, as pessoas com autoridade de decisão sobre vários aspectos do evento, patrocinadores, administradores, funcionários, participantes, clientes, visitantes, tomadores de decisões políticas, membros do corpo diretor, líderes comunitários ou supostos beneficiários – todos têm um interesse legítimo neste. Como a maioria das avaliações são, em geral, orientadas para o usuário, o gerente de eventos deve identificar os *stakeholders* no início do processo e considerar suas necessidades de informação ao elaborar o projeto de avaliação.

Quais são as questões ou temas que norteiam a avaliação? Ou seja, qual é o objetivo ou propósito da avaliação?

Antes de avaliar o evento, McDavid e Hawthorn (2006) recomendam que os gerentes de eventos devam saber: quem pede que a avaliação seja feita e por quê, há interesses ocultos ou razões veladas para querer a avaliação do evento e quais são os principais temas que ela deve abordar (necessidades, projeto do evento, operações e produção do evento, resultados e impactos, custo e eficiência). Embora os diversos *stakeholders* tenham visões e interesses diferentes, é importante que o gerente esteja consciente desses grupos e visões ao elaborar a avaliação do evento, a fim de evitar a contaminação dos dados.

Quais recursos estão disponíveis para avaliar o evento?

Em um evento, a maior parte dos recursos é, em geral, dedicada à execução. É comum haver escassez de recursos disponíveis para avaliá-lo. Assim, ao planejar a avaliação, o gerente de eventos deve considerar quais são os recursos fundamentais – relacionados com dinheiro, tempo, equipe, especialidades necessárias, apoio organizacional ou qualquer outro recurso – para realizá-la com eficácia.

Foi realizada alguma avaliação nos últimos anos?

Cada vez que são concebidos, os projetos de avaliação são diferentes. Para que as particularidades da situação e a especificidade do que está sendo avaliado sejam refletidas, o gerente de eventos pode aproveitar os projetos de avaliação de eventos similares realizados em outros locais ou em anos anteriores. No entanto, em vez de simplesmente aceitar as avaliações executadas anteriormente, ele deve considerar as seguintes questões: quais temas a avaliação abordou? O que foi avaliado, e o quanto há de semelhança com o que está sendo avaliado agora? Quem conduziu a avaliação? Quem eram os *stakeholders*? Qual a credibilidade da avaliação? Quais medidas foram usadas e quais aspectos são aplicáveis na avaliação atual?

Em que tipo de ambiente o evento se insere?

Você vai lembrar que a teoria de complexidade sugere que as organizações se adaptem ao seu ambiente criando estruturas de evento que não são demasiado complexas e são também dependentes dos fatores contextuais do ambiente. Questões relativas ao porte do evento, concorrência com outros eventos, recursos disponíveis ou grau de formalização, complexidade ou centralização da estrutura do evento precisam ser levadas em conta no preparo da avaliação.

Quais estratégias de pesquisa são adequadas?

Embora os detalhes das diferenças entre projetos de pesquisa quantitativa e qualitativa estejam além do escopo deste capítulo, "uma importante consideração para os profissionais é conhecer os pontos fortes e fracos de diferentes projetos, de modo que possam ser escolhidas combinações de abordagens que se complementem" (McDavid e Hawthorn, 2006, p. 30). Dessa forma, as disparidades entre pesquisa quantitativa e qualitativa, diferentes projetos e abordagens serão vistas brevemente no Capítulo 8.

Quais fontes de informações (dados) adequadas estão disponíveis, considerando as questões de avaliação, a estrutura do evento e o ambiente no qual se insere?

Dado o projeto de pesquisa da avaliação, bem como a maneira para avaliar o evento, quais dados devem ser coletados para responder às questões de avaliação? Os gerentes de eventos devem considerar se já há informações disponíveis que podem ser usadas para servir aos propósitos da avaliação bem como se são dados quantitativos ou qualitativos que melhor atendem a suas necessidades.

Qual abordagem de avaliação parece apropriada?

O gerente de evento provavelmente não estará apto a responder a esta questão até que tenha um entendimento dos fundamentos de diversas abordagens de avaliação e de seus pontos fortes e fracos, o que é discutido no Capítulo 8 ou Parte 11.

A avaliação deve ser realizada?

Depois de examinar os temas anteriores, o gerente de eventos ainda deve decidir se a avaliação deve ou não ser realizada. Embora isso seja uma etapa do modelo de planejamento de eventos proposto no Capítulo 3 deste livro, "é possível que, após verificar o mix de temas de avaliação, restrições de recursos, questões políticas e organizacionais, projeto de pesquisa e limitações de medidas, o avaliador [do evento] recomende que não sejam feitas avaliações dessa vez" (McDavid e Hawthorn, 2006, p. 32).

Não há sentido em gastar volumes significativos de dinheiro, tempo e recursos necessários para avaliar o evento se os resultados desta não serão usados.

Etapas gerais na avaliação de eventos

Até agora, este capítulo definiu avaliação, explicou porque ela é necessária e detalhou seu propósito. A avaliação foi diferenciada da pesquisa e da sondagem, sendo identificadas as principais questões que os estudos avaliativos se propõem a tratar. Além disso, foi dada uma visão geral de uma série de perguntas que o gerente de eventos deve formular antes de iniciar tal empreitada.

Se o gerente e de eventos decide continuar com a avaliação, os cinco passos seguintes são comuns à maioria desses projetos.

- Primeiro passo: determine o que está sendo avaliado e especifique as questões de avaliação.
- Segundo passo: identifique fontes de evidências; desenvolva estratégias apropriadas para medição e coleta de dados.
- Terceiro passo: colete e analise os dados.
- Quarto passo: prepare e divulgue o relatório de avaliação.
- Quinto passo: tome decisões a respeito da melhoria do evento e modifique-o conforme a necessidade.

Para completar o quinto passo ou fazer recomendações a respeito da melhoria do evento, modificando-o ou reeditando-o conforme a necessidade, diversas decisões devem ser tomadas. Essas decisões são discutidas a seguir.

Decisões necessárias antes da avaliação

Para que os gerentes de eventos sejam capazes de facilitar, com sucesso, esta fase do planejamento, há uma série de pontos que devem ser definidos no sentido de conduzir a avaliação de acordo com um quadro teórico, tais como se a avaliação é formal ou informal, formativa ou somativa, qualitativa ou quantitativa, qual abordagem usar e como lidar com questões políticas, éticas e morais.

Papel da teoria na avaliação de eventos

A diferença entre pesquisa e avaliação já foi apontada neste capítulo: uma pesquisa é conduzida para desenvolver ou testar teorias, enquanto uma avaliação é feita para tomar decisões a respeito do valor ou da importância de algo. Embora as avaliações não pretendam desenvolver ou testar a teoria, ela pode ser usada para orientar o projeto de avaliação e determinar o que é avaliado. Ao avaliar um evento, é importante enxergá-lo da perspectiva da teoria de sistemas, que sugere, conforme já discutido, que as estruturas de eventos possam ser criadas e geridas (bem como avaliadas) por meio da compreensão das entradas, processamento e saídas necessárias para produzir um evento. Ainda que não seja possível analisar todos os recursos (entradas), atividades (processamento) e resultados (saídas) do evento, é importante entendê-lo como um sistema.

A *teoria de processo* se refere ao uso do plano geral do evento para descrever pressupostos e expectativas sobre como se espera que este opere. Tais pressupostos e expectativas devem ser analisados antes da sua avaliação para determinar se foram ou não supridos e se os seus elementos operaram dentro do esperado.

A *teoria de contingência* também pode ajudar os gerentes de eventos a perceber que a escolha das estruturas organizacionais e dos sistemas de controle depende de (ou é contingente a) características do ambiente externo no qual o evento ocorre (Jones, George e Langton, 2005). Esse é o motivo pelo qual não há dois estudos avaliativos idênticos. Mesmo que o evento não tenha mudado dramaticamente em relação aos anos anteriores, é provável que aspectos do ambiente externo tenham. Por sua vez, isso influencia a operação do evento, o que precisa ser considerado ao avaliá-lo de um ano para outro. Assim, embora projetos de avaliação não sejam concebidos para desenvolver ou testar teorias, as teorias de sistemas, de processos e de contingência podem ajudar os gerentes a desenvolver uma compreensão mais profunda, auxiliando a definir quais aspectos do evento devem ser avaliados.

Avaliações informais *versus* formais

Os gerentes devem avaliar continuamente os aspectos do evento de maneira informal, o que pode acontecer por meio da observação de pessoas ou de processos e nas conversas com clientes, participantes, equipes ou voluntários. Essa avaliação informal também pode ser realizada por comparações com experiências anteriores, senso comum ou intuição. Independente de como ocorra e embora sirva a seus propósitos, a avaliação informal não resulta em informações sistemáticas, confiáveis e verossímeis que possam ser aplicadas para melhorar o evento. Por outro lado, a avaliação formal baseia-se na coleta de dados por meio de enquetes ou questionários estruturados, que permitem que gerentes de eventos tomem decisões conscientes, fundamentadas em dados, confiáveis e que possam atuar como ponto de partida para melhorias. Embora a avaliação informal faça parte, provavelmente, da avaliação de qualquer evento – ou deveria fazer, pois o gerente precisa compreender o ritmo de seu evento –, a formal também é necessária para que a importância e o valor de determinado aspecto seja julgado.

Avaliações formativas *versus* somativas

Um dos pioneiros do estudo de avaliações as diferencia entre formativas e somativas, de acordo com *o momento em que ocorrem* (Scriven, 1972). Avaliações formativas são realizadas paralelamente ao evento e são usadas para saber o que está acontecendo durante sua execução; já as somativas são realizadas ao final do evento e, geralmente, analisam seu impacto ou eficácia – assim, com frequência são usadas com o propósito de prestação de contas, no sentido de indicar se as metas e objetivos do evento foram alcançados. O aspecto positivo das avaliações formativas é que podem ser realizadas em qualquer etapa, sendo conhecidos os resultados enquanto o evento ainda está em execução, de forma que possam ser feitas alterações durante ele. As avaliações somativas em geral oferecem ao avaliador informações relacionadas ao mérito ou importância e resultam em decisões para melhorar o evento. Nas outras vezes em que forem efetuadas, as avaliações somativas podem analisar mudanças imediatamente após o evento (como o impacto econômico de um torneio esportivo regional na comunidade local), de seis meses a um ano após o evento (por exemplo, o incremento do turismo em cidades que receberam as Olimpíadas) ou de cinco a dez anos após o evento (como o aumento dos direitos humanos na China após a realização dos Jogos Olímpicos de Pequim, em 2008).

Além das diferenças no momento de realização, McDavid e Hawthorn (2006) diferenciam as avaliações formativas e somativas a partir das *intenções de uso*. Nesse aspecto, as avaliações formativas pretendem oferecer conselhos e informações relacionados com os processos, com a intenção de aprimorá-los e torná-los mais eficientes durante o evento, enquanto as avaliações somativas enfocam os resultados finais relativos ao alcance das metas e objetivos. Tanto uma quanto a outra são importantes: o gerente precisa tomar decisões avaliativas durante as etapas de desenvolvimento e execução do evento, e, quando este é concluído, precisa julgar seu mérito ou importância e tomar decisões relacionadas com sua reedição.

O que avaliar?

Antes de decidir conduzir uma avaliação formativa ou somativa, o gerente de eventos precisa determinar o que exatamente está sendo avaliado. Henderson e Bialeschki (2002) indicam os *"cinco Ps da avaliação"*, relativos aos aspectos de um evento que podem ser avaliados: *pessoal, políticas, praças, programas* e *produtos dos participantes*. Sugerem ainda que os programas podem ser avaliados considerando as entradas, atividades e saídas do evento, sendo que as entradas são os recursos utilizados para executar um evento, as atividades são os processos organizacionais e as saídas tratam de itens como o impacto econômico de um evento.

McDavid e Hawthorn (2006) observam que a avaliação da eficácia de programas é o motivo mais comum para conduzí-las. Também sugerem diversos outros aspectos de eventos que podem ser avaliados, como eficiência (incluindo a análise custo-benefício), custo-efetividade ou como se deu a execução. Gerentes de eventos devem ter ciência de que praticamente qualquer aspecto de um evento pode ser avaliado, como o desenvolvimento e execução do plano de evento, aparelhamento das instalações, vendas de ingressos e credenciamento, segurança, comunicações, informação e sinalização, transporte, estacionamento e assim por diante. Antes de tomar qualquer decisão a respeito das abordagens de avaliação ou estratégias de coleta de dados, o gerente de eventos deve estabelecer de maneira clara quais aspectos estão sendo avaliados, por quê e quais critérios estão sendo utilizados.

Avaliações quantitativas *versus* qualitativas

Inúmeros livros já foram dedicados tanto aos métodos de pesquisa quantitativos como qualitativos. Também tem havido, ao longo dos anos, consideráveis discussões a respeito da adequação deles. Revisar essas discussões e descrever em detalhes os cânones de ambas as abordagens está além do foco deste capítulo. Os gerentes de eventos devem consultar a grande variedade de livros, acadêmicos e/ou profissionais, disponíveis sobre o tema. No entanto, este texto apresenta um pequeno e breve esquema de referência.

Embora existam várias diferenças entre os métodos de pesquisa quantitativos e qualitativos, ambos têm um lugar no âmbito da avaliação. Antes de tomar decisões com relação aos projetos de pesquisa e abordagens de avaliação, o gerente de eventos precisa ter uma compreensão básica das diferenças e similaridades entre os modelos quantitativos e qualitativos. Um modelo quantitativo é uma "investigação de um problema social ou humano, baseado no teste de uma teoria composta por variáveis, medida por números e analisada por procedimentos estatísticos, a fim de determinar se as generalizações preditivas da teoria se provam verdadeiras" (Creswell, 1994, p. 3). Já o qualitativo, por outro lado, é definido como um "processo de investigação para compreender um problema social ou humano, baseado na construção de uma imagem complexa e holística, formada por palavras, relatando visões detalhadas dos informantes e conduzido no ambiente natural" (Creswell, 1994, p. 2-3). A partir dessas definições, o gerente de eventos deve perceber que as abordagens quantitativas normalmente enfatizam procedimentos de medição que geram dados no formato de números, enquanto os dados qualitativos são geralmente expressos em palavras e fornecem um meio de desenvolver um entendimento mais profundo de um fenômeno em particular, em determinado contexto. Os gerentes de eventos devem decidir qual modelo e tipo de dados devem ser coletados e se uma mistura dos dois é necessária para produzir uma análise mais completa. Desse modo, devem ser "pensadores criativos e solucionadores de problemas, lembrando que há mais do que uma única resposta correta" (Riddick e Russell, 1999, p. 90). Por fim, a escolha do modelo e do tipo de dados deve depender do objetivo da avaliação, bem como do que está sendo avaliado.

Abordagens para avaliação de eventos

Abordagem orientada por objetivos: embora dois tipos principais de avaliação, o formativo e o somativo, tenham sido citados para diferenciar o momento da aplicação e as intenções da avaliação, diversos outros modelos foram desenvolvidos ao longo dos anos. Dentre os primeiros a serem elabo-

Modelo de planejamento de eventos: fase de avaliação e reedição, parte I

rados, está o de Tyler (Isaac e Michael, 1981), da década de 1930, orientado por objetivos. A finalidade desse tipo de abordagem, chamada também de obtenção de resultados (Henderson e Bialeschki, 2002) ou de avaliação por objetivos (Worthen et al., 1997) é determinar se o evento está ou não atingindo seus propósitos, de modo que são utilizados os próprios objetivos e metas como critérios pelos quais ele é avaliado. Metas são uma declaração ampla sobre o que deve ser alcançado (Rossman e Schlatter, 2003), enquanto objetivos são declarações específicas que descrevem como estas serão cumpridas.

Avaliações orientadas por objetivos podem ser usadas com quaisquer objetivos de resultados ou da organização. São considerados objetivos de resultados os impactos ou efeitos do evento no comportamento individual em um de quatro domínios: cognitivo (reflexão, conhecimento), afetivo (sentimentos, atitudes), psicomotor (movimento, atuação) ou social (relação entre pessoas). Os objetivos da organização são processos internos do evento, relacionados tanto com a operação do evento como com a quantidade de esforços despendida para produzi-lo. Para que essa abordagem seja eficaz, as metas e objetivos do evento precisam ser bem escritos – Rossman e Schlatter (2003) recomendam que sejam específicos, claros e concretos para compreensão, mensuráveis para averiguações, pragmáticos (atingíveis e realísticos) e úteis para o processo decisório. Além de ser uma das formas mais comuns utilizada, a vantagem do método orientado por objetivos para avaliar um evento é a forma direta com a qual determina a prestação de contas; a desvantagem é a necessidade do evento ter metas e objetivos bem escritos.

Abordagem não orientada por objetivos: em resposta às críticas à abordagem orientada por objetivos, especialmente por não considerar resultados desintencionais, Scriven (1972) desenvolveu um método que não é voltado para os fins, mas que busca descobrir e avaliar efeitos, resultados e impactos do evento sem considerar o que seria previsto. Ao facilitar o uso dessa abordagem, o gerente de eventos não deve ter nenhuma ideia predeterminada do que pode ser encontrado, pois o propósito geral desse método é revelar o que está acontecendo com o evento. De acordo com Henderson e Bialeschki (2002, p. 72), com essa abordagem o avaliador irá "conversar com as pessoas, identificar elementos do projeto, ter uma visão geral do programa, descobrir preocupações e interesses, conceituar temas e problemas, identificar dados qualitativos e/ou quantitativos que precisam ser coletados, selecionar métodos e técnicas para usar – incluindo a possibilidade de estudo de

137

caso –, coletar dados, cruzar informações com temas relacionados ao público e preparar a entrega do relatório". A vantagem dessa maneira é que examina os efeitos reais do evento, independente de terem sido intencionais ou não, e permite uma análise aprofundada, geralmente por meio da coleta de dados qualitativos. A desvantagem é que pode demandar muito tempo e alguns efeitos podem ser difíceis de mensurar.

Abordagem responsiva: para fazer frente às críticas de que as avaliações não estavam adaptadas às necessidades dos *stakeholders*, Stake (1975) elaborou o modelo responsivo de avaliação, que enfatiza a importância de ser "sensível às realidades do programa e às reações, preocupações e questões dos participantes, em vez de ficar alinhado a planos de avaliação, confiando em planos formais e preconcebidos e nos objetivos do programa" (Worthen et al., 1997, p. 159). Stake (1975, p. 14) indica que uma avaliação é responsiva ao se "orientar mais diretamente pelas atividades do programa do que pelos seus propósitos; responder às necessidades de informação do público; apresentar diferentes perspectivas de valores relacionados com relatórios sobre o sucesso ou fracasso do programa". A finalidade, estrutura e foco de uma avaliação responsiva "surgem das interações com representantes, e essas interações e observações resultam no enfoque progressivo dos temas" (Worthen et al., 1997, p. 160). Ao utilizar este método, o gerente de eventos precisa interagir continuamente com indivíduos de vários grupos de *stakeholders*, determinando as informações necessárias e apresentando-as de modo compreensível.

Avaliação empoderante em que Fetterman et al. (1996) desenvolveram o modelo de avaliação empoderante, que utiliza conceitos, técnicas e resultados de avaliações para promover a melhoria e autodeterminação. Para isso, seu enfoque são os programas: a avaliação é concebida para ajudar participantes a se autoavaliarem e avaliarem seus programas, a fim de melhorar a prática e aumentar a autodeterminação. A relação entre avaliador e *stakeholder* é mais participativa e colaborativa que na abordagem responsiva de Stake e, como resultado, os avaliadores que utilizam esse processo trabalham para construir a capacidade dos *stakeholders* participantes de conduzir avaliações sozinhos. Esse método permite que os gerentes usem os resultados das avaliações para apoio e mudanças, vivendo a experiência de ter algum controle sobre o que está sendo avaliado. O processo de avaliação empoderante "não só é voltado à produção de informações e resultados úteis, mas também à promoção do autodesenvolvimento e às influências políticas dos participantes" (Rossi et al., 1999, p. 58).

Modelo contexto, insumos, processo e produto (CIPP), uma abordagem de sistemas para avaliação: o modelo CIPP (Stufflebeam, 1971) se destina a fornecer a base para a tomada de decisões a partir da análise sistêmica das alterações planejadas. O modelo define avaliação como sendo o processo de definir, obter e fornecer informações úteis para considerar decisões alternativas. Na prática, essa definição engloba três pontos básicos. Primeiro, a avaliação é um processo contínuo e sistemático. Segundo, esse processo envolve três etapas cruciais: formulação de perguntas que requerem respostas e especificação da informação a ser alcançada; obtenção de dados relevante; e, por fim, divulgação dos resultados para os potenciais responsáveis pela tomada de decisão tão logo seja possível. O gerente de eventos pode, assim, considerar e interpretar os resultados em relação a seu impacto em decisões alternativas que podem modificar ou melhorar o evento. Terceiro, a avaliação apoia o processo decisório ao permitir a escolha de uma possibilidade e o acompanhamento das consequências da decisão.

O modelo CIPP de avaliação preocupa-se com quatro tipos de decisões: decisões de planejamento, que influenciam o estabelecimento de metas e objetivos; decisões estruturais, que especificam as melhores estratégias e procedimentos para atingir os alvos traçados nas decisões de planejamento; decisões de execução, que tratam dos meios para conduzir e aprimorar a execução dos planos, métodos ou estratégias já selecionados; e decisões de reciclagem, que determinam se uma atividade ou mesmo o evento em si deve continuar, mudar ou acabar. Ademais, existem quatro tipos respectivos de avaliação: contexto, insumos, processo e produto, daí a abreviação CIPP.

Avaliações de contexto geram informações sobre a medida das discrepâncias entre o que existe e o que é desejável, com relação a determinadas expectativas de qualidade, áreas de preocupação, dificuldades e oportunidades, a fim de que metas e objetivos possam ser formulados. *Avaliações de insumos* oferecem informações sobre pontos fortes e fracos das estratégias e estruturas alternativas para a realização dos objetivos especificados. *Avaliações de processo* fornecem dados para monitorar um procedimento ou estratégia particular durante sua implantação, de modo a preservar seus pontos fortes e eliminar os fracos. *Avaliações de produção* apresentam informações para determinar se as estratégias, procedimentos ou métodos em execução para alcançar os objetivos devem ser encerrados, modificados ou mantidos.

Gerentes de eventos podem usar o modelo CIPP de avaliação como referência para garantir uma avaliação completa e abrangente de qualquer evento ou aspecto dele. Ao usar o modelo como diretriz, os gerentes podem avaliar não somente os resultados do evento, mas o processo inteiro de planejamento, o evento em si e os resultados desejáveis ou não. O modelo CIPP foi concebido para avaliar a escolha de metas e objetivos, estratégias ou programas ideais para atingi-los, métodos para melhorar a execução de estruturas, técnicas ou estratégias já selecionadas e para definir se o evento ou seus aspectos devem ser mantidos, modificados ou encerrados.

Abordagem de parecer profissional: caso o gerente de eventos sinta que não tem a perícia necessária para facilitar a avaliação do evento, se for exigido um alto grau de objetividade ou se esta requer especialidades além das do gerente, uma opção, e outra abordagem, seria a contratação de um consultor profissional externo. Essa situação pode acontecer se o gerente de eventos está interessado em realizar algum tipo de avaliação econômica do evento. Contratar um consultor profissional exige menos tempo do gerente de eventos para a avaliação e frequentemente é mais fácil para a organização. Além disso, o gerente obtém os resultados de um especialista externo e neutro, o que agrega objetividade ao processo de avaliação e pode ser importante em situações nas quais existam assuntos políticos rodeando o evento. Por outro lado, contratá-lo pode ser dispendioso, além de ser necessária certa familiaridade do consultor com o evento, o que reduz o grupo de especialistas que podem ser escolhidos pelo gerente.

A decisão sobre qual abordagem de avaliação usar deve considerar o propósito desta, assim como o que está sendo avaliado. Se existem especialistas e padrões, o *parecer profissional* pode ser a melhor abordagem; se existem metas e objetivos mensuráveis para um programa, a avaliação que os utiliza como base (a*bordagem orientada por objetivos*) será a melhor; se há o interesse de descobrir o que está acontecendo sem comparar os resultados com as metas estabelecidas, então a *abordagem não orientada por objetivos* pode ser a mais indicada; se o gerente de eventos está interessado em avaliar um componente do evento relacionado com as entradas, processamento e saídas, então a abordagem de sistemas, como o modelo CIPP, permitirá que sejam escolhidos elementos para análise em relação ao amplo propósito do evento. Independente da abordagem adotada, gerentes de eventos devem garantir que a avaliação seja responsiva aos *stakeholders*. Os relatórios de avaliação são utilizados para tomar decisões que melhorem o evento ou que indiquem a continuidade, modificação ou término deste ou de algum aspecto seu – nesse processo, auxiliam clientes ou participantes a avaliar a si mesmos e ao evento.

Decisões políticas, éticas e morais na avaliação de eventos

Diversas questões surgem durante a condução de uma avaliação, de forma que o gerente deve ficar atento aos temas políticos, legais, éticos e/ou morais com os quais pode ser confrontado ao facilitar o processo de avaliação do evento. Em função do envolvimento de vários *stakeholders*, cada um com diferentes opiniões e/ou interesses, a avaliação é, por natureza, política. Henderson e Bialeschki (2002) fazem diversas sugestões que, se seguidas pelo gerente de eventos, deixam o processo de avaliação menos político. A primeira é ter uma compreensão completa da organização ou do evento, incluindo sua história, desenvolvimento, evolução, quem são os principais *stakeholders*, quem são os responsáveis pelas decisões e quais as diversas facetas da operação deste. A segunda sugestão é que o gerente de eventos deve articular um propósito claro com todos os *stakeholders*, sendo que esse propósito deve orientar a avaliação e estar à frente do processo. Por último, qualquer conclusão ou recomendação que o gerente fizer como resultado da avaliação deve estar fundamentada em evidências, ou seja, em dados coletados durante o processo de avaliação. Posteriormente, os pareceres a respeito do valor ou importância do evento devem ser ligados ao propósito da avaliação, sendo legitimados pelos dados. Além dessas sugestões, Worthen et al. (1997) recomendam saber as respostas para as seguintes perguntas para que se tenha um reconhecimento integral de qualquer tema político acerca do evento.

- Quais indivíduos ou grupos têm poder, e quem teria mais a ganhar/perder dependendo dos resultados da avaliação? Esses atores endossaram a avaliação e concordaram em cooperar?
- Como se espera que o avaliador se relacione com diferentes *stakeholders*, enquanto uma pessoa externa imparcial? Advogado? Consultor ou subcontratado? Assistente?
- De quais *stakeholders* é essencial a cooperação? Eles concordaram em cooperar e em garantir o acesso irrestrito aos dados?
- Quais *stakeholders* têm um interesse pessoal nos resultados da avaliação?
- Quem precisa ser informado durante a avaliação a respeito de planos, procedimentos, evolução, modificações e descobertas?

Temas éticos normalmente giram em torno do que é certo ou errado e de como os indivíduos responsáveis por facilitar a avaliação do evento devem tomar decisões pensadas e fundamentadas em princípios. O Painel Interagências de Pesquisas Éticas (Interagency Advisory Panel on Research Ethics, PRE) ou a Associação Norte-Americana de Psicologia (American Psychological Association, APA) estabeleceram princípios éticos que gerentes devem usar para orientar avaliações de eventos. Vários dos princípios que mais se aplicam relacionam-se ao respeito pela dignidade humana, pelo consentimento livre e consciente, por pessoas vulneráveis, pela privacidade e confidencialidade e envolvem a capacidade de equilibrar danos e benefícios. O *respeito pela dignidade humana* aspira proteger os interesses dos indivíduos e forma a base para as obrigações éticas subsequentes. O *respeito pelo consentimento livre e consciente* requer que os avaliadores reconheçam que os indivíduos têm o direito de escolher participar ou não da avaliação e de tomar decisões independentes e informadas. O *respeito por pessoas vulneráveis* exige que os gerentes de eventos tomem precauções extras para proteger o interesse dos indivíduos com aptidões e/ou capacidades de decisão reduzidas, o que os tornam vulneráveis. O *respeito pela privacidade e confidencialidade* implica que a informação coletada durante o processo de avaliação é sigilosa. Além disso, a informação revelada pelos participantes neste processo não deve ter traços distintivos ou reconhecíveis, de modo que se mantenha o anonimato das pessoas. O *equilíbrio entre danos e benefícios* requer que os gerentes de eventos evitem, previnam ou minimizem danos aos indivíduos ao mesmo tempo em que maximizam os benefícios da avaliação. Em geral, os danos previsíveis não devem ultrapassar os benefícios esperados do projeto de avaliação: do contrário, ela não deve ser realizada.

Além de temas políticos e éticos, gerentes também podem se deparar com uma série de questões morais ao facilitar a avaliação de um evento. Por exemplo, Henderson e Bialeschki (2002) apontam uma obrigação moral de conduzir a melhor avaliação possível, o que se obtém pelo rigor com as estratégias de abordagem, amostragem e coleta de dados da avaliação, ademais da divulgação oportuna de resultados para que possam ser usados na melhoria do evento. Adicionalmente, a honestidade em relação ao que funcionou bem e o que não funcionou durante o processo de avaliação é essencial. Os avaliadores não devem descartar nenhum resultado que pareça insignificante nem deixar de divulgar resultados negativos que apareçam no processo de avaliação.

Resumo

Este capítulo dedicou-se a fornecer um conhecimento de fundamentos para que o gerente de eventos conduza com sucesso a fase de avaliação do planejamento. Para isso, a avaliação foi definida como a coleta e análise sistemática de dados com o objetivo de julgar o valor ou importância de um aspecto em particular de um evento. Foram feitas distinções entre os termos avaliação, pesquisa e sondagem. O capítulo também explicou porque a avaliação é necessária, identificando algumas questões principais. Cinco etapas gerais dessa análise foram detalhadas. Por último, o capítulo mostrou uma série de decisões que o gerente de eventos precisa tomar para facilitar, com sucesso, o processo de conduzir avaliações de eventos. Agora, o Capítulo 8 faz uma apresentação sobre o desenvolvimento de instrumentos de avaliação e sobre o uso do conhecimento advindo das avaliações para a fase de reedição do evento.

Questões

1. Por que a avaliação é necessária na gestão de eventos?
2. Quais questões o gerente de eventos deve considerar antes de avaliar um evento?
3. Quais são as cinco questões-chave da avaliação de acordo com Rossi et al. (1999)?
4. Quais são os cinco passos comuns à maioria dos projetos de avaliação?
5. Liste e descreva seis abordagens para avaliar um evento.

8

Modelo de planejamento de eventos: fase de avaliação e reedição, parte II

Scott Forrester, Brock University

O conhecimento básico em avaliação e reedição de eventos foi visto no Capítulo 7 para fornecer as informações prévias necessárias para diversas decisões que um gerente inevitavelmente enfrenta. Agora é hora de caminhar além do conhecimento superficial e obter o avançado, relacionado com alguns instrumentos específicos de avaliação em reedições de eventos. Embora a análise de todos os instrumentos de avaliação disponíveis para gerentes de eventos esteja além do escopo deste capítulo, são abordados os mais comuns, incluindo questionários, análise importância/desempenho, serviço/qualidade e avaliação do mérito de voluntários. Há também vários métodos disponíveis para avaliar aspectos financeiros do evento, como custo-efetividade e custo-eficiência, e para medir seu impacto econômico. Contudo, este texto não trata dessas estratégias, pois existem diversos livros que abordam esses mecanismos detalhadamente.

Desenvolvimento dos questionários

Os questionários podem ser usados por gerentes de eventos como simples formulários de opiniões voltados para os principais *stakeholders* e parceiros do evento ou para levantar informações detalhadas com visitantes, participantes ou espectadores (Allen et al., 2002). O escopo desses questionários depende imensamente do objetivo da avaliação, do nível de detalhamento desejável em termos de opiniões emitidas, bem como do critério usado para avaliar o evento. Eles podem ser usados para obter dados quantitativos ou qualitativos confiáveis sobre o perfil e reações do público e/ou padrões de visitação e gastos (Allen et al., 2002). Independente do que está sendo perguntado, os gerentes usam, em geral, as seguintes etapas para desenvolver questionários de avaliação do evento.

Etapa 1: Definição do objetivo da avaliação.

Etapa 2: Estabelecimento do critério a ser usado para avaliar o evento.

Etapa 3: Desenvolvimento das perguntas, estrutura e formato do questionário.

Etapa 4: Definição da amostragem e estratégias de aplicação.

Informações relacionadas às etapas 1 e 2 foram vistas no Capítulo 6, portanto o foco são as etapas 3 e 4.

Desenvolvimento das perguntas, estrutura e formato do questionário

Henderson e Bialeschki (2002) indicam que os questionários podem ser usados para formular diversas perguntas ligadas à experiência e comportamento, por exemplo, o que uma pessoa faz ou fez. Quais opiniões, valores ou atitudes, tais como processos cognitivos interpretativos, a pessoa tem? É possível questionar como ela se sente e incluir perguntas sobre reações emocionais a eventos passados ou presentes. Perguntas que evocam respostas factuais oferecem informações de conhecimento. Dados demográficos, como características pessoais, também podem ser obtidos. Independente do que é indagado, Salant e Dillman (1994) sugerem que os seguintes erros sejam evitados ao elaborar o questionário.

- *Não use perguntas compostas.* As perguntas não devem agrupar itens se você quer respostas sobre cada um deles separadamente. Por exemplo, ao interrogar aos patrocinadores se acharam a equipe de eventos cortês, amigável e compreensiva, você não saberá a qual dos três (cortês, amigável ou compreensiva) a resposta estará se referindo. Se você deseja usar esses três aspectos como um único indicador geral da qualidade do serviço, então tudo bem; mas se estiver interessado neles de forma independente, então precisa separá-los e fazer três questões diferentes.
- *Evite palavras tendenciosas.* Os respondentes tendem a reagir mais a uma determinada palavra ou frase que desperta fortes sentimentos ou sensações do que à pergunta. Evite palavras ou frases que estimulem fortes sentimentos positivos ou negativos.
- *Evite categorias de respostas tendenciosas.* As categorias de respostas devem ser equilibradas. Por exemplo, se existem duas opções para concordar, como concordo e concordo inteiramente, então o questionário também deve ter duas opções para discordar, como discordo e discordo inteiramente.
- *Evite deixar o questionário todo tendencioso.* O questionário como um todo não deve ter vieses. Todas as questões devem estar abertas à opinião do respondente, sem influenciá-lo em nenhuma direção.
- *Evite questões tendenciosas.* Devem ser evitadas questões que têm respostas politicamente corretas, que deixam o ponto de vista dos pesquisadores óbvio ou que levem a uma opinião ou comportamento esperado.
- *Evite palavras e frases vagas.* Certifique-se da clareza do vocabulário empregado. Por exemplo, se um questionário contém opções de respostas que envolvam palavras como "às vezes" ou "raramente", entrevistados podem não conseguir diferenciá-las. Em vez disso, seja mais preciso quantificando-a, por exemplo, "nunca", "menos de cinco vezes", "de 6 a 10 vezes", e assim por diante.
- *Evite fazer perguntas complexas.* Decomponha uma pergunta complexa em diversas, para ajudar os respondentes a compreenderem.
- *Evite perguntas ofensivas ou ameaçadoras.* Por exemplo, questões como "qual a sua renda?" podem ser vistas como muito diretas ou pessoais por alguns participantes. Se, no entanto, são apresentados grupos de renda, é mais provável que eles respondam.
- *Evite perguntas inapropriadas.* Certifique-se de que todas as perguntas do questionário estão relacionadas com o objetivo da avaliação e são apropriadas.

Além de evitar esses erros comuns ao elaborar o questionário, os gerentes de eventos também devem conhecer as três opções básicas de respostas ou estruturas de pergunta que podem ser utilizadas: questões abertas, fechadas (com respostas fixas e com respostas variáveis) e mistas de abertas e fechadas.

Questões abertas são usadas quando é necessária informação variada. O participante fornece uma resposta que produz dados qualitativos. Por exemplo, "Por favor, indique o que você mais gostou e o que menos gostou no evento". Em vez de fornecer respostas que os participantes poderiam escolher ou circular, eles escrevem suas próprias opções. As respostas das questões abertas oferecem aos avaliadores maior detalhamento, mas, em geral, demandam mais tempo para codificar, tabular e analisar.

Questões fechadas recebem respostas específicas relacionadas às opções propostas. Por exemplo, "No geral, o quanto você ficou satisfeito com o evento? Por favor, circule uma opção: muito satisfeito, satisfeito, neutro, insatisfeito, muito insatisfeito". As vantagens das questões fechadas são que podem ser facilmente codificadas e computadas, além de fáceis de administrar e analisar. As desvantagens são que, algumas vezes, é difícil fornecer todas as possibilidades de respostas e os participantes não têm a oportunidade de explicar suas escolhas. Há dois tipos de questões fechadas: as de respostas fixas e as de respostas variáveis.

Questões fechadas de respostas fixas fornecem respostas que não têm nenhum valor associado a elas. Por exemplo, "Em quais eventos das Olimpíadas de Inverno de 2006, em Turim, na Itália, você compareceu? Circule todos que se aplicam: patinação no gelo, descida livre de esqui, *bobsled*[1], hóquei no gelo".

Questões fechadas de respostas variáveis distribuem as respostas usando escalas Likert, diferenciais semânticos, classificações e/ ou autoavaliações. No mesmo exemplo anterior, poder-se-ia pedir aos participantes que classificassem cinco eventos na ordem dos que mais gostaram – o que menos gostam receberia o valor 1 e a preferida, valor 5.

Classificações envolvem questões que são desenhadas para estimar o significado relativo das coisas e, em geral, solicita aos participantes que coloquem em ordem alguns aspectos de um evento. Por exemplo, "Classifique os

---

1 Esporte de equipe que consiste em uma corrida de trenó realizada em pista de gelo fechada. (N.T.)

Modelo de planejamento de eventos: fase de avaliação e reedição, parte II

seguintes esportes olímpicos em ordem de preferência para assisti-los – a atividade preferida deve receber 1 e a que menos gosta recebe 5: vela, esqui aquático, remo, canoagem e caiaque".

Escalas Likert, em geral, propõem de quatro a sete opções de respostas, que vão da mais positiva à mais negativa. A pergunta anterior relacionada com a satisfação geral do respondente com o evento (em questões fechadas) é um exemplo de escala Likert, variando de muito satisfeito a muito insatisfeito. Alguns desenvolvedores de questionários gostam de incluir uma categoria "neutra" ou de "não sei opinar", enquanto outros preferem não ter essa categoria para forçar os entrevistados a escolher um lado ou outro da escala.

Diferenciais semânticos envolvem questões que usam respostas contrárias em dois polos da escala, e solicitam aos respondentes que circulem um número que corresponda à sua escolha. Por exemplo: "Por favor, indique como a equipe do evento correspondeu às suas necessidades durante o evento. Circule na escala onde achar apropriado. Correspondeu 6 5 4 3 2 1 Não correspondeu".

Questões de autoavaliação solicitam que os respondentes indiquem onde se encaixam em uma escala. Por exemplo: "Considerando uma escala de 1 a 10, sendo 1 baixo e 10 alto, por favor, avalie seu entendimento sobre avaliação de eventos após ler este capítulo".

Questões mistas oferecem algumas possibilidades de respostas, mas também dão espaço para comentários, geralmente por causa de sua última opção de resposta: "outro". O objetivo é estabelecer o máximo possível de alternativas para minimizar a resposta "outro". Por exemplo: "Como você ficou sabendo do evento? Catálogo, televisão, rádio, jornal, outro _____ (por favor, escreva sua resposta no espaço fornecido)". Outra forma poderia ser: "Este festival é importante para desenvolver o senso de orgulho comunitário entre os moradores da cidade canadense de sua escolha? Sim; não; se não, por quê? _____ (Por favor, escreva sua resposta no espaço fornecido)".

Uma variedade de diferentes tipos de perguntas está disponível aos gerentes para avaliar um evento. Eles devem considerar suas próprias necessidades de informação, bem como as necessidades dos *stakeholders*, ao estabelecer qual o melhor formato. Depois que a estrutura e o formato das perguntas são decididos, os gerentes precisam escolher como o questionário será administrado, o que exige decisões relacionadas com tamanho da amostra e estratégias de amostragem.

Definição das abordagens de pesquisa

O tamanho da amostra e as estratégias de amostragem dependem dos propósitos do projeto de avaliação, formato e técnicas de coleta de dados, orçamento, prazo e tamanho da população. Em geral, quanto mais esta é homogênea, menor o tamanho da amostra necessária; quanto mais próxima do tamanho da população é a amostra, menos erros de amostragem existirão. *Erro amostral* refere-se às diferenças entre as características de uma amostra e as da população. Quanto menor o erro, mais confiáveis são os dados. *Erro não amostral* são vieses que existem causados por quem responde e como responde ao questionário. As fontes de viés podem referir-se a questões confusas, falta de conhecimento do respondente, encobrimento da verdade ou perguntas do questionário mal construídas, que não conseguem evitar os erros comuns indicados no início deste capítulo.

Tamanho da amostra

Como não é viável entrevistar todos os que comparecem a um evento (por causa de restrições de tempo, de pessoal ou financeiras), os gerentes precisam decidir qual é o tamanho de amostra apropriado. O tamanho escolhido deve considerar o objetivo do projeto de avaliação, o formato e as técnicas de coleta de dados, o orçamento, o prazo e o tamanho da população. Para determinar o tamanho da amostra, os gerentes também devem estar atentos aos seguintes itens: o grau de erro amostral desejado, também chamado de intervalo de confiança, e o grau de confiança.

O *intervalo de confiança* ou erro amostral é o número, positivo ou negativo, frequentemente associado à precisão de resultados de enquetes políticas ou de estudos divulgados pelos noticiários. Por exemplo, se é usado um intervalo de confiança de 5%, e 50% da amostra responde a uma questão de determinada maneira, sabe-se, então, que se a mesma questão fosse feita à população, entre 45% (50 menos 5) e 55% (50 mais 5) a responderia de maneira geral. Portanto, o intervalo de confiança representa a fatia da população que, de fato, ofereceria o resultado igual ao da amostra. O *grau de confiança* informa o quanto de certeza se pode ter e é expresso em porcentagem, representando com que frequência a porcentagem real da população estaria dentro do intervalo de confiança ao responder as mesmas questões. O grau de confiança de 95% é o mais comum em ciências sociais e é apropriado para avaliar eventos – indica que você pode estar 95% certo de que os resultados são acurados. Usando o mesmo exemplo, ao colocar os dois números juntos você pode dizer que tem 95% de certeza (ou de confiança) de que a verdadeira porcentagem da população é entre 45 e 55%. A partir de diversos tamanhos de população e do grau de confiança de 95%, os tamanhos de amostras correspondentes para intervalos de confiança de 1, 5 e 10% obtidos pela Calculadora de Tamanho de Amostra (The Survey System, s/d – http://www.surveysystem.com/sscalc.htm) são apresentados no Quadro 8.1.

Quadro 8.1 Tamanhos de amostra para diferentes tamanhos de população, considerando grau de confiança de 95%

Tamanho da população	Intervalo de confiança		
	1%	5%	10%
100	99	80	49
500	475	217	81
1.000	906	278	88
5.000	3.288	357	94
10.000	4.899	370	95
50.000	8.057	381	96
100.000	8.763	383	96
1.000.000	9.513	384	96
10.000.000	9.595	384	96

O exemplo seguinte ilustra como os gerentes de eventos podem aplicar as informações do Quadro 8.1. Suponha que você ficou encarregado de avaliar a satisfação dos visitantes de uma competição de remo em sua comunidade que atraiu cerca de 10.000 pessoas. A partir do tamanho da população de 10.000, veja no Quadro 8.1 que seriam necessários 4.899 participantes na amostra para ter 99% de certeza de que as respostas verdadeiras da população estariam dentro de ±1% das respostas obtidas. Para 95% de confiança de que as respostas incluem uma margem de ±5%, seriam necessários somente 370 participantes. Observa-se, portanto, que há uma grande diferença no tamanho da amostra dependendo do intervalo de confiança desejado (ou do erro amostral que se está disposto a tolerar). Gerentes de eventos precisam pesar os prós de usar pequeno intervalo de confiança e erro amostral com os inconvenientes relacionados ao grande tamanho da amostra, que exige tempo e dinheiro.

Outro ponto que os gerentes devem observar ao usar esta tabela é que a relação do tamanho adequado da amostra com o da população não é uma proporção ou porcentagem específica. Há uma relação inversa entre o tamanho da amostra e o intervalo de confiança, ou seja, quanto maior a amostra em relação à população, menor o erro amostral, para intervalos de confiança de 5% ou mais; o tamanho de amostra necessário não aumenta significativamente para populações de 5.000 ou maiores. Como regra geral, gerentes de eventos devem maximizar a amostra para diminuir o erro amostral.

Tipos de amostra

Os gerentes de eventos normalmente podem escolher entre duas alternativas a respeito da composição da amostra: amostragem probabilística aleatória ou (não probabilística) não aleatória. Todos os membros da população, por exemplo de espectadores de um evento, têm chances iguais de ser selecionados em amostragens probabilísticas, embora não tenham as mesmas chances de ser selecionados nas não probabilísticas.

A amostragem probabilística pode ser abordada de três formas mais comuns: aleatória simples, estratificada e sistemática. Na simples, cada membro da população tem chance igual de ser selecionado, o que pode ser feito sorteando nomes ou atribuindo números às pessoas, usando então uma tabela de números aleatórios – esse método geralmente resulta nos dados mais confiáveis e que melhor representam a população. Se os gerentes de eventos buscam representação proporcional, podem preferir a amostragem aleatória estratificada, que divide a população em subcategorias distintas – chamadas de estratos – e, então, a executa a partir dos estratos separados (por exemplo, listas, locais, horários ou dias). Por último, a amostragem sistemática é aleatória ao escolher uma a cada "x" pessoas (por exemplo, se a população é de 2.000 pessoas e se deseja uma amostra de 200, então pode ser escolhida, em sequência, uma a cada dez pessoas, ou seja, a décima, vigésima, trigésima e assim por diante).

Em relação a amostras não probabilísticas, são exemplos a intencional, por conveniência, por quota e do tipo bola de neve. Amostragem intencional ocorre quando determinadas pessoas são escolhidas por se acreditar que elas representam a população como um todo. Pode-se selecionar intencionalmente, de um estrato, pessoas, locais, horários, dias, entre outros, mas não de forma aleatória. Dessa forma, ao avaliar a satisfação dos visitantes com os Jogos Olímpicos de Inverno de 2006 em Turim, pode-se escolher propositalmente os visitantes que assistem aos eventos de esqui por acreditar que são representativos de todos os espectadores das Olimpíadas. A principal advertência nessa abordagem é que o grupo considerado como representativo da população inteira pode não ser; por essa razão, os gerentes de eventos devem ser cautelosos ao generalizar os resultados para além de sua amostra intencional. Contudo, caso você deseje conduzir entrevistas ou grupos focais, então a amostragem intencional é adequada, pois o avaliador estaria selecionando indivíduos que contribuiriam para desenvolver um melhor entendimento sobre o que está sendo avaliado e que estariam em melhor posição para ajudar o gerente de eventos a responder às perguntas de avaliação (Creswell, 2003).

A amostragem por conveniência é outra abordagem não probabilística na qual os indivíduos são escolhidos por serem acessíveis. Em geral, existem altos índices de erro relacionados a esse método, uma vez que as amostras por conveniência não são representativas da população como um todo.

Outra possibilidade é a amostragem por quota, na qual são estabelecidas amostras para satisfazer a quotas específicas. Por exemplo, pode-se querer entrevistar as primeiras 100 pessoas a passar pelas catracas, ir ao balcão, registrar-se ou inscrever-se. A principal desvantagem desse método é que, uma vez que a quota é alcançada, ninguém mais tem a oportunidade de ser selecionado. Como outras formas não probabilísticas de amostragem, amostras por quotas podem não ser representativas da população como um todo.

Por fim, gerentes de eventos podem escolher o processo de amostragem do tipo bola de neve, no qual se trabalha inicialmente com um pequeno grupo, amostra ou lista e, a partir dele, são obtidas referências para outras pessoas e assim sucessivamente, até que um tamanho de amostra adequado seja alcançado. Novamente, como outros gêneros de amostragem não probabilísticas, a de tipo bola de neve pode não ser representativa de toda a população, mas pode ser útil para encontrar pessoas que satisfaçam critérios difíceis de achar.

Estratégias de aplicação do questionário

Os gerentes de eventos também devem conhecer as diferentes formas de aplicação dos questionários ao avaliar um evento. Normalmente, estes podem ser aplicados por meio da sua distribuição a um grupo – entregando-os e retirando-os –, enviando-os por internet ou *e-mail* ou aplicando-os pelo telefone, pessoalmente ou em entrevistas em grupo (Nardi, 2003). Ao aplicar os questionários com um grupo, seja para recolher na hora ou para deixá-los e recolhê-los depois, o avaliador estabelece contato pessoal com os participantes, de modo que tem a oportunidade de explicá-lo. Esse é um método de custo relativamente baixo e, em geral, garante as mais altas taxas de retorno. Entretanto, se não há suficientes oportunidades dos organizadores do evento estarem naturalmente com um grande grupo cativo, a coordenação da logística para reunir as pessoas pode ser um desafio. A aplicação de questionários pela internet, como forma de condução de pesquisas e para avaliação de eventos, está se tornando cada vez mais popular. O gerente precisa decidir se existirão computadores com acesso à internet no local ou se alguma coisa será fornecida aos visitantes para direcioná-los ao site em que podem completar o questionário. Existem diversas empresas de internet que oferecem os serviços de desenvolvimento de pesquisas online. Para mais informações, veja Survey Monkey (s/d) na internet.

Se o tipo de evento avaliado não necessariamente contribui para a aplicação de questionários no local, outra opção é de enviá-los ao término do evento. Para isso, os gerentes precisam dos endereços dos participantes, bem como do dinheiro para impressão, envelopes e postagem. Embora esse envio seja relativamente fácil de administrar e ofereça anonimato e confidencialidade aos participantes, é um método caro com risco de baixos índices de retorno, sendo que a falta de respostas pode causar prejuízos. Para maximizar as taxas de retorno dos questionários postados, os gerentes de eventos devem considerar o "processo de Dillman" (Salant e Dillman, 1994), que prevê o envio prévio de uma carta de notificação explicando os motivos do estudo, seguido de uma carta de apresentação com o questionário um pouco depois. Após dez dias, é enviado um cartão de lembrete, seguido de uma segunda carta de acompanhamento depois da data limite, com uma outra de apresentação e o questionário. Por fim, um cartão de agradecimento é enviado dez dias após a segunda carta.

Os questionários também podem ser aplicados pelo telefone ou pessoalmente, por entrevistas individuais ou em grupo. Essa abordagem geralmente tem as vantagens de permitir que o avaliador estabeleça uma ligação com os participantes, faça perguntas de acompanhamento e aprofunde-se em determinadas respostas. Também existe a oportunidade de esclarecer as questões. O aspecto negativo é o fato de exigirem muito tempo e pessoal, o que pode aumentar os custos da avaliação do evento (Henderson e Bialeschki, 2002).

Análise importância/desempenho

O restante deste capítulo apresenta e explica diversos instrumentos que gerentes de eventos podem usar em avaliações. A técnica importância/desempenho utiliza um instrumento de medida (questionário) para quantificar as seguintes questões: qual a importância de determinados aspectos do evento para os respondentes e qual foi o desempenho do evento nesses aspectos. Basicamente, existem seis etapas para a realização da análise importância/desempenho:

Etapa 1: Determinar atributos ou aspectos do evento a serem medidos.

Etapa 2: Desenvolver dois conjuntos de perguntas, sobre a importância de cada aspecto do evento e sobre o desempenho deste nesses aspectos.

Etapa 3: Aplicar o questionário para coletar dados de importância/desempenho.

Etapa 4: Determinar as médias para cada pergunta de importância e de desempenho.

Etapa 5: Juntar as médias das perguntas de importância e de desempenho para cada aspecto do evento, colocando-as em um gráfico no qual "importância" é um eixo e "desempenho" é o outro.

Etapa 6: Determinar a linha vertical e horizontal que cortam o gráfico formando quadrantes e nomeá-los.

No exemplo do Quadro 8.2, o objetivo é representar graficamente a importância de cada aspecto do evento em comparação ao seu desempenho correspondente (Etapa 5), a fim de verificar onde é preciso modificar ou recomendar esforços de gestão. A média de importância para o primeiro aspecto (preço da entrada) é calculada por meio da soma das 200 respostas da pesquisa para essa pergunta e, então, da divisão por 200 para chegar ao valor de 4,25. Os mesmos passos são seguidos para estabelecer a média de desempenho para o preço da entrada, que é 4,50. Os cálculos continuam da mesma maneira para

Gestão de eventos esportivos, recreativos e turísticos

as médias dos outros três aspectos do evento (estacionamento, disponibilidade de banheiros e sinalização). Para cada um dos quatro aspectos do evento elas são, então, marcadas no gráfico da Figura 8.1: Matriz importância/desempenho. Isso é feito utilizando as médias de importância e desempenho para o primeiro aspecto, preço da entrada (importância = 4,25 e desempenho = 4,50): siga no eixo vertical de importância até chegar no 4,25 e então vá horizontalmente até o 4,50 no desempenho; assinale o ponto do gráfico como sendo do aspecto "a". Repita o processo até que os demais aspectos do evento estejam marcados no gráfico. A etapa seguinte é determinar as linhas centrais, na horizontal e vertical, que cortam o gráfico a partir da média geral (Etapa 6), que é calculada por meio da soma das médias das importâncias das variáveis seguida pela divisão do número de variáveis em questão (no exemplo, são usadas quatro). Por exemplo, pegue as médias da importância dos quatro aspectos (4,25, 3,40, 2,40, 1,90), some-as (4,25 + 3,40 + 2,40 + 1,90 = 11,95) e divida o resultado pelo número de aspectos (4), portanto, tem-se 11,95/4 = 2,99. Vá ao 2,99 do eixo da importância e desenhe uma linha cortando o gráfico: essa é a abscissa. O mesmo processo é repetido com as variáveis de desempenho para determinar a ordenada. Agora, observe que a matriz foi dividida em quatro seções ou quadrantes; a etapa seguinte é nomeá-los, como mostrado na Figura 8.1.

Quadro 8.2   Exemplo de análise importância/desempenho.

Suponha que tenha sido desenvolvida uma pesquisa que utiliza a escala Likert com cinco pontos, com quatro questões sobre importância (variando de 1 = importância muito baixa a 5 = importância muito alta) e quatro sobre desempenho (que varia de 1 = desempenho muito fraco a 5 = desempenho muito bom), conforme a Etapa 2. Considere que foram coletadas 200 respostas (Etapa 3) e obtidas as seguintes médias de importância e desempenho (Etapa 4).

Média da importância	Média do desempenho
a) Preço da entrada: 4,25	a) Preço da entrada: 4,50
b) Estacionamento: 3,40	b) Estacionamento: 4,10
c) Disponibilidade de banheiros: 2,40	c) Disponibilidade de banheiros: 1,75
d) Sinalização: 1,90	d) Sinalização: 3,95
Média geral da importância	**Média geral do desempenho**
(4,25 + 3,40 + 2,40 + 1,90)/4 = 11,95/4 = 2,99	(4,50 + 4,10 + 1,75 + 3,95)/4 = 14,30/4 = 3,56

Modelo de planejamento de eventos: fase de avaliação e reedição, parte II

Figura 8.1 Matriz importância/desempenho.

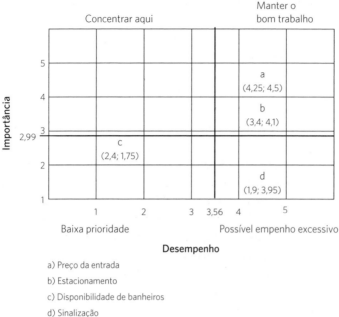

a) Preço da entrada
b) Estacionamento
c) Disponibilidade de banheiros
d) Sinalização

O quadrante superior direito, "Manter o bom trabalho", indica os aspectos do evento que detêm alta importância e alto desempenho, sugerindo que este teve bom desempenho nessas áreas. A seção esquerda superior, "Concentrar aqui", inclui aspectos do evento que detêm alta importância, mas que foram avaliados com desempenho baixo, de modo que exigem atenção gerencial. As seções inferiores requerem menos atenção, "Baixa prioridade" e "Possível empenho excessivo", pois foram avaliadas como de baixa importância. Contudo, áreas ou aspectos que estejam no quadrante "Possível empenho excessivo" podem sugerir um comprometimento de recursos maior do que o necessário, uma vez que esses aspectos foram avaliados como sendo de baixa importância, mas com alto desempenho. A análise importância/desempenho pode revelar informações valiosas para gerentes, que auxiliam a justificar atividades, equipes, instalações e financiamentos atuais e adicionais, ou a justificar a alocação ou realocação de recursos para determinados aspectos do evento. Os resultados da análise podem também fornecer informações úteis para o planejamento e execução de diversos aspectos.

Análise serviço/qualidade

Outra área que os gerentes de eventos podem querer avaliar é a qualidade do serviço oferecido por diversos prestadores no evento. Qualidade do serviço é definida como "a relação entre o que o consumidor deseja de um serviço e o que ele percebe como sendo recebido" (MacKay e Crompton, 1990, p. 47). Pesquisas conduzidas no setor comercial para estudar uma gama variada de serviços desenvolveram uma abordagem para medir a sua qualidade, concluindo que é composta por cinco dimensões.

As cinco dimensões da qualidade do serviço envolvem *confiança, receptividade, segurança, empatia* e *tangibilidade*. Confiança é a capacidade de desenvolver o serviço prometido de forma confiável e precisa. Receptividade é a disposição em ajudar os clientes e oferecer serviço de imediato. Segurança envolve o conhecimento, cortesia e habilidade dos funcionários para transmitir confiança e convicção. Empatia e cuidados são caracterizados pela atenção individualizada. E, por fim, tangibilidade envolve aparência, instalações físicas, equipamentos, pessoal e materiais.

O SERVQUAL (Parasuraman, Zeithaml e Berry, 1988) é um instrumento de medida que os gerentes de eventos podem usar para determinar o quanto estão suprindo as expectativas de serviço/qualidade dos clientes. A medida é feita a partir da comparação entre percepções dos clientes em relação ao desempenho real do serviço e suas expectativas. Assim, o questionário consiste de 22 declarações relacionadas às expectativas dos participantes e 22 declarações relativas às percepções do serviço recebido de fato. A qualidade do serviço é, então, estabelecida pela obtenção da média dos pontos de uma declaração de percepção subtraindo a média dos pontos da declaração de expectativas correspondente (qualidade do serviço = percepção - expectativa). O resultado positivo em determinada declaração mostra que as percepções dos clientes excederam as expectativas, enquanto o resultado negativo indica que as expectativas não foram atendidas.

Ao conduzir análises de serviço/qualidade, os gerentes de eventos também precisam considerar as médias de pontos das declarações sobre percepções e expectativas nas cinco dimensões vistas. Para isso, devem somar os pontos das perguntas de medidas da dimensão e dividir pelo número de questões usadas. Análises serviço/qualidade podem oferecer informações sobre lacunas entre expectativas dos clientes e percepções do serviço prestado pelo evento; também podem auxiliar no desenvolvimento de programas de treinamento para equipe, em justificativas para alocação ou realocação de recur-

Modelo de planejamento de eventos: fase de avaliação e reedição, parte II

sos, nas decisões programadas sobre êxitos e desafios de serviço e ao fornecer comparações entre as expectativas e percepções dos clientes ao longo do tempo. Em geral, análises serviço/qualidade podem ser úteis para gerentes de eventos de todas as áreas de gestão nas quais a qualidade do serviço é uma preocupação.

Avaliação da importância de voluntários

Como os voluntários são, com frequência, cruciais para o sucesso de eventos, gerentes devem pensar em avaliar as contribuições feitas por eles. A avaliação de voluntários e de sua importância requer criatividade e respostas às três questões básicas a seguir.

- Qual o valor dos voluntários (no caso de terem algum valor)?
- Como gerentes podem demonstrar a importância dos voluntários para um evento?
- Como gerentes podem demonstrar a importância ou o valor de voluntários para a instituição e para a comunidade em geral? (Henderson, 1998)

A análise de custo-efetividade oferece aos gerentes de eventos um método para demonstrar a economia que os voluntários podem representar – Henderson (1998) indica diversas etapas para isso. Primeiro, devem ser relacionados os custos diretos com remuneração, viagens, refeições, material impresso e formas de reconhecimento, além das necessidades de material de escritório e seguro. Segundo, devem ser determinados os resultados e as atividades concluídas, identificando o trabalho e suas tarefas – por exemplo, o que os voluntários fazem, quantos deles estão realizando essas tarefas e qual o total de horas por eles trabalhadas? Terceiro, deve ser calculado o valor dessas horas trabalhadas, determinando o quanto teria custado se os mesmos serviços tivessem sido pagos. Quarto, é possível desenvolver um índice que mostre que, para cada dólar gasto com voluntários, X dólares são recebidos em resultados. Henderson (1998) também aponta que o valor do trabalho voluntário não corresponde ao dinheiro economizado, mas à importância/valor real da contribuição. São sugeridos também outros cálculos que podem ser realizados para apoiar os gerentes de eventos: custo por voluntário, por cliente e por hora de serviço prestada. A análise de custo-efetividade pode fornecer aos gerentes de eventos informações importantes relacionadas com a contribuição dos serviços dos voluntários. Para saber mais, veja a Calculadora de Valor de Voluntários (Knowledge Development Center, s/d – http://volunteercalculator.imaginecanada.ca/eng/default.asp), concebida para produzir diferentes tipos de dados sobre o valor econômico dos voluntários, como medidas de produtividade de mão de obra, medidas de eficiência do programa destes e medidas de apoio comunitário. Os gerentes de eventos também podem ler o texto *Atribuição de valor econômico à atividade voluntária: oito ferramentas para a gestão eficiente de programas* (Knowledge Development Center, 2002, disponível em http://library.imaginecanada.ca/files/nonprofitscan/en/iyv/goulbourne_man_english_web.pdf).

Uso da avaliação para apoiar a reedição do evento

No início deste texto, a avaliação foi definida como sendo a coleta e análise sistemática de dados para obtenção de um parecer a respeito do valor ou importância de determinado aspecto de um evento. Para a sua reedição, os gerentes usam a informação coletada a partir do processo de avaliação para estimar a importância ou a evolução de um evento. A decisão de término ou reedição deste deve ser baseada em evidências colhidas durante a fase de avaliação. Rossman e Schlatter (2003) indicam três possibilidades para os gerentes: (a) produzí-lo novamente sem mudanças, (b) alterá-lo, (c) findar o evento.

Se o gerente escolhe produzir o evento novamente sem nenhuma mudança, os resultados da avaliação devem explicar porque este foi tão bem-sucedido, justificando essa decisão. No entanto, como visto anteriormente, as teorias de contingência e de complexidade apontam que, mesmo que um evento tenha sido extremamente bem-sucedido, é provável que ainda precise de mudanças ou alterações por causa dos fatores contextuais do ambiente no qual operará no futuro. Fatores como localização, concorrentes futuros e mudanças nas equipes ou nos recursos disponíveis para produzí-lo provavelmente exigirão algum nível de mudança. Outra possibilidade é que, na sua reedição, os gerentes resolvam modificá-lo: as alterações devem ser confirmadas pelos dados coletados durante o processo de avaliação. É provável que o grau de dificuldade que um gerente de eventos tenha para promover alterações dependa de dois fatores: o nível de modificações e a quantidade e tipo de informações disponíveis sobre a conveniência delas. Por fim, se o evento está no fim de seu ciclo de vida, gerentes podem decidir cancelá-lo de vez.

Rossman e Schlatter (2003) advertem que existem três forças primárias que trabalham contra a eliminação de programas: equipe, clientes e políticas organizacionais. A equipe geralmente tem a sensação de propriedade em um evento e é relutante a mudanças. Os gerentes precisam fazê-la perceber que mudanças são normais e constituem parte da gestão de eventos. Algumas vezes, os clientes, normalmente um grupo central de participantes, podem unir-se contra qualquer decisão relacionada a alterações no evento "deles". Esses indivíduos podem estar em pequeno número, mas às vezes exibem respostas emocionais intensas a um discurso de descontinuidade. Além disso, políticas organizacionais interferem com frequência quando se tenta acabar com um evento. Por exemplo, membros do conselho ou da alta administração geralmente defendem os grupos que tentam a continuidade deste. Essas forças que se opõem a mudanças ou ao término deste somente reafirmam a importância da fase de avaliação e decisão sobre a reedição do modelo de planejamento de eventos. De acordo com Rossman e Schlatter (2003), a avaliação cuidadosa pode ajudar a superar esses obstáculos para o término de eventos. Por exemplo, como parte do processo de avaliação é possível estabelecer, logo de início, critérios claros sobre seu término, que seriam aprovados pelos diversos grupos de *stakeholders*. Metas e objetivos claros podem ser determinados para o evento e, então, ser feita a avaliação a partir deles. Decisões sobre o término podem também ser feitas de um ponto de vista econômico objetivo, considerando se o evento foi ou não rentável ou produziu o impacto econômico pretendido na comunidade local.

Se os resultados da avaliação do evento indicam que seu término é inevitável, os gerentes de eventos contam com três estratégias disponíveis: redução de despesas, término gradual e término súbito (Rossman e Schlatter, 2003). A redução de despesas é uma opção para continuá-lo, mas, como o evento não será mais oferecido com os mesmos níveis de financiamento originais, seu apelo e o comparecimento do público diminuirão, levando ao seu fim paulatino e natural. O término gradual envolve a redução de alguns aspectos em etapas progressivas ao longo do tempo, de modo que o público possa encontrar eventos alternativos que satisfaçam suas necessidades. Já o término súbito é exatamente o que diz e, provavelmente, o que causa maior clamor do público. Contudo, evita a produção de um evento secundário nos anos futuros.

Ao analisar o valor ou importância de um evento durante a fase de avaliação e reedição, com frequência os gerentes de eventos se deparam com a necessidade de fazer recomendações aos diversos grupos de *stakeholders* do evento, ou seja, "propostas táticas específicas de ações que eliminem, substituam ou aumentem as ações atuais para guiar um programa, pessoal, política, lugar ou participante em uma direção favorável" (Riddick e Russell, 1999, p. 329). Essas recomendações também são roteiros de ações propostos a ser seguidos, criados a partir das conclusões obtidas durante a última fase do modelo de planejamento de eventos. As recomendações respondem à pergunta: "O que precisa ser feito/poderia ser feito baseado nos resultados?" e sugerem como as evidências dessa fase podem ser colocadas em prática. Podem, por exemplo, sugerir uma relocação de recursos, defender a oferta dos mesmos serviços para outros e propor a reordenação de prioridades ou mudanças nas políticas, programas, serviços, atividades ou eventos. As recomendações apresentadas também podem relacionar os pontos fortes e fracos do evento de acordo com sua importância e desempenho. Resultados da fase da sua avaliação e reedição permitem aos gerentes de eventos fazer recomendações sobre como resolver problemas de execução de serviços, alcançar novos públicos-alvo, operar de forma mais imparcial ou eficiente e aumentar os recursos. Os gerentes de eventos podem fazer recomendações sobre avaliações futuras a partir dos resultados dos tipos de amostra e abordagens de coleta/análise de dados, podendo incluir também o que avaliar ou a necessidade de informação adicional em determinada área. Independente das recomendações feitas, Riddick e Russel (1999) indicam que estes devem escolher recomendações para a execução do evento a partir dos fatores a seguir.

Importância: necessidade de priorizar recomendações que são mais voltadas para a missão/metas da organização.

Praticidade: necessidade de ser prático, considerando as limitações orçamentárias, de equipe e de outros recursos.

Tempo: os *stakeholders* têm, normalmente, mais interesse em apoiar recomendações que possam ser executadas em curto prazo.

Compatibilidade: recomendações que são compatíveis umas com as outras e com a missão/visão do evento são mais prováveis de ser executadas.

As recomendações aos *stakeholders* do evento são apresentadas, em geral, para três tipos de público, conforme Riddick e Russell (1999): pessoas

Modelo de planejamento de eventos: fase de avaliação e reedição, parte II

totalmente comprometidas, interessadas e ligeiramente interessadas. As totalmente comprometidas são, na maioria, diretores do evento, membros dos conselhos diretores, investidores, representantes municipais, membros antigos ou importantes da equipe ou aqueles que não participaram do evento, mas têm grande interesse nele. Ao fazer recomendações para pessoas totalmente comprometidas, Riddick e Russell (1999) aconselham que os gerentes de eventos forneçam cópias impressas dos relatórios de avaliação, organizem uma reunião para discutir as recomendações, se encontrem com os responsáveis pelas políticas organizacionais e desenvolvam um "programa" de recomendações a ser executado. Há uma necessidade de construir um clima organizacional positivo sobre o processo de avaliação e também de planejar cuidadosamente como abordar recomendações negativas. Ao apresentar orientações para pessoas interessadas, como patrocinadores atuais e potenciais do evento, Riddick e Russell (1999) sugerem conduzir uma campanha de divulgação. Algumas estratégias envolvidas no processo podem ser para escrever e enviar um artigo para uma publicação do meio, preparar uma versão "popular" do relatório, ou dar uma palestra em uma conferência formal. Pessoas ligeiramente interessadas podem receber os resultados sobre o processo de avaliação de forma menos direta, de modo que um comunicado oficial ou uma reportagem em um jornal local seria suficiente.

Conclusão

Este capítulo, construído a partir do conhecimento básico desenvolvido no Capítulo 7, focou em orientar o gerente de eventos para a aquisição de conhecimento avançado, por meio do desenvolvimento e uso de instrumentos para avaliar o evento. Foi discutido como utilizar o conhecimento vindo das avaliações do evento para decidir sobre sua reedição, compreendendo a descrição do uso de questionários, análise importância/desempenho, serviço/qualidade e avaliação da importância de voluntários. Foram abordados erros comuns a evitar durante o desenvolvimento de perguntas, estrutura e formato do questionário, assim como questões de amostragem ligadas ao tamanho e tipo da amostra. O capítulo também apresentou diversos temas ligados ao término ou reedição do evento, as três decisões que gerentes podem tomar a esse respeito, as forças que trabalham contra o fim deste e como superá-las. O termo recomendação foi definido no contexto de avaliação de eventos e foram destacados os diferentes tipos que podem ser usados pelos gerentes no momento de reedição. Foram oferecidas quatro sugestões para auxiliá-lo a decidir sobre quais recomendações fazer. Como influenciam as recomendações feitas a *stakeholders*, foram descritos três perfis de público, suas características e necessidades. A avaliação de eventos, a quarta e última etapa do modelo de planejamento, é necessária para a tomada de decisão informada e baseada em dados sobre sua reedição.

Gerentes que desenvolvem a capacidade de avaliar eventos são reconhecidos no meio profissional, sendo que os com excelentes habilidades de avaliação se sobressaem e oferecem valor agregado ao evento e à indústria de gestão deles.

Questões

1. Relacione as etapas gerais que gerentes devem seguir ao desenvolver um questionário para avaliar um evento.
2. Quais erros devem ser evitados ao desenvolver perguntas do questionário?
3. Defina e exemplifique erro amostral e não amostral.
4. Defina intervalo de confiança e grau de confiança.
5. No que consistem as análises importância/desempenho e serviço/qualidade?

9

Proposta de sediar um evento

Cheryl Mallen, Brock University

Este capítulo discute o processo de propor um evento de esporte, recreação ou turismo, definindo os principais elementos que são, de modo geral, envolvidos na proposta: estudo de viabilidade, cronograma preliminar e requisitos obrigatórios para a candidatura – algumas vezes chamados de documento de candidatura –, além de questionário, dossiê e visita de inspeção da proposta. É aconselhável verificar diversos documentos e questionários de candidatura, a fim de desenvolver seu conhecimento básico sobre as exigências de uma proposta. Este capítulo remete, com frequência, aos processos e documentos que o Comitê Olímpico Internacional (COI) usa para escolher as cidades-sede dos Jogos Olímpicos de Verão ou de Inverno, uma das iniciativas de seleção mais formais e divulgadas do mundo. Especialmente relevantes para o esporte, a recreação e o turismo, os Jogos Olímpicos abrangem elementos das três áreas na produção de seu evento bienal. Então, o capítulo enfatiza os fatores críticos de sucesso de uma proposta, a partir do que é citado pela bibliografia. Em seguida, apre-

Gestão de eventos esportivos, recreativos e turísticos

senta e discute a afirmativa de que há um fator-chave mais relevante em uma candidatura bem-sucedida.

O que é estudo de viabilidade, documento de candidatura, questionário e dossiê da proposta?

São quatro os principais documentos usados na escolha da cidade-sede pelo COI, concebidos para obter toda a informação detalhada necessária para comparar propostas e selecionar a cidade-sede: *estudo de viabilidade, documento de candidatura, questionário* e *dossiê*. Embora nem todas as formas de seleção utilizem a mesma terminologia para descrever os requisitos obrigatórios para uma proposta válida, a documentação exigida pelo COI representa o tipo de informação fundamental para um processo seletivo bem-sucedido.

Em primeiro lugar, um estudo de viabilidade é uma avaliação que apresenta um parecer especializado a respeito da capacidade de um grupo produzir ou sediar um evento em particular. A habilidade de sediar um evento envolve uma definição da disponibilidade dos recursos essenciais para tanto. Recursos tais como pessoal competente e experiente, instalações e equipamentos, reservas financeiras e condições técnicas precisam ser quantificados. Um estudo de viabilidade verifica se a aspiração de sediar um evento é uma iniciativa praticável e razoável, determinando a plausibilidade de cumprir as exigências da candidatura com os recursos disponíveis.

Segundo, um documento de candidatura delineia o caminho crítico de prazos e processos que precisa ser respeitado para que uma proposta esteja apta a ser considerada. Em terceiro lugar, um questionário, frequentemente contido nesse documento, tem que ser preenchido. Trata-se de uma lista de perguntas que devem ser respondidas a fim de que a candidatura seja considerada completa pelo corpo diretor ou organização que detém o direito de escolher a sede do evento.

O quarto documento importante na eleição de uma sede para um evento é a proposta ou dossiê, que fornece o projeto e a estratégia gerais e os recursos, bem como detalha outros aspectos, planos e depoimentos de respaldo para diferenciar a proposta de outros concorrentes. O dossiê oferece respostas à lista de perguntas formuladas no questionário. Todas as questões devem ser respondidas, e todas as respostas do dossiê devem ser registradas na ordem correta, correspondendo diretamente ao número atribuído no questionário. Assim, o questionário define o formato e constrói o contexto para o dossiê, devendo ser rigorosamente seguido.

Um dos melhores exemplos de documento de candidatura e questionário da proposta é o do COI, disponível para ser consultado no seu *site*. O endereço de acesso é http://www.olympic.org, onde se pode encontrar o Procedimento e Questionário de Candidatura de 2014[1]. O documento, de 265 páginas, descreve os procedimentos de candidatura para as Olimpíadas de Inverno de 2014, incluindo prazos, assinaturas necessárias, cronograma de pagamentos, garantias requeridas, questionário, *layout* de apresentação e requisitos, junto da programação da visita da comissão de avaliação e o processo decisório de seleção. O questionário para os Jogos Olímpicos de Inverno é dividido em 17 temas, mostrados no Quadro 9.1. Cada tema é subdividido em diversas questões que devem ser respondidas no dossiê da proposta.

Quadro 9.1 Temas e áreas abordadas pelo questionário do COI.

Temas	Exemplos de áreas abordadas pelo questionário
Tema 1: Conceito dos Jogos Olímpicos e seu legado	Visão, impacto, legado, motivação e planos para o desenvolvimento sustentável do evento.
Tema 2: Estrutura e ambiente político e econômico	Garantias fornecidas, estrutura de governo, estabilidade, renda *per capita*, taxa de inflação, resultados de referendos e opiniões a respeito de apoio.
Tema 3: Aspectos legais	Estabelecimento de autoridade, exclusividade do evento, proteção de marca registrada, idiomas oficiais.
Tema 4: Formalidades de alfândega e de imigração	Regulamentação de vistos, garantia de entrada para os credenciados nos Jogos, requisitos de vacinação e saúde, restrições à imprensa, regulamentação a respeito de imprensa escrita estrangeira, cães-guias e equipamentos.
Tema 5: Meio ambiente e meteorologia	Acordos e garantias para construções, protocolos de proteção ao meio ambiente, características geográficas, áreas naturais e culturais protegidas, esforços colaborativos, planos e sistemas de manejo do meio ambiente, impactos ambientais, temperaturas, umidade, precipitação, força e direções do vento.

(continua)

---

1 Busque por 2014 Candidature Procedure and Questionnaire. (N.T.)

Gestão de eventos esportivos, recreativos e turísticos

Quadro 9.1 Temas e áreas abordadas pelo questionário do COI. (*continuação*)

Temas	Exemplos de áreas abordadas pelo questionário
Tema 6: Finanças	Modelo de orçamento preliminar com detalhes financeiros, incluindo investimento de capital, fluxo de caixa, patrocínios e contribuições, venda de ingressos, licenças, loterias, disponibilidade de ativos, subsídios e custos para sediar o evento.
Tema 7: Marketing	Garantias de um programa de marketing, patrocínios nacionais, venda de ingressos, publicidade e controles de propaganda.
Tema 8: Esportes e instalações	Descrição das instalações, cronograma de competições, manuais técnicos para seguir os padrões de competições, responsabilidades pelas instalações e processos de licitação e acordos, prestação de contas, planos de monitoramento e gestão, equipe de trabalho e experiência com esportes.
Tema 9: Jogos Paraolímpicos	Planos para finanças, segurança, acomodações, transporte, instalações esportivas, cerimônias de abertura e de encerramento, financiamento, acessibilidade e outros, para sediar os Jogos Paraolímpicos.
Tema 10: Vila Olímpica	Conceito, localização, construção e design das instalações, financiamento (incluindo garantia para as construções), tipos de acomodações, distância das instalações esportivas, controle de direitos comerciais, acessibilidade e utilização pós-evento.
Tema 11: Serviços médicos e controle de *doping*	Planejamento para seguir o código mundial e as regras de *antidoping* do COI, garantias de investimento em *antidoping*, dependências médicas, autoridades de saúde pública, questões epidemiológicas na região e sistemas para gerir as despesas médicas dos Jogos, incluindo a prestação do serviço para turistas estrangeiros.
Tema 12: Segurança	Garantias de segurança e paz no país-sede, envolvimento do governo com a segurança internacional, nacional, regional e local, análise de riscos de incêndio, delitos, tráfico e terrorismo, organizações de segurança e serviços de inteligência que serão envolvidos e planejamento financeiro para a segurança.

(continua)

Proposta de sediar um evento

Quadro 9.1 Temas e áreas abordadas pelo questionário do COI. *(continuação)*

Temas	Exemplos de áreas abordadas pelo questionário
Tema 13: Acomodações	Capacidade hoteleira, garantias de disponibilidade de acomodações, de controle de preços e de outros mecanismos tarifários, garantia de construções, cronograma de trabalho e finanças, contratos empenhados, tabelas das acomodações com mapas de localização e distâncias de hotéis.
Tema 14: Transportes	Garantias de gestão de tráfego incluindo transporte público e privado, centros de controle, distâncias, capacidade aeroportuária, estacionamento e outros itens de infraestrutura, treinamento e testes, cronologia e autoridades competentes.
Tema 15: Tecnologia	Garantias da existência de organismos competentes fornecedores de serviços de comunicação, sistemas e capacidade de difusão de imprensa (escrita, rádio, televisão e internet) e apoio a redes.
Tema 16: Operações de imprensa	Oferta de centros de difusão para imprensa (mídia impressa, rádio, televisão e internet), construção, cronograma, financiamento, transporte e acomodação de membros da imprensa.
Tema 17: Olimpismo e cultura	Protocolo e planos para as cerimônias – incluindo abertura, encerramento e premiação –, protocolo de intenções, localização, capacidade de assentos, finanças e instalações.

Para desenvolver o seu conhecimento básico sobre seleção de cidades-sede, sugere-se que você escolha pelo menos três eventos de seu interesse e verifique os documentos de candidatura e questionários aplicáveis. Muitos destes podem ser encontrados na internet. Um exemplo é o Campeonato Europeu de Futebol, cujos documentos podem ser encontrados em http://www.uefa.com. Nesse *site*, você encontra diversos documentos sobre candidatura, como o regulamento para o campeonato de 2012 e um relatório de 2005 sobre cinco dossiês apresentados para a Eurocopa de 2012. Outro exemplo é da Federação Internacional de Esporte Universitário (Fédération Internationale du Sport Universitaire, Fisu), disponível em http://www.fisu.net. O *site* tem uma área que pode ser acessada, chamada de Bidding Procedure 2017 Universiades. Verifique o caminho crítico de prazos para propostas, sendo que o prazo da Fisu para envio de cartas de intenções foi em 15 de março de 2008. Além disso, você pode se interessar em obter documentos de proposta de festivais, conferências e convenções da sua área de atuação.

O que é visita de inspeção?

Uma visita de inspeção consiste em receber os membros da comissão de avaliação que fará a seleção do vencedor da concorrência. A oportunidade de recepcionar essa visita significa, em geral, que a proposta foi considerada integrante da pequena lista de grupos que podem, potencialmente, ser eleitos para sediar o evento. A inspeção é uma oportunidade de apresentar a informação delineada no dossiê de candidatura, de vistoriar e indicar as instalações e cerimônias planejadas, de demonstrar o apoio da comunidade e do empresariado local ao evento e de defender o motivo pelo qual sua candidatura deve ganhar da concorrência.

Do momento da chegada até a partida dos membros da comissão de avaliação deve haver a preocupação de atender suas necessidades e, para isso, um gerente de eventos coordena a adaptação das fases do modelo de planejamento de eventos especialmente para a visita de inspeção.

No início, o preparo dessa visita segue as fases do modelo de planejamento de eventos e de desenvolvimento. Isso implica facilitar elementos como a estrutura organizacional para a governança da visita, as políticas e normas de voluntariado, paralelamente à decisão de como a responsabilidade social corporativa pode ser incorporada à visita. Veja os Capítulos 3 e 4 a respeito desses tópicos. Em seguida, a fase operacional do evento em uma visita de inspeção contempla facilitar o plano operacional formal para a visita em si, que abarca a coordenação de componentes como transporte, hospedagem, entretenimento, visita às instalações e uma apresentação da candidatura para os membros da comissão. A fim de executar o plano desta, um gerente de eventos deve desenvolver a rede de planejamento operacional e auxiliar a criação de planos operacionais que sejam lógicos, sequenciais, detalhados e integrados, bem como incluir planos de contingência e um processo de aperfeiçoamento. Veja o Capítulo 5 para mais informações da fase operacional do evento. Além disso, uma visita de inspeção envolve a execução dos planos operacionais. Consulte o Capítulo 6, Fase de Execução, Monitoramento e Gestão do Evento, sobre os detalhes a considerar durante a realização dessa fase. Por fim, um critério de avaliação de

Proposta de sediar um evento

evento deve ser construído especificamente para a visita de inspeção. Os capítulos 7 e 8 detalharam essa fase. Ainda, a avaliação deve considerar as prioridades dos membros da sua comissão, uma vez que eles tomam a decisão final de quem vence a concorrência.

Para entender o critério usado por membros de comissões de avaliação, uma revisão da bibliografia identificou diversos fatores que parecem ser críticos para ganhar a seleção em um processo de escolha de sede de um evento. Esses fatores são verificados a seguir.

Quais são os fatores críticos de sucesso em uma proposta?

A bibliografia indica diversos fatores responsáveis por uma candidatura bem-sucedida. No entanto, diferentes estudos mostram uma variedade de elementos que apontam para várias direções. Serão revistos os fatores de sucesso especificados por pesquisadores como Emery (2002), Westerbeek et al. (2002) e Persson (2000). Este texto segue a corrente que afirma haver um componente em particular que é vital para o sucesso de uma candidatura.

Em primeiro lugar, Emery (2002, p. 323) sugere cinco fatores essenciais para o sucesso de uma candidatura para sediar um evento.

Ter credibilidade profissional relevante.

Entender perfeitamente a proposta e o processo de tomada de decisão formal e informal.

Não partir da premissa que os tomadores de decisão são especialistas ou usam critérios racionais para a seleção.

Personalizar bens e serviços profissionais, tangíveis e intangíveis, e exceder expectativas.

Conhecer seus pontos fortes e fracos em relação à concorrência.

Emery (2002) afirma que: "a credibilidade e a capacidade de cumprir promessas são fundamentais em qualquer candidatura, mas normalmente não são os fatores diferenciadores entre o sucesso e o fracasso" (p. 323). Enfatiza que a candidatura bem-sucedida "depende de um profundo conhecimento de redes de relacionamento, processos e pessoas – em outras palavras, o apoio da política externa nos mais altos níveis dos setores público e privado" (p. 329). Desse modo, a própria equipe organizadora é, na verdade, um elemento que pode fazer a diferença ao buscar a vitória em uma concorrência. Emery sugere que essa equipe deve ser composta por pessoas que tenham considerável experiência em eventos bem-sucedidos. A necessidade de desenvolver experiência na gestão de eventos também é o tema do Capítulo 11: Abordagem integral da aprendizagem empírica: fundamentos para gestão de eventos e desenvolvimento pessoal.

Emery (2002) também declara que "processos e protocolos de informação nunca devem ser subestimados"(p. 329). Algumas pessoas da equipe organizadora da candidatura precisam ter experiência com os aspectos políticos, uma vez que essa é uma área importante no processo seletivo. De acordo com Emery, isso significa que uma candidatura deve, para ter sucesso, possuir uma posição política. Além disso, Emery sugere que pressupor que o ganhador da concorrência será selecionado a partir do uso de critérios racionais e consistentes pode não ser correto. Uma interpretação desse ponto de vista é que os fatores-chave para vencer uma concorrência podem, de fato, depender dos membros da comissão que estão avaliando a proposta de candidatura. As perspectivas pessoais de cada membro a respeito das prioridades da concorrência devem, de algum modo, ser averiguadas e, posteriormente, satisfeitas. Desse modo, tentar prever a receptividade da comissão, com diversos membros diferentes, é uma tarefa complexa, marcada pela incerteza, mas é fundamental para um processo de candidatura bem-sucedido.

Outro pesquisador, Persson (2000, p. 27), sugere que um fator de sucesso de uma candidatura para sediar os Jogos Olímpicos envolve "a adequação das percepções do proponente às dos membros do COI a respeito da proposta apresentada". Isso significa que os constituintes da equipe organizadora devem prever o que o COI vai considerar importante na proposta. A comissão de seleção do COI tem diversos membros e, portanto, as prioridades são sujeitas a vieses ou interesses pessoais. Assim, Persson (2000) e Emery (2002) afirmam que um componente-chave para obter sucesso em uma candidatura é o acesso à percepção de prioridades pelos componentes da comissão de avaliação e satisfação desta, por meio do posicionamento político da proposta.

Persson (2000) ainda defende que a infraestrutura é importante para a vitória de uma candidatura pois, segundo ele, ela envolve a capacidade de prover acomodação, transporte, instalações, finanças, telecomunicações e tecnologia apropriadas, bem como um centro de imprensa de categoria superior.

Ingerson e Westerbeek (2000) indicam que a experiência em sediar eventos é um elemento-chave para o sucesso, juntamente do escopo de conhecimento dos membros da equipe organizadora. Isso se baseia no argu-

Proposta de sediar um evento

mento de que quanto maior a experiência de uma pessoa, maior a oportunidade de ela ter previamente desenvolvido relações que podem levar ao sucesso sobre a concorrência presente e, em última instância, do evento em si. Assim, Westerbeek et al. (2002, p. 318) afirmam: "A habilidade de organizar um evento é evidenciada pela existência de uma trajetória sólida de organização de eventos similares anteriormente". Portanto, outro ponto que a bibliografia levanta é que a experiência prévia de sediar eventos é um fator-chave para o sucesso futuro em uma disputa.

Há um consenso geral entre Emery (2002), Persson (2000) e Ingerson e Westerbeek (2000) de que os aspectos políticos de uma concorrência são vitalmente importantes para o sucesso das candidaturas. Entretanto, outros autores apontam, com frequência, outros fatores.

Westerbeek et al. (2002) defendem a estabilidade como um fator-chave para o êxito de uma candidatura, definida como sendo composta também de aspectos políticos, mas de uma perspectiva diferente desse tipo de posicionamento para obter vantagem com a comissão de avaliação. Nesse caso, a referência política se traduz pelo equilíbrio do país e por políticas municipais da cidade, bem como pela estabilidade para obter recursos financeiros para um evento.

Os mesmo autores apontam oito fatores consideráveis no processo de candidatura que, embora enfatizem concorrências para eventos esportivos, também se aplicam aos recreativos e turísticos. Esses fatores mencionados são os seguintes.

Habilidade para organizar eventos: envolve diversos itens, como a rede intraorganizacional constituída para a gestão de um evento, as especialidades técnicas nela contidas, o equipamento e o alicerce financeiro geral para o evento.

Apoio político: envolve o apoio do governo para a proposta de sediar o evento, usado para ajudar a ter acesso aos recursos humanos e financeiros, bem como às instalações físicas necessárias.

Infraestrutura: relaciona-se com a possibilidade de oferecer provas convincentes de que ótimas instalações estão disponíveis e com a capacidade de cumprir as exigências para cada componente do evento, fornecendo transporte, acomodações e outros elementos necessários para realizá-lo.

Instalações existentes: envolve as condições atuais das principais instalações do evento à época da apresentação da proposta.

Comunicação e promoção: envolve a reputação da cidade-sede como destino e o sistema de cobertura disponível para administrar as necessidades tecnológicas do sistema de comunicações para sediar e promover o evento.

Responsabilidade: envolve a comprovação da reputação, presença e apoio para o evento no mercado, sucesso prévio em outros eventos e estrutura adequada.

Constituição da equipe organizadora: abrange a composição de talentos da equipe comprometida com o desenvolvimento do evento como um elemento importante para elevar a percepção dos avaliadores. Os membros da equipe precisam ter uma reputação reconhecida, construir relacionamentos, ter habilidade para administrar as complexidades da proposta e oferecer credibilidade em relação à sua qualificação.

Marketing de relacionamento: envolve a capacidade de obter acesso aos membros da comissão de avaliação e de influenciá-los para defender a proposta por meio da construção de "amizade".

Os oito fatores de sucesso na proposição de uma candidatura apresentados por Westerbeek et al. (2002) foram descritos acima em ordem de prioridade, o que quer dizer que o mais importante em uma proposta bem-sucedida é provar a competência de organizar uma rede de pessoas e finanças para realizar um evento.

De acordo com Kerzner (1995), a eficácia de gestão depende da capacidade de harmonizar diversos itens, como restrições de tempo, custo e desempenho com as pressões do ambiente, incluindo as políticas. Embora Kerzner discuta o tema de gestão de projetos, a ligação entre esta área e a gestão de eventos é evidente, representando um dos principais pontos deste texto.

Um elemento relativamente novo está ganhando destaque na bibliografia e é abordado neste texto como um importante fator no sucesso de candidaturas para sediar eventos: nos últimos dez anos, a defesa do meio ambiente entrou em pauta. Os recursos naturais do mundo, como vegetação, água, solo e ar, estão sob risco e criaram um desafio social e ambiental (Hart, 1997). De acordo com Al Gore (2006, p. 214), o desafio inclui "uma enorme colisão sem precedentes entre nossa civilização e a Terra".

Em uma tentativa de afrontar esse desafio ambiental mundial, uma proposta deve descrever como a proteção do meio ambiente será abordada e administrada durante o evento. Por exemplo, a Fédération Internationale de Football Association (FIFA) emitiu um relatório de resultados das práticas ambientais da Copa do Mundo na Alemanha (Fifa, 2006), que ilustra os es-

Proposta de sediar um evento

forços realizados pelos organizadores do evento para promover práticas ambientais sustentáveis. A Federação Internacional de Motociclismo (IFM, 2006) produziu um código para proteger o meio ambiente que deve ser seguido na produção de eventos, atualmente em vigor para todas as corridas. Além disso, em 1999 o COI elaborou a Agenda 21, um documento produzido para comprometer seus membros com um programa de defesa do meio ambiente (IOC, 2007). A Agenda foi promovida no site do COI visando "colocar o esporte a serviço da humanidade". Em 2006, o COI divulgou um código de conduta do atleta que determina que eles sejam modelos de práticas ambientais corretas (IOC, 2006), e que apresenta seis princípios fundamentais: evitar o desperdício de água e de energia, viajar do modo mais eficiente possível, consumir com responsabilidade, descartar o lixo adequadamente e defender a conservação e educação ambiental. O COI espera que os organizadores de eventos e os atletas protejam o meio ambiente e promovam sua sustentabilidade. Além disso, uma vez que os grandes eventos e jogos podem ser propulsores do turismo, esse código também pode ser estendido aos turistas.

Dossiês ou propostas para sediar esporte, recreação e turismo devem indicar como o evento e seus participantes pretendem defender essa preocupação mundial com o meio ambiente. Os eventos são componentes críticos para manejar o ambiente natural, e o dossiê deve demonstrar a importância de conservá-lo.

Em toda a bibliografia específica, são apontados inúmeros fatores críticos para a avaliação bem-sucedida de uma proposta, em diversas direções, o que aumenta a complexidade e a incerteza da seleção. A dificuldade se origina de uma situação onde diversos grupos se unem para criar uma proposta de evento consistente.

Para aumentar seu conhecimento básico sobre os fatores de sucesso em uma candidatura para sediar um evento, um membro do comitê organizador de um campeonato de hóquei oferece suas considerações na Quadro 9.2: Fatores-chave a partir da perspectiva da indústria, por Jim Rooney, que apresenta outras áreas importantes a observar na elaboração de um dossiê.

As diversas áreas de destaque contidas em uma proposta podem criar uma complexidade que talvez prejudique a coerência de qualquer equipe e, portanto, comprometa o potencial de êxito. Além disso, há uma complexidade política, ou seja, embora os documentos norteadores descrevam exigências para sediar um evento, temas intangíveis, como as exigências políticas subjacentes, não são explicitamente abordadas pelo questionário da

175

proposta. Essa pauta política pode ser importante no processo decisório final da seleção. Assim, a incerteza é inerente ao processo de escolha da sede. No final, apenas um grupo é premiado na concorrência – os demais devem absorver o custo de concorrer ao processo sem nada receber.

Quadro 9.2 Fatores-chave a partir da perspectiva da indústria, por Jim Rooney.

Eleve a confidencialidade do processo: uma vez que o comitê organizador tenha sido selecionado e instruído, é importante que todos os seus membros assinem o contrato com cláusulas de confidencialidade, exclusividade e não rivalidade, a fim de garantir que as estratégias e a documentação preparada sejam de conhecimento exclusivo do grupo organizador. Além disso, é importante manter sigilo de todos os documentos da proposta até a data de sua apresentação.

Defina claramente os papéis dos membros do comitê organizador: o gerente de eventos tem a incumbência de definir claramente os papéis, de modo que cada membro do comitê saiba e cumpra com suas responsabilidades e atribuições para a elaboração da proposta como um todo. O esclarecimento do papel de cada membro é vital para o sucesso da proposta.

Comunique-se, comunique-se e comunique-se: oferecer aos membros do comitê a moderna tecnologia de comunicação é uma chave para o sucesso. A tecnologia permite e fomenta a máxima conexão entre os principais membros do comitê. Além disso, um caminho crítico deve definir claramente as estratégias e processos de comunicação.

Teste áreas preocupantes: em todas as propostas há elementos que não são imediatamente aceitos por todos os membros e, por isso, causam preocupação ou indicam problemas. Cada uma dessas áreas deve ser testada, garantindo que passem em pelo menos três "testes" de ideias antes de ser incorporadas à proposta de candidatura.

Use um consultor externo: é essencial que o plano operacional, em sua plenitude, seja revisado por um consultor externo, que ofereça sugestões e alternativas a respeito de qualquer assunto. Um consultor externo também pode dar uma visão de o que falta para alcançar as exigências do questionário da candidatura.

Seja amigo do meio ambiente: o comitê organizador é incumbido de seguir o padrão esperado de uso de energia e políticas ambientais. Uma estratégia correta do ponto de vista do meio ambiente deve ser adotada para todos os aspectos da proposta, especialmente para o descarte de resíduos.

Para ajudar a trabalhar com a complexidade e a incerteza no processo de seleção, uma questão é formulada: há *um* fator crítico principal que pode ser usado para aumentar a oportunidade de fazer uma proposta vencedora? Este texto defende que sim.

Qual é o principal fator de sucesso em uma proposta?

Este texto defende a ideia de que a bibliografia não tem dado a devida ênfase à *comunicação*, que deveria ser posicionada como o *principal fator decisivo* em uma candidatura de evento. No capítulo 3, a comunicação foi definida por Greenberg (2002, p. 217) como "o processo por meio do qual as pessoas enviam informações para outras e recebem informações delas". Uma aplicação prática desta definição leva a formular que a candidatura "se constitui como um processo de comunicação entre os atores envolvidos" (Persson, 2000, p. 139). Além do mais, a proposta é conduzida dentro de um contexto social, o que faz do elemento comunicação um fator-chave para conseguir sediar um evento.

A bibliografia discute a questão da comunicação para uma proposta de candidatura, mas ela não é defendida enfaticamente como o fator-chave para o sucesso desta. Ela indica que, "em certa medida, uma candidatura de evento se trata de comunicação, uma vez que desde o princípio você deve se comunicar e deve ser, de fato, um comunicador hábil" (Horte e Persson, 2000, p. 67). Westerbeek et al. (2002, p. 317) incluem a comunicação dentre os oito fatores-chave da proposta; no entanto, indicam que se encontra no grupo de elementos que "tendem a ser mais de apoio do que fatores vitais". Westerbeek et al. (2002) e Jim Rooney afirmam que a comunicação é importante na candidatura, mas a discutem sob a perspectiva de fornecer tecnologia moderna para facilitá-la durante o evento.

Este texto considera a comunicação como o principal fator de sucesso em uma proposta de candidatura, já que o contexto é repleto de oportunidades para antecipar o êxito com o uso da comunicação escrita, oral e visual. A habilidade de comunicar é subjacente a todas as tarefas no processo de candidatura, e pode, portanto, ser um fator decisivo no sucesso de um dossiê, de uma visita de inspeção e de todos os outros componentes da seleção de uma sede.

A comunicação é crítica em um dossiê de candidatura – que comunica o plano proposto para a recepção do evento –, e deve expressar, clara e sucintamente, a intenção de sediar o evento, além de fornecer respostas ao questionário. O dossiê comunica o plano proposto para receber um evento. O nível de detalhamento do planejamento (nível 1, 2 ou 3) comunicado no do-

Gestão de eventos esportivos, recreativos e turísticos

cumento pode atrapalhar ou ajudar no êxito dos planos articulados e influenciar as interpretações a respeito das atividades feitas pelos membros da comissão de avaliação. Dependendo do evento, o dossiê também pode exigir comunicação escrita em mais de um idioma. A habilidade para expressar claramente os detalhes da proposta e as sutis nuances, em diversas línguas, é uma oportunidade para posicionar a proposta voltada ao sucesso.

A comunicação é um fator vital na condução de uma visita de inspeção. O plano operacional escrito explica as atividades que serão conduzidas na visita. Além disso, a comunicação oral é usada para auxiliar os membros da rede que implementam o plano a entender claramente suas tarefas. A deficiência desta pode impactar no sucesso de uma visita, o que ilustra o quanto é crítica.

A comunicação oral, formal e informal, é um fator decisivo no sucesso de uma proposta. Exemplos de oportunidades de comunicação oral formal incluem as reuniões estruturadas com os membros da comissão de avaliação para apresentar os pontos centrais da proposta, reuniões com os principais *stakeholders*, como patrocinadores importantes ou gerentes de instalações, cujo objetivo é construir bons relacionamentos com os representantes da comunidade, como voluntários, pequenas empresas e organizações. Já os exemplos de comunicação informal incluem as conversas casuais com os membros da comissão de avaliação da proposta ou com lideranças comunitárias para o evento. Cada oportunidade desta, formal ou informal, pode facilitar a transferência de conhecimento a respeito da candidatura ou da visita de inspeção para todos os membros da rede de relacionamento e para os da comissão de avaliação. A comunicação inadequada, pode, desse ponto de vista, impactar profundamente o sucesso de um evento.

A comunicação visual também é um fator crítico para o êxito de uma candidatura. A inclusão de elementos visuais nas apresentações – como o uso de diagramas no dossiê da proposta, apresentações de vídeo ou fogos de artifício na visita de inspeção – pode aumentar tanto o entendimento dos detalhes da proposta como o entusiasmo com a candidatura. Comunicar visualmente a mensagem do proponente pode ter um impacto significativo no sucesso desta.

A tecnologia de comunicação é vital para o êxito. O uso de tecnologia de ponta permite uma excelente comunicação oral, escrita e visual, podendo demonstrar claramente a capacidade da localidade anfitriã de maximizar o uso de tecnologia no decorrer do evento.

A comunicação também é um fator crítico fundamental na maioria das atividades de candidatura que ocorrem em função dos temas tratados neste livro. Por exemplo, o componente financeiro da proposta se baseia na habilidade de comunicar fatos e cifras que atestem a capacidade financeira do proponente para sediar com sucesso um evento, sem nenhum impacto negativo de longo prazo na comunidade após o seu término. O marketing e os patrocínios de uma proposta se fundamentam decisivamente na capacidade de divulgar, de modo atrativo, a oportunidade de ser um parceiro do evento, bem como quais as vantagens que esse patrocínio garante. A comunicação escrita, oral e visual, junto da tecnologia de comunicação, são essenciais para o sucesso de propostas de marketing e de patrocínio.

O processo de candidatura envolve a comunicação com grupos tais como os membros das redes de relacionamento, da comissão de avaliação, e os patrocinadores potenciais. A comunicação é um fator crítico na proposta de um evento, devendo ser facilitada para aumentar as possibilidades do esforço da proposta ser recompensado. O papel dos facilitadores foi discutido no Capítulo 3, como meio de criar energia sinérgica para a comunicação eficiente (Vidal, 2004). Suas habilidades como facilitador serão testadas durante o processo de candidatura. Ter foco no aprimoramento da comunicação em todos os níveis durante o processo de candidatura é fundamental para o sucesso.

Conclusão

De modo geral, este capítulo definiu o que é estudo de viabilidade, documento de candidatura, questionário, dossiê da proposta e visita de inspeção. O estudo de diversos documentos de candidatura, propostas e questionários estimulou o desenvolvimento do seu conhecimento básico sobre as exigências desta. Foram apresentados fatores críticos de sucesso a partir de uma revisão bibliográfica e o autor defendeu o conceito de que a comunicação é o elemento mais importante para o êxito em uma disputa para sediar um evento.

Questões

1. Descreva o que é estudo de viabilidade, documento de candidatura, questionário e dossiê da proposta.

2. Liste pelo menos cinco elementos críticos para o sucesso de uma candidatura, mencionados pela bibliografia.

3. Você acha que a preocupação com o meio ambiente deve fazer parte do processo de seleção de sede para um evento?

4. Você concorda com a afirmativa do autor de que a comunicação é o fator mais relevante para o sucesso de uma candidatura para sediar um evento? Em caso negativo, por quê? Em caso positivo, explique como você acha que a comunicação é usada para facilitá-la.

5. Com base na informação dada sobre elementos-chave para o sucesso de uma candidatura neste capítulo, o que os membros de uma equipe organizadora devem conseguir fazer em qualquer processo de concorrência para sediar um evento?

10

Facilitação da qualidade na gestão de eventos

Craig Hyatt, Brock University

Todo gerente de eventos deseja produzir um evento de *qualidade*. Embora isso pareça um conceito razoavelmente simples e direto, é importante lembrar que a maioria deles tem, no mínimo, quatro diferentes conjuntos de *stakeholders*: os artistas ou atletas participantes, a equipe de apoio e voluntários, os patrocinadores e os espectadores ou turistas. Cada conjunto de *stakeholders* enfatiza diferentes critérios quando analisa a qualidade do evento. Por exemplo, os artistas podem indicar que tal quesito se baseia nos equipamentos, produção e comodidade dos vestiários. Para os voluntários, essa qualidade pode envolver a obtenção de experiências que promovam suas habilidades pessoais e a oferta de roupas exclusivas do evento. Os patrocinadores podem indicar que a qualidade se relaciona com oportunidades ilimitadas de distribuir amostras de produtos ou, ainda, de se relacionar com os clientes em um ambiente acolhedor. Os espectadores podem querer filas curtas para rápido acesso às instalações e à área de alimentação, além de uma ótima visão de seus assentos. Um gerente de eventos consegue atingir todos esses requisitos de qualidade? Para cada um dos quatro grupos de *stakeholders*, a qualidade é um conceito relativo. Cada pessoa envolvida em um evento tem uma ideia pessoal desse significado, o que desafia muitos gerentes de eventos.

Neste capítulo, será examinado como vários autores definiram qualidade nas últimas três décadas. Esses conceitos teóricos serão, então, aplicados à função do gerente de eventos como facilitador da produção de um evento. Será discutido o desafio de definir qualidade para o papel de gerente e serão desenvolvidas declarações de qualidade para orientá-lo.

O que é qualidade?

Durante anos, catedráticos e profissionais da indústria tentaram definir qualidade. Ao longo da primeira metade do século XX, a indústria de serviços não era tão importante quanto hoje (especialmente nas áreas de esporte, recreação e turismo), sendo a manufatura e a compra de bens duráveis uma preocupação muito mais proeminente. Qualidade era pensada com relação à durabilidade e longevidade e era, frequentemente, expressa a fim de atender especificações mensuráveis com relação ao tamanho e à resistência das partes produzidas. Ela era assunto do departamento de controle de qualidade, responsável pela inspeção das mercadorias antes de deixarem a fábrica. Esse processo permitia que erros fossem encontrados e corrigidos sem que os consumidores sequer soubessem que existiram.

Na segunda metade do século passado, houve uma alteração gradual no foco da economia, que passou do setor de manufatura para o de serviços. O crescimento da indústria de serviços significou uma mudança na forma como a qualidade era conceituada. Diferentemente dos bens manufaturados, esses são produzidos e consumidos simultaneamente, o que torna muito difícil encontrar e corrigir erros sem que o consumidor tome conhecimento. Nesse contexto, os serviços prestados frequentemente requerem uma ação informada sobre o consumidor para assegurar um resultado de qualidade. Isso significa que esta passa a ser expressa não mais somente em termos de especificações físicas; é, agora, concebida buscando atender às expectativas dos clientes.

A qualidade do serviço em relação ao consumidor foi abordada no Capítulo 8 em uma discussão sobre a criação de questionários de avaliação de eventos, tendo sido apontados como base para a qualidade *confiança, recep-*

tividade, segurança, empatia e *tangibilidade.* Contudo, há outras definições desse conceito na bibliografia que serão discutidas a seguir.

Reeves e Bednar (1994), em seu estudo sobre a evolução do significado de qualidade, concluíram que a essência de todas as diversas definições resulta apenas em quatro categorias básicas: *qualidade é conformidade a especificações; qualidade é excelência; qualidade é o atendimento e/ ou superação das expectativas do consumidor;* e *qualidade é valor.* O Quadro 10.1 apresenta e descreve um esquema dessa classificação, resumindo as definições conforme as quatro categorias de Reeves e Bednar.

Quadro 10.1   Resumo das definições de qualidade conforme as quatro categorias de Reeves e Bednar.

Qualidade é conformidade a especificações	Produto conforme o projeto ou especificação (Gilmore, 1974 apud Garvin, 1988).
	Conformidade com os requisitos (Crosby, 1979).
Qualidade é excelência	Atingir ou alcançar o mais alto padrão (Tuchman, 1980 apud Reeves e Bednar, 1994).
Qualidade é o atendimento e/ou superação das expectativas do consumidor	Extensão da discrepância entre as expectativas e os desejos do consumidor e suas percepções (Zeithaml et al., 1990).
Qualidade é valor	O processo dinâmico de criação de valor (Saad e Siha, 2000).
	O quanto o desempenho de uma empresa equivale ao custo do consumidor (Watkins, 2006).

Qualidade é conformidade a especificações

Definir qualidade como conformidade a especificações dá ao produtor ou fornecedor de serviços e aos consumidores um padrão que pode ser acordado antes que se feche um negócio. Se a qualidade do produto é questionada, as especificações são examinadas. Isso significa que: "Qualidade é o grau pelo qual um produto específico se ajusta a um projeto ou especificação" (Gilmore, 1974 apud Garvin, 1988, p. 41). Se o produto atende às especificações, é de qualidade; se não atende, não é.

Em 1979, essa definição de qualidade foi expandida pelo executivo Philip Crosby, ao apresentar uma outra mais abrangente, aplicável quando o enfoque não é relacionado apenas a um produto. Ele definiu qualidade como "conformidade aos requisitos" (Crosby, 1979, p. 17) e explicou que qualquer coisa que tiver esse quesito analisado, incluindo "qualidade de vida", precisa ser decomposta, de forma que cada parte componente possa ser especificamente definida com a finalidade de torná-la mensurável. Se cada parte componente é comparada a uma medida predeterminada aceitável e atende às especificações, então o todo é considerado de qualidade. Como ele aponta:

> As pessoas que querem falar sobre qualidade de vida precisam definir tal vida em termos específicos, como renda, saúde, controle de poluição, programas políticos e outros itens desejáveis que possam ser mensurados individualmente. Quando todos os critérios são definidos e explicados, então a medida da qualidade de vida é possível e exequível. (Crosby, 1979, p. 17)

Desse modo, este conceito como conformidade a especificações foi expandido para ser aplicado não apenas a mercadorias, mas também a serviços.

Qualidade é excelência

A concepção de qualidade como excelência exige que algo seja o melhor que possa ser. Se for encontrada uma melhor alternativa, então a anterior já não é mais tida como de qualidade. Quando Henry Ford apresentou o Modelo T da Ford como um "carro universal", disse que precisaria ter certos atributos (Ford e Crowther, 1922), sendo que o primeiro se relacionava com a qualidade dos materiais utilizados.

> Qualidade no material para prestar o serviço. O aço vanádio é o mais forte, mais resistente e mais duradouro dos aços. Ele forma a base e a superestrutura dos carros. Nesse sentido, é o de mais alta qualidade em todo mundo, independente do preço (Ford e Crowther, 1922, p. 68).

Embora Ford não tenha definido essa ideia, fica óbvio em sua descrição que a excelência era o fator determinante, ao indicar que aço de qualidade significa o melhor aço disponível a qualquer preço.

A definição de Tuchman (1980 apud Reeves e Bednar, p. 420) também aponta que qualidade é excelência. Tuchman coloca que ela

Significa investimento nas melhores capacidades e esforços para produzir o melhor e mais admirável resultado possível [...] qualidade é atingir ou alcançar o padrão mais alto em vez de estar satisfeito com algo medíocre ou fraudulento [...] isso não permite comprometimento com algo de segunda categoria.

Qualidade como excelência significa ser reconhecido por um produto ou serviço excepcional.

Qualidade é valor

Entender qualidade como valor implica que consumidores de produtos ou serviços de segunda categoria ainda podem considerá-los como de qualidade se estiverem posicionados financeiramente como sendo de valor justo. Em outras palavras, se você "recebe por aquilo que paga", então as transações de qualidade envolvem oferecer valor em vez de excelência absoluta.

Saad e Siha (2000, p. 1152) enfatizaram a qualidade como sendo mais do que somente um resultado final: é um "processo dinâmico de criação de valor" constante. Uma interpretação dessa definição foi apresentada pelo executivo Dave Watkins (2006, p. 23), que aponta: "Qualidade define o quanto uma empresa satisfaz o elemento desempenho em uma equação de valor". Ele esclareceu o conceito, indicando que "o consumidor define o valor (desempenho em relação ao custo)". Ambas interpretações reconhecem que a qualidade está relacionada com o preço que consumidores pagam pela mercadoria ou serviço. Aqueles que pagam mais, querem mais de retorno.

Qualidade é o atendimento e/ou superação das expectativas do consumidor

Qualidade tem sido compreendida como o atendimento e/ou a superação das expectativas do consumidor. Contudo, quando se trata de definir expectativas para um serviço, prevalecem diversas opiniões.

Zeithaml et al. (1990, p. 19) observaram que "a qualidade do serviço, do modo como é percebida pelos consumidores, pode ser definida como a extensão da discrepância entre as expectativas ou desejos dos consumidores e suas percepções". Essa noção tem utilidade ao considerar as expectativas dos participantes de um evento, pois reconhece que cada grupo é único e pode ter necessidades ou desejos singulares que pretende satisfazer pela participação no evento. A definição também coloca no participante a responsabilidade de decidir se suas expectativas foram atingidas.

Definições atuais de qualidade e a falta de orientação para gerentes de eventos

Será que as atuais definições de qualidade são insuficientes quando se trata de gestão de eventos? Este autor acredita que sim, é esse o caso. Vamos rever brevemente as quatro definições básicas de qualidade com o intuito de examinar suas deficiências ao aplicá-las à função de um gerente de eventos.

Para começar, a definição de qualidade como conformidade pode ser empregada na gestão de eventos, pois se aplica quando há especificações predeterminadas em um contrato para cenários, iluminação ou equipamentos. Contudo, não existem especificações predeterminadas e predefinidas para serviços. Você consegue imaginar todos os envolvidos em um evento concordando com o que o significa, propriamente, por exemplo, um evento de entretenimento? E sobre quanto tempo de espera devem ter as filas se o evento envolver dezenas de milhares de pessoas? Além disso, os serviços devem ser fornecidos dentro de um ou dois minutos, como alguns podem esperar? As especificações não são percebidas da mesma maneira por todos os *stakeholders*, uma vez que não são predeterminadas por escrito: há a possibilidade de cada um usar sua ideia pessoal destas. Mesmo se todos pudessem concordar com elas para diversos elementos de um evento, o gerente deste não tem controle sobre todos eles, nem sobre os resultados do espetáculo.

Quando qualidade é definida como excelência, existem fatores que impedem um gerente de eventos de satisfazer esse padrão. Por exemplo, o orçamento ou os recursos podem não estar disponíveis para fazer de todos os componentes do evento os melhores possíveis. Ajustes devem ser feitos se o orçamento é restrito. Isso significa que qualquer evento forçado a se ajustar a restrições orçamentárias não deve ser produzido porque não será de qualidade? Se for produzido, o gerente pode de alguma maneira satisfazer o padrão de qualidade?

Se a qualidade é definida como valor, a premissa é que o consumidor teve um gasto para participar do evento. Muitas vezes, os eventos são gratuitos para espectadores e turistas, mas, mesmo que um espectador não pague nada para entrar em um evento, ele ainda quer saber se valeu a pena gastar

Facilitação da qualidade na gestão de eventos

seu tempo para assisti-lo. A noção de prover qualidade como valor é aplicável para os ingressos de eventos. Vamos imaginar um espectador que paga 100 euros pelo ingresso de um festival de música ao ar livre que inclui uma vista privilegiada perto do palco, com uma praça de alimentação exclusiva, assentos reservados e uma camiseta de lembrança. Agora, imagine outro que paga 15 euros por um ingresso geral para o mesmo evento, que inclui apenas um pequeno espaço na grama, com vista distante do palco. Ambos podem ter uma experiência de qualidade se acharem que seu dinheiro foi bem gasto. O que é a qualidade, quando existem ou não taxas? Um gerente de eventos consegue sempre satisfazer as expectativas de qualidade, quando o valor for estabelecido individualmente por cada membro de cada grupo de *stakeholders*?

Quando o atendimento e/ou a superação das expectativas dos consumidores é que definem a qualidade, não se pode considerar como realistas todas as expectativas. O velho ditado "você não pode agradar a todos todo o tempo" é algo que os gerentes de eventos nunca devem esquecer. Por exemplo, se um desses gerentes facilita estacionamento e acesso às instalações, alimentação e sanitários com comodidade, visão e artistas excelentes, mas o consumidor queria um espaço gratuito que cuidasse de crianças, então a avaliação do evento enquanto capaz de atender às expectativas é baseada em diferentes critérios. Do mesmo modo, nem toda pessoa que quer um autógrafo de um artista pode consegui-lo. O serviço de alimentação pode oferecer pratos internacionais suficientes para atender ao gosto de todos os *stakeholders*? Todos os cartões de crédito serão aceitos na bilheteria? Se as expectativas para um evento são estabelecidas individualmente, é realista dizer que o gerente deste pode atender e/ou superá-las? Acreditamos que algumas destas podem ser injustificadamente elevadas. Um gerente de eventos realmente pode atender às expectativas de todos os *stakeholders* (todos os artistas, todos os voluntários, todos os patrocinadores e cada espectador ou turista)? Se um gerente usa, para nortear seu trabalho, a definição de qualidade como o atendimento e/ou superação das expectativas, ele consegue ser bem-sucedido? Será que não há sempre alguns *stakeholders* descontentes, uma vez que eles definem pessoalmente suas expectativas? E se um ou mais membros da rede operacional envolvida no evento estiver descontente porque não ganhou camisetas? Isso significa que o gerente de eventos não produziu um evento de qualidade? Criar uma noção de qualidade que oriente um gerente de eventos para cumprir sua tarefa de facilitador é um desafio.

Embora as definições de qualidade na bibliografia tenham pontos positivos, nenhuma é verdadeiramente aplicável a todos os tipos de eventos. Isso certamente não significa que a qualidade deve ser desconsiderada pelo gerente de eventos: simplesmente indica que todos eles precisam criar uma definição exclusiva de qualidade que possa nortear seu trabalho.

Criar uma declaração de qualidade para orientar um evento é uma tarefa difícil. Muitas questões surgem quando um gerente de eventos tenta definir qualidade especificamente para sua função e tarefas. Alguns exemplos dessas questões são discutidos a seguir.

Questões ao definir qualidade em gestão de eventos

Um dos parâmetros para elaborar declarações de qualidade envolve a concentração em itens que um gerente de eventos pode controlar. O evento não pode prometer certo nível de excelência se a gerência, literalmente, não consegue executá-lo por causa de circunstâncias além de seu controle. A seguir, é apresentada uma lista de temas que podem afetar diretamente o evento, quer os *stakeholders* tenham suas expectativas razoavelmente atendidas ou não. Como você verá, muitos deles envolvem circunstâncias sobre as quais o gerente tem pouco controle.

Expectativas conflitantes de *stakeholders* influenciam a percepção de qualidade

O que acontece quando um grupo de *stakeholder* tem expectativas que conflitam diretamente com as de outro grupo? Imagine uma tensão potencial entre artistas e patrocinadores do evento. Suponha que o patrocinador principal tenha uma área de estar reservada perto do palco do espetáculo, onde recebe clientes atuais ou potenciais ou recepciona funcionários que estão sendo recompensados pelo seu desempenho. Como parte de uma experiência memorável para seus convidados, pode solicitar que os artistas estejam disponíveis para autógrafos, fotos e conversas. Os artistas, por outro lado, podem querer se concentrar em suas tarefas e talvez considerem que ficar na área de estar seja uma distração. Assim, eles podem achar que não têm obrigação de interagir com o patrocinador ou seus convidados. Mesmo quando contratados para isso, eles podem optar por oferecer apenas um nível mínimo de serviço. Espera-se que um gerente de eventos seja o facilitador de um resultado positivo dessas duas expectativas contraditórias. Ao prometer elementos que pode controlar e ao deixar claro que não pode atender aos que estão fora de seu controle, um gerente de eventos pode, potencialmente, modificar as expectativas razoáveis de um *stakeholder* e facilitar um resultado satisfatório para todas as partes.

Controle limitado sobre recursos influencia a qualidade

Um evento precisa de recursos. O gerente de eventos precisa solicitar suprimentos dos fornecedores locais e externos. Por exemplo, dependendo da natureza do evento, pode ter que pedir todos os itens para uma coletiva de imprensa que o antecede, incluindo uma plataforma e mesas para acomodar os membros que falarão com a imprensa, juntamente com toalhas de mesa, microfones, cadeiras para a imprensa, entre outros. Além disso, pode prever uma checagem técnica um pouco antes da coletiva de imprensa para ver se tudo está funcionando bem. Contudo, se, durante a coletiva, um microfone tiver problemas técnicos, isso representaria que o evento não tem qualidade? Ou é a maneira como você lida com isso que indicaria se este é de qualidade? Se você tem um técnico pronto para solucionar o problema ou planejou antecipadamente usar um microfone extra em casos como esse, ele seria de qualidade? A resposta é óbvia. Como foi mencionado anteriormente, o planejamento de contingências é uma preocupação fundamental para um gerente de eventos.

Restrições financeiras influenciam a qualidade

A maior parte dos gerentes de eventos precisa lidar com algumas restrições financeiras causadas por problemas relativos ao fluxo de caixa. Se este se torna inesperadamente escasso, pode ser que você não consiga arcar com as despesas necessárias para atender às expectativas de alguns de seus *stakeholders*. Por exemplo, muitos dos seus espectadores podem querer comprar produtos requintados na loja de suvenires, como blusas bordadas. Contudo, o custo para solicitar esses itens é alto e, considerando o tempo que o fornecedor de vestuário leva para entregar uma grande encomenda personalizada, você teria de fazer o pedido com semanas de antecedência e dar a ele um prazo de entrega de algumas semanas antes da data do evento em si, como garantia caso ocorressem atrasos por parte do fornecedor. Isso pode significar pagar por essas blusas antes de ter o grande fluxo de caixa que se espera gerar durante o evento (vendas de ingressos no dia, concessões de espaços, vendas da loja de suvenires etc.).

De forma ideal, o gerente de eventos terá experiência suficiente em finanças para buscar patrocinadores que paguem parte de suas taxas de patrocínio bem antes do evento e encorajar espectadores a comprar seus ingressos ou entradas – entre outros –, tendo assim um orçamento que considere de antemão esse fluxo de caixa. Isso ajuda a garantir fluxo de caixa suficiente bem antes da data de abertura do evento, a fim de possibilitar a compra de todos os recursos de qualidade necessários. Se, no entanto, nas semanas que antecedem ao evento, a receita real proveniente dos patrocinadores e dos ingressos já vendidos estiver aquém dos números projetados no orçamento, talvez não haja fundos necessários para comprar itens requintados, como blusas bordadas, quando chegar a hora de realizar o pedido. Isso não é bom. O gerente de eventos poderia ser forçado a comprar itens mais baratos (como camisetas estampadas feitas de algodão com poliéster) para estocar na loja de suvenires. Quando os espectadores finalmente comparecessem, muitos não encontrariam os itens procurados e deixariam o evento sem ter suas expectativas alcançadas de forma satisfatória. Provavelmente, contariam a seus amigos que tiveram uma experiência que não atingiu suas expectativas e acrescentariam que o que perceberam como falta de qualidade seria o que não os fariam retornar. Se muitos outros espectadores fizessem o mesmo, seu evento poderia entrar em uma espiral descendente da qual nunca se recuperaria.

Como o gerente de eventos pode evitar esse tipo de percepção negativa? Não há respostas fáceis. Questões de finanças e de fluxo de caixa incomodam muitas empresas e organizações. Se a sobrevivência financeira depende da venda de cotas aos patrocinadores e da venda antecipada de ingressos, então, você, o gerente de eventos, deve ensinar à sua equipe de vendas que o sucesso delas nos meses e semanas que precedem o evento é crucial. Em um contexto maior, todos os estudantes interessados em gestão de eventos devem começar a considerar aprender tudo o que puderem sobre o processo de vendas; a qualidade do seu futuro evento talvez dependa da sua habilidade de vendê-lo.

Planos de contingência influenciam a qualidade

Ninguém precisa avisar a um gerente de eventos que as coisas podem dar errado. Eles precisam planejar para o futuro, na esperança de identificar todo obstáculo potencial no caminho, desenvolvendo planos de contingência. Por exemplo, um gerente de eventos experiente pode prever que o atacadista de alimentos não vai entregar exatamente o produto solicitado. Nesse caso, o plano de contingência pode autorizar o diretor de concessões a chamar um atacadista alternativo para providenciar a entrega do produto necessário, uma providência bem objetiva que assegura um produto de qualidade.

Contudo, nem todos os planos de contingência podem ser implantados de uma forma tão simples. Suponha um evento ao ar livre que não pode ser realizado com clima ruim, como um festival de fogos de artifício. Um plano de contingência simples para um festival de fogos é divulgar tanto a data específica na qual o evento será realizado (com a observação de se o tempo permitir) e uma data alternativa caso o show seja cancelado por mau tempo. O problema está na imprevisibilidade do mau tempo. Imagine que seu festival de fogos de artifício esteja programado para as 21h00 de um sábado, e o dia seguinte previsto como data alternativa. Na quarta-feira que antecede o evento, a previsão do tempo começa a alertar para tempestades na noite de sábado. Você pode ter certeza que o telefone começa a tocar nesse dia, com participantes potenciais preocupados, perguntando se o evento vai ser adiado. Talvez as pessoas que estejam ligando morem a algumas horas de distância e planejem deixar suas casas ao meio-dia de sábado, para ir às compras e desfrutar um jantar antes do festival de fogos, mas não queiram passar tantas horas no carro e não ver o espetáculo. Apesar de entender a situação deles, você também sabe que, mesmo que a previsão esteja correta, uma tempestade à noite pode significar chuva das 17h30 às 18h30, deixando tempo de sobra para as coisas secarem o suficiente antes do show às 21h00, ou chuva às 23h00, bem depois do fim do evento. Você também sabe que, para cada participante que poderia facilmente comparecer ao evento na data alternativa, um não poderia. Talvez, ainda, centenas de turistas tenham planejado o final de semana em função do evento e tenham reservado hotéis apenas para sábado à noite, tendo que retornar às suas cidades no domingo de dia. Se você adiasse o festival com um ou dois dias de antecedência e, no final, as coisas estivessem secas o suficiente às 21h00 de sábado para que o festival pudesse ter ocorrido, os turistas de fora da cidade provavelmente concluiriam que suas expectativas não foram atingidas. Mas se você esperasse até a noite do festival e decidisse adiar, as pessoas que foram até lá nesse dia e que poderiam ter facilmente reorganizado sua viagem para o próximo dia concluiriam, possivelmente, que suas expectativas não foram atingidas de maneira satisfatória. Como gerente de eventos, o que você poderia fazer?

Infelizmente, com frequência as características da previsão do tempo exigem que o gerente confie em seus instintos antes do evento. Se, nas horas que o antecedem, ainda parecer que há uma possibilidade razoável de tudo correr como planejado, o gerente de eventos pode optar por continuar até o céu se abrir, mesmo sendo minutos antes da hora marcada. Contudo, se ao meio-dia a previsão mostrar claramente uma nuvem carregada se movendo lentamente para o local do seu evento e a meteorologia prever seis horas de forte chuva começando às 19h00, o gerente deve anunciar o adiamento às 13h00. Na maioria dos casos envolvendo tempo ruim, os telefones da sede do evento tocam ininterruptamente antes, durante e depois deste, com pessoas querendo saber se ele ainda vai acontecer, quando a decisão de cancelamento (ou não) será tomada, por que a decisão de adiá-lo não foi tomada antes, querendo reclamar que seus planos para o fim de semana foram arruinados por decisões ruins da equipe do evento e assim por diante. O melhor que um gerente pode fazer é treinar a equipe responsável por atender aos telefonemas sobre o que e como falar com o público. Se todos os funcionários forem informados das razões pelas quais as decisões de proceder ou adiar foram tomadas, eles terão a oportunidade de avisar as pessoas que ligarem, sendo que essa informação pode, de fato, esclarecer os visitantes a ponto de concluírem que suas expectativas em relação à gestão do evento não eram tão razoáveis como pensavam. Em tal situação, o visitante que telefona (e questiona a qualidade do evento antes de ligar) não terá a mesma opinião quando desligar o telefone.

Apesar das dificuldades, espera-se que um gerente de eventos seja capaz de produzir um trabalho de qualidade. Portanto, precisa ser capaz de estabelecer um conceito de qualidade para norteá-lo.

Criação de declarações de qualidade para orientar gerentes de eventos

Todo gerente de eventos que deseja fornecer uma mercadoria ou serviço de qualidade deve abordar a questão em uma declaração formal. Cada declaração de qualidade deve tratar tanto da definição específica de qualidade quanto de como esta será alcançada.

Não há um caminho padrão para se elaborar essa declaração. Uma rápida busca na internet revela um grande número de organizações tentando criá-las. As declarações de qualidade podem ser curtas, escritas em duas sentenças, ou longas a ponto de ocupar diversas páginas. Quando é muito curta, existe a possibilidade de ser tão vaga que não faça sentido; quando muito longa, pode não ser suficientemente memorável para servir como um guia útil.

Neste momento, pense em um evento que você se imagine gerenciando um dia. Dedique um tempo, agora, para criar uma declaração de qualidade para ele. Considere o que a bibliografia oferece ao definir qualidade e quais elementos você pode utilizar. Também leve em conta que o evento pode já ter sua missão, visão e valores definidos, de modo que sua declaração deve ser congruente com as outras. A diferença é que a declaração de qualidade que você está desenvolvendo precisa nortear seu trabalho como facilitador e estar disponível como um fundamento plausível para avaliá-lo durante e ao final do evento.

Sua declaração de qualidade precisa integrar por completo as atividades que você é pessoalmente responsável por facilitar como gerente de eventos.

Um exemplo de declaração de qualidade

Imagine um torneio de basquete de três contra três realizado anualmente em uma cidade pequena, promovido e gerenciado por uma organização local de basquete juvenil, chamada "Grupo do Vale". O torneio destina-se a ser tanto uma celebração dos jogos como um meio de arrecadação de fundos para a organização. Quadras externas temporárias são montadas em um parque localizado em uma área residencial próxima ao centro da cidade. Dezenas de times, agrupados de acordo com a idade, sexo e habilidade, jogarão o fim de semana todo até os ganhadores de cada divisão serem conhecidos, no final da tarde de domingo. Como seria a declaração de qualidade para o "Grupo do Vale"?

Declaração de qualidade para o Grupo do Vale

O Grupo do Vale está comprometido em atender ou superar as expectativas razoáveis de todos os *stakeholders* do evento, incluindo os jogadores, espectadores, patrocinadores, voluntários e governo municipal. A gerência do Grupo do Vale incentiva ativamente a contribuição de todos os grupos de *stakeholders* a fim de determinar, de modo coletivo, o que constituem as "expectativas razoáveis". Esse processo é contínuo, pois as "expectativas razoáveis" podem mudar todo ano, à medida que o evento evolui. Um processo completo para formação de voluntários será implantado antes do evento, capacitando-os para lidar com as preocupações corriqueiras dos *stakeholders* durante ele, de forma que as "expectativas razoáveis" sejam atendidas em tempo hábil. A gerência do Grupo do Vale estará constantemente em contato por rádio com voluntários, caso alguma preocupação atípica dos *stakeholders* surja durante o evento: nesses casos, a gerência se encontrará com eles o mais rápido possível para regularizar a situação. Após a conclusão do evento, a gerência do Grupo do Vale estará disponível para se reunir com *stakeholders* para corrigir quaisquer problemas relacionados com o atendimento de suas "expectativas razoáveis".

Embora seja discutível se essa declaração de qualidade é muito ou pouco detalhada, parece atender aos requisitos básicos desta: definir qualidade e indicar como será alcançada.

Para trazer novas contribuições para orientá-lo no desenvolvimento de uma declaração pessoal de qualidade, seguem alguns comentários sobre qualidade feitos por membros da indústria de gestão de eventos.

> Com apenas uma chance de primeira impressão, é crucial planejar cuidadosamente todas as situações possíveis. O planejamento cauteloso das contingências para diversas situações é, frequentemente, a diferença entre um evento de sucesso e um evento que não terá continuidade.
>
> (Andrew Pittam, gerente de operações,
> Event Properties International Management Group [IMG], Canadá)

> Qualquer coisa que aconteça no campo ou na quadra irá se resolver por si mesmo. Queremos que o time dos visitantes fique impressionado com o jeito que os tratamos; começando do momento que eles chegam até sua partida das instalações. Essa é nossa filosofia, que norteia a qualidade nas operações de nossos jogos.
>
> (Tom Calder, diretor da Atlética e Recreação, Johns Hopkins University,
> Divisão Masculina de Lacrosse 1, National Collegiate Athletic Association [NCAA],
> Campeões de 2007)

> Um evento bem-gerenciado em instalações limpas e modernas, com atendimento ao consumidor superior e com um produto que supere as expectativas criará consumidores satisfeitos e embaixadores para o evento. O mal-gerenciado, por outro lado, pode anular os efeitos de todo o dinheiro

Facilitação da qualidade na gestão de eventos

gasto e do trabalho para atrair clientes a seu evento. Um evento mal-gerenciado que deprecia a experiência dos fãs irá custar-lhe clientes no futuro e limitar a possibilidade do seu evento crescer e florescer.

(John Pesetski, diretor de propaganda e promoções,
National Hot Rod Association)

Você atinge a excelência quando sua equipe tem padrões elevados para todos, também para artistas e convidados que entram nas instalações do seu evento. Cada funcionário precisa dar a máxima atenção aos detalhes para garantir uma experiência positiva. Quando você consegue isso, seu dia é um sucesso e a qualidade que você tanto buscava é reconhecida por uma grande diversidade de pessoas.

(Rob Staverman, diretor de operações de eventos,
United Center, Chicago, Illinois, EUA)

Qualidade é fundamental para proporcionar uma excelente experiência para nossos 30.000 participantes e realçar nossa marca. Coletivamente, desenvolvemos um plano que nos ajuda a permanecer focados e no caminho certo. Nosso objetivo final é que os participantes tenham uma experiência positiva e retornem ao nosso evento todos os anos.

(Lindsay Crosby, gerente, Run for the Cure,
Canadian Breast Cancer Foundation, Toronto, Ontário, Canadá)

Há muitas declarações de qualidade. Cada gerente de eventos precisa de uma elaborada pessoalmente sob medida para nortear seu trabalho.

Conclusão

Nenhum gerente de eventos pretende dedicar incontáveis horas e energia para produzir um evento sem qualidade. Todo o planejamento cuidadoso que o produz deve ser feito considerando a qualidade. Em virtude de cada evento ter componentes singulares, os gerentes devem definir qualidade de modo que faça sentido para cada situação em particular. A fim de garantir que esse conceito seja atendido, devem também ser instituídas políticas na declaração de qualidade, que sejam significativas e de fácil implantação. Os gerentes também devem perceber que outros temas – como expectativas conflitantes de *stakeholders*, controle limitado sobre recursos, restrições financeiras e planos de contingência – podem representar desafios para qualquer pessoa que deseje facilitar a produção de um bom evento. Gestão de eventos é uma área complexa e desafiadora, e uma declaração de qualidade pessoal, estabelecida para orientar a facilitação do evento é um elemento-chave para o sucesso nessa indústria.

Questões

1. Descreva como as quatro categorias básicas de qualidade (conformidade a especificações, excelência, valor e atendimento e/ou superação das expectativas dos consumidores) podem criar problemas para um gerente de eventos.

2. Discuta como a percepção dos *stakeholders*, o controle limitado, as restrições financeiras e os planos de contingência afetam a qualidade buscada por um gerente de eventos.

3. Descreva uma declaração de qualidade que o orientaria se você fosse um gerente de eventos.

4. Quais são as questões que surgem ao tentar criar uma declaração definitiva de qualidade?

5. Por que o conceito de qualidade é impreciso na gestão de eventos?

11

Uma abordagem integral de aprendizagem experiencial: fundamento para a gestão de eventos e o desenvolvimento pessoal

Beth Jowdy, Southern New Hampshire University
Mark McDonald, University of Massachusetts, Amherst
Kirsty Spence, Brock University

Para ser bem-sucedido como gerente de eventos, é preciso ter um profundo entendimento das diversas áreas mencionadas neste livro. Compreender e obter conhecimento nesses tópicos, contudo, é apenas o começo do seu desenvolvimento como um gerente de eventos. Agora, sua capacidade para fazer avançar o seu conhecimento será reforçada pela adoção de uma abordagem integral da experiência de gerir um evento no "mundo real".

Com esse objetivo, este capítulo está organizado em quatro seções: primeiro, você vai aprender o que é uma abordagem integral de aprendizagem experiencial; depois, vai ver como a abordagem integral é aplicada nos cursos experienciais de gestão de eventos; em terceiro lugar, você vai aprender a maximizar seu desenvolvimento pessoal em gestão de eventos; por último, vai poder recapitular os pontos-chave que foram discutidos neste capítulo.

Quando você terminar este capítulo, vai entender como aprender e se desenvolver por meio da experiência de gerir um evento. Em outras palavras, você terá um modelo que poderá ser usado para entender suas experiências de gestão de eventos dentro e fora da sala de aula, e poderá perceber como esse modelo contribui para o seu desenvolvimento pessoal.

Abordagem integral de aprendizagem experiencial

Definindo aprendizagem experiencial

A partir de sua experiência pessoal, você com certeza conhece as abordagens tradicionais de aprendizagem em um contexto escolar, envolvendo, geralmente, um formato padrão de leitura e discussão, no qual a informação é disseminada pelo professor. Você a recebe e, então, demonstra seu entendimento do assunto por meio de diversas formas de avaliação, como testes, redações e apresentações. Nessa abordagem, o conteúdo do curso é explicitamente delineado em um plano de ensino e as aulas são organizadas tanto pelos livros didáticos quanto pelas leituras acadêmicas. Por outro lado, no contexto de aprendizagem experiencial, espera-se que você, como aluno, tenha participação ativa no seu próprio aprendizado por meio do estabelecimento de assuntos a serem aprendidos e dos resultados subsequentes.

A teoria da aprendizagem experiencial datada da década de 1930, com a *teoria da experiência e educação* de Dewey (1938), que acreditava que a teoria e a prática podiam ser unificadas por meio do aprendizado com a experiência. Qualquer ensinamento permite o desenvolvimento pessoal dos alunos, de acordo com seu crescimento físico, intelectual e moral, o que pode e deve prepará-lo para experiências posteriores mais profundas e de maior qualidade. Seguindo a filosofia de Dewey, Kolb (1984) acredita que a reflexão e a observação transformam experiências concretas em ações mais significativas para os estudantes.

Kolb (1984, p. 38) define *aprendizagem experiencial* como "o processo pelo qual o conhecimento é criado por meio da transformação da experiência". De acordo com Kolb, a aprendizagem ocorre quando indivíduos se deparam com uma experiência e lidam com ela por meio da observação e reflexão, fazendo perguntas, criando generalizações e buscando respostas para questões ou soluções de problemas. A partir disso, Kolb desenvolveu um modelo prático para compreender como um indivíduo aprende com conhecimentos, constando de quatro elementos: experiência concreta, observação reflexiva, conceituação abstrata e experimentação ativa (Figura 11.1).

Figura 11.1 Modelo de aprendizagem experiencial de Kolb.
Fonte: Adaptada de Kolb (1984).

Além de Dewey (1938) e Kolb (1984), diversas teorias e abordagens voltadas à aprendizagem experiencial surgiram em relação à educação superior, formando duas grandes vertentes teóricas. A primeira inclui Dewey, Kolb e outros autores centrais, como Boud e Walker (1991), Lewin (1951), Mezirow (1991), Piaget (1951) e Schön (1983). Essa corrente enfoca o aprendizado e significado da forma como é derivado de uma experiência do *indivíduo* e sua criação ou construção de conhecimento pessoal, independente de outras pessoas da sala de aula ou de experiências compartilhadas.

A segunda vertente é representante de perspectivas que enfocam o questionamento *coletivo* (Argyris, 1991; Argyris e Schön, 1996; Fenwick, 2000, 2001; Holman, Pavlica e Thorpe, 1997; Kayes, 2002; Taylor, 1998; Vince, 1998; Yorks e Kasl, 2002). Segundo esses autores, a aprendizagem não acontece de forma independente das relações culturais, históricas e sociais; ocorre por meio da compreensão de significados compartilhados a partir de situações vividas pelos alunos com outras pessoas (conhecimento social).

A abordagem integral de Wilber

As principais teorias que compõem essas duas vertentes podem ser exploradas na *abordagem integral*, que é ainda mais ampla. O modelo integral de Todos os Quadrantes, Todos os Níveis (AQAL, do original em inglês *All Quadrant, All Level*), de Wilber (1995, 2000a, 2000b), pode ser aplicado para o potencial de aprendizagem e o desenvolvimento pessoal disponíveis quando você estiver envolvido em experiências de gestão de eventos (Quadro 11.1 – Abordagem integral AQAL de Wilber). O modelo AQAL oferece uma abordagem mais holística ao integrar perspectivas individuais e coletivas e pode ser aplicado à aprendizagem experiencial na área de gestão de eventos.

Ao aplicar uma abordagem integral, pode-se entender, de forma mais holística, nossas experiências e nosso desenvolvimento pessoal por meio de quatro perspectivas centrais, que levam em conta as vivências individuais e coletivas, interiores e exteriores. Tal abordagem pode criar uma visão completa dos problemas que os gerentes de eventos enfrentam e identificar diversas soluções para saná-los. Neste capítulo, você será capaz de identificar formas pelas quais essas perspectivas, conhecidas como os quatro quadrantes, podem ajudá-lo a aprender com as experiências de gestão de eventos.

Quadro 11.1   Abordagem integral AQAL de Wilber.

Quadrante Superior Esquerdo (QSE)	Quadrante Superior Direito (QSD)
Individual interior	*Individual exterior*
Representa os sentimentos, experiências e intenções subjetivos de um aluno ao gerir um evento.	Representa os aspectos objetivos, empíricos e mensuráveis de um aluno, incluindo suas ações concretas e modificações psicológicas.
Quadrante Inferior Esquerdo (QIE)	Quadrante Inferior Direito (QID)
Coletivo interior	*Coletivo exterior*
Representa os significados compartilhados que o grupo coletivo de alunos tem, que ganham sentido ao ser incorporados no contexto de uma experiência de gestão de eventos.	Representa todos os aspectos organizacionais objetivos, empíricos e mensuráveis (tais como sistemas, estruturas e processos) e como eles se encaixam funcionalmente para criar um evento eficaz e de sucesso.

Fonte: Adaptada de Ingersoll (2005) e Wilber (1995, 2000a, 2000b, 2006).

Por meio do modelo AQAL, pode-se observar nossa realidade (o que vivenciamos) a partir das *metades superiores e inferiores*, que fornecem, respectivamente, perspectivas individuais e coletivas. As perspectivas associadas à metade superior relacionam-se com o desenvolvimento dos aspectos individuais de realidade, enquanto que as ligadas à metade inferior relacionam-se com o desenvolvimento dos aspectos coletivos de realidade.

Nossa realidade também pode ser observada a partir do *lado direito e esquerdo*, sendo que o lado esquerdo relaciona-se com interpretações subjetivas, individuais e coletivas, da realidade, enquanto que o direito relaciona-se com estudos empíricos, individuais e coletivos, das perspectivas exteriores de realidade. As metades superiores e inferiores e os lados esquerdo e direito unem-se de forma integral para representar *quatro quadrantes*. A descrição de cada quadrante é apresentada a seguir.

Quadrante Superior Esquerdo (QSE): corresponde ao *desenvolvimento interior e subjetivo da intenção, consciência, experiência e motivação de uma pessoa*. Ao se desenvolver, a pessoa se torna cada vez mais consciente de suas experiências, pensamentos imediatos e sentimentos. Por meio de autorreflexão, diálogo e criação de imaginário simbólico, a pessoa é capaz de interpretar e derivar significados a partir da consciência das vivências com as quais se depara e dos pensamentos produzidos por essas experiências.

Quadrante Inferior Esquerdo (QIE): corresponde ao *desenvolvimento interior e intersubjetivo da cultura coletiva, caracterizada por opiniões, valores, sentimentos e linguagem compartilhados*. A partir da perspectiva desse quadrante, a cultura coletiva se desenvolve ao redor da comunicação de significados e interpretações compartilhados, que são sempre sensíveis ao contexto no qual estão inseridos. A intersecção entre QSE e QIE indica que uma pessoa sempre interpreta seus conhecimentos baseada em como eles se ajustam aos pensamentos representativos de grupos coletivos inseridos em um determinado contexto.

Quadrante Superior Direito (QSD): corresponde à *forma objetiva, exterior e observável de qualquer pessoa, coisa ou acontecimento*. Quando aplicado a fatos observáveis no contexto de trabalho, o QSD se refere a descrições de funções, níveis salariais e tarefas individuais. Quando aplicado a pessoas, o QSD se refere a observações objetivas do comportamento dos indivíduos, como ações físicas (por exemplo, quando as pessoas sorriem, fazem caretas ou choram) e mudanças psicológicas (por exemplo, quando as ondas cerebrais ou níveis hormonais são rastreados).

Quadrante Inferior Direito (QID): corresponde à *forma objetiva, exterior e observável de diversos grupos que formam o sistema funcional de uma organização*. No contexto de trabalho, a perspectiva QID relaciona-se com todas as tecnologias, forças de produção, sistemas, estruturas e processos institucionais que se interconectam para formar um sistema eficaz e executável.

Wilber (2006, p. 23) afirma que "os quadrantes são simplesmente o lado de dentro e de fora do indivíduo e do coletivo; para ser tão integral quanto possível, a questão é a necessidade de considerar todos os quadrantes". Isso significa que nenhuma metade (superior ou inferior), lado (esquerdo ou direito) ou quadrante (QSE, QIE, QSD, QID) é melhor ou mais valioso que outro. Todas as perspectivas são respeitadas como igualmente significativas para o seu aprendizado e desenvolvimento pessoal, sendo interconectadas como perspectivas importantes para explicar o comportamento organizacional e para gerar soluções criativas e conclusivas para problemas que enfrentamos ao gerenciar um evento. Então, o que isso significa no contexto de gestão de eventos e do seu curso?

Aplicação da abordagem integral à gestão de eventos

Talvez seu objetivo principal ao escolher este curso seja aprender sobre os diversos aspectos da gestão de eventos. Caso positivo, você deve estar interessado em compreender seu conteúdo sob a ótica do QID: por exemplo, você presta especial atenção aos sistemas legal, administrativo, de comunicação e outros sistemas organizacionais que interferem na eficiência e eficácia das funções de um evento. Ou, se lhe fosse dada a oportunidade de realizar um evento no "mundo real" como parte do curso, você poderia se interessar e querer aprender sobre habilidades necessárias, peculiaridades pessoais e características requeridas de um indivíduo ou grupo para ser bem-sucedido. Se fosse isso, você prestaria especial atenção no seu comportamento e no de outras pessoas (QSD) e nas suas interpretações de seus sentimentos (QSE) quando pressões intensas tornam-se um ponto principal. Você também pode ter ingressado em um curso de gestão de eventos por conta do senso de camaradagem e trabalho em equipe inerente à profissão. Sendo assim, você deve prestar especial atenção para aprender sobre o compartilhamento de valores e cultura entre os grupos de gestão de eventos (QIE).

É claro que você pode estar interessado em todas essas perspectivas oferecidas pelo curso de gestão de eventos e, nesse caso, deve prestar atenção a todos os quadrantes do modelo integral AQAL. Atentar a todos os quadrantes ou a um deles influencia como você vê e, consequentemente, trabalha nas tarefas de gestão de eventos.

Embora cada um dos seus interesses de aprendizagem represente um resultado legítimo e programado da participação em um curso de gestão de eventos, se for tomado separadamente e sem a integração adequada sua experiência de aprendizado não será maximizada. O objetivo de um curso de gestão de eventos deve incluir e ir além dos conhecimentos e habilidades para seu desenvolvimento pessoal. Saber "como" organizar e gerenciar um evento não necessariamente significa que você é um gerente eficaz ou que tem as competências necessárias para trabalhar com outras pessoas em um ambiente emocionalmente carregado, como o de gestão de eventos. A aplicação da abordagem integral de Wilber em um curso experiencial, que ofereça a oportunidade de realizar um evento real, o expõe à aprendizagem aprofundada e ao desenvolvimento pessoal que se tornam disponíveis por meio dessa experiência e de todas as outras futuras, pessoais e profissionais.

Outra maneira de entender a aplicação do modelo integral é relacionar os quatro quadrantes aos componentes necessários para uma experiência de aprendizagem significativa (Andresen et al., 2000; Boud, 1993; Boud e Walker, 1990). Ao inscrever-se em um curso experiencial de gestão de eventos ou ao ser contratado pela primeira vez por uma organização de gestão de eventos, você não opera isolado dos outros, nem do ambiente no qual estuda ou trabalha.

Todos os *stakeholders* internos e externos são necessários e fundamentais para o seu desenvolvimento e para o sucesso do evento. Os componentes da aprendizagem experiencial, *base pessoal, intenção* e *ambiente de aprendizagem*, são cruciais para compreender a relação entre o indivíduo, o coletivo e o ambiente. Quando aplicados aos quatro quadrantes, a relação entre esses elementos e sua experiência é esclarecida.

Individual

A *base pessoal* de alguém parece existir na "realidade" característica individual, interior e subjetiva do QSE; é composta pelas interpretações de experiências prévias, histórico em situações de aprendizagem, pressupostos, valores e estruturas conceituais de uma pessoa (Boud, 1993; Boud e Walker, 1990). Essas experiências prévias, pressupostos e valores podem afetar o que "eu" faço, como "eu" faço e minha segurança e habilidade para agir ao trabalhar com outras pessoas (Boud e Walker, 1990, p. 63). Como "eu" penso, o que "eu" acredito ser verdade sobre minhas habilidades e sobre os outros interfere diretamente em minha habilidade para aprender e me envolver em novas experiências. Por exemplo, seu desempenho anterior como membro de uma equipe serve como base na formação de suas perspectivas, habilidades e nível de confiança, afetando seu futuro como membro importante para contribuir com uma equipe de gestão de eventos.

Da mesma forma, *a intenção* também existe na realidade subjetiva característica do QSE e é definida como o aspecto racional a partir do qual um aluno escolhe se envolver em um determinado curso ou experiência. A intenção pode estar ligada a valores centrais, ideais ou a um desejo de aprender sobre uma carreira especial em primeira mão (Boud e Walker, 1990). Em um contexto experiencial, é a intenção que induz e interfere na quantidade de esforço que "eu" faço para alcançar meus objetivos de aprendizagem e para explorar interações e observações dentro da estrutura de minha experiência de gestão de eventos. Por exemplo, uma pessoa que deseje ser gerente geral de um time profissional de futebol pode ficar altamente motivada pelo trabalho em funções operacionais de um torneio comunitário de futebol.

Além disso, a intenção pode existir na "realidade" individual exterior, característica do QSD de qualquer experiência. Na perspectiva desse quadrante, a intenção é revelada por meio dos aspectos objetivos e observáveis do comportamento de um indivíduo. Por exemplo, um aluno que comparece consistentemente às 7h45, munido de todas as tarefas de gestão necessárias para o encontro semanal das 8h00 com o departamento de marketing, pode sugerir uma intenção forte e positiva.

Em essência, conforme o aluno observa seu próprio comportamento e respostas fisiológicas durante uma determinada experiência, aumenta seu discernimento sobre suas motivações. Se as ações e comportamentos de uma pessoa não são os necessários para alcançar um objetivo de aprendizagem ou de gestão de eventos específicos, ou para cumprir uma tarefa em particular, então pode haver falta de intenção (desejo). Como indivíduos, nossa base pessoal e nossa intenção influenciam no conteúdo intelectual e emocional que advém das experiências. Por essa razão, é importante ter consciência de suas presenças e influências ao participar de um curso experiencial de gestão de eventos.

Coletivo

Como um aluno com base pessoal e intenções próprias, você interage constantemente com o local ou *ambiente de aprendizagem* experiencial (Boud e Walker, 1990). Assim, sua experiência também existe nas realidades coletivas interior e exterior do modelo de Wilber. O ambiente inclui, especificamente, a cultura, os rituais, as normas e os valores associados ao curso experiencial de gestão de eventos, característicos do QIE; envolve também os requisitos, práticas, procedimentos e padrões formais ligados a um curso de gestão de eventos, característicos do QID.

Por exemplo, em um curso ou empresa de gestão de eventos, alguns valores podem incluir trabalho em equipe, profissionalismo e dedicação, enquanto algumas normas podem abordar a iniciativa, a responsabilidade e a capacidade de aceitar críticas construtivas. Sua experiência será afetada pela sua interpretação do propósito e adequação desses valores e normas compartilhados em relação a seus próprios valores e expectativas. Além disso, a falta de entendimento mútuo dos valores e normas pelos membros do grupo pode impactar tanto a produtividade quanto a aprendizagem individual.

Consequentemente, é importante reconhecer o papel e os efeitos dos diversos sistemas (por exemplo, financeiros ou de recursos humanos), estruturas (como o organograma) e processos organizacionais (por exemplo, comunicação), na medida em que interagem com os indivíduos, os departamentos e a organização. Diversos sistemas, estruturas e processos organizacionais são característicos do QID e tornam a operação possível para indivíduos ou grupos do curso de gestão de eventos. Por exemplo, os alunos de gestão de eventos são, geralmente, divididos entre vários departamentos, sendo que cada um deles tem um conjunto específico de tarefas, processos e procedimentos. Para produzir de forma efetiva e bem-sucedida um evento, há sistemas e processos elaborados para conectar esses departamentos. Por esse motivo, é preciso observar e compreender como o funcionamento e produtividade de uma área afeta as outras. Além disso, os gerentes de eventos precisam compreender como os processos e procedimentos departamentais se ajustam a um sistema organizacional maior.

Maximização do desenvolvimento pessoal em cenários de gestão experiencial de eventos

Ao se preparar para suas experiências em gestão de eventos, seja em um cenário de curso acadêmico ou de trabalho como um profissional da área, você deve reconhecer que desempenha um papel ativo no processo de aprendizagem. Mais especificamente, é provável que experimente um senso de conhecimento profundo e de desenvolvimento pessoal que se torna disponível quando você age de modo proativo, assume riscos e se envolve em uma abordagem integral para aprender a partir da experiência.

Um processo importante que contribui para a aprendizagem profunda por meio da abordagem integral é a reflexão, que é característica do QSE em todas as formas de aprendizado experiencial e pode culminar em diversos resultados positivos para os alunos. Por exemplo, o pensamento aumenta a capacidade do estudante para a mudança, flexibilidade, produtividade e inovação (Langer, 1989). Além disso, Boud et al. (1985) afirmam que o processo reflexivo contribui para novas perspectivas no saber de um indivíduo, bem como para alterações de comportamentos, sentimentos, atitudes e valores. Rogers (2001, p. 41) acredita que a finalidade última da reflexão "é integrar o entendimento adquirido às experiências, a fim de possibilitar melhores escolhas ou ações futuras, assim como aprimorar a eficácia individual em geral".

Embora existam várias teorias e abordagens relacionadas, características comuns dos *processos reflexivos* incluem: identificar um problema e tomar a decisão deliberada de procurar uma solução; coletar informação adicional sobre o problema antes de tomar novas medidas; e agir, testar ou experimentar a partir dos novos entendimentos gerados por este processo (Rogers, 2001). O modelo de Boud et al. (1985), na Figura 11.2, é apresentado para que os alunos possam visualizar e compreender o processo de reflexão.

Figura 11.2 Componentes da reflexão.

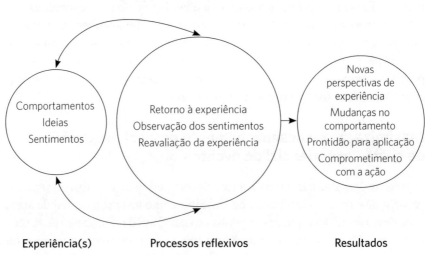

Fonte: Adaptada de Boud et al. (1985).

O modelo inclui dois componentes principais: a *experiência* e o *processo reflexivo*. A experiência pode ser qualquer situação ou ocorrência (por exemplo, trabalhar com prazos restritos para criar um panfleto promocional) que surja de algum tipo de desconforto. A sua totalidade, inclusive os objetos reflexivos (por exemplo, comportamentos, ideias e sentimentos percebidos pelos alunos), serve como ponto de partida para o processo. Quando a experiência é finalizada, o indivíduo pode iniciar um processo reflexivo para recapturá-la e avaliá-la. Esse processo é composto de três elementos principais: em primeiro lugar, o *retorno à experiência*; em segundo, a *observação dos sentimentos*; e, em terceiro, a *reavaliação da experiência*.

O primeiro elemento do processo reflexivo requer que se retorne à experiência para recapturar ou reviver as observações das ocorrências da forma como aconteceram, o que aconteceu e suas reações a ela. Na medida em que uma situação é revivida, a descrição de seus sentimentos e respostas comportamentais é importante para revelar novos *insights* e perspectivas, e para esclarecer suas percepções pessoais.

O segundo elemento, observação dos sentimentos, requer que você utilize os sentimentos positivos e remova os obstrutivos, pois sua utilização pode lhe dar motivação para encarar tarefas de aprendizagem desafiadoras e ajudá-lo a compreender uma situação com mais clareza. Além disso, sentimentos obstrutivos podem bloquear seu processo de aprendizagem, de modo que, se não forem removidos, criam uma barreira para a sua reflexão e conscientização futura.

O terceiro elemento, reavaliação da experiência, é composto de quatro aspectos: associação, integração, validação e apropriação. *Associação* é a conexão reflexiva que se faz entre ideias e sentimentos que ocorrem como parte do saber. À medida que novas informações do processo reflexivo são relacionadas com conhecimentos e sentimentos existentes, os alunos podem descobrir inconsistências entre atitudes antigas e sentimentos novos, o que exige reavaliações. Ao relacionar e tratar as inconsistências, a *integração* permite ao estudante identificar relações, realizar distinções e tirar conclusões com as informações, ideias e atitudes novas, buscando compreender determinados temas.

Durante a *validação*, o aluno determina a autenticidade de novas ideias e sentimentos resultantes da integração e, então, testa novas abordagens e perspectivas em situações novas. Para que qualquer novo conhecimento esteja totalmente incorporado ao tipo de aprendizagem mais valorizado pela reflexão, é necessário um elemento final, chamado *apropriação* (Boud et al., 1985). A etapa de apropriação do processo reflexivo se refere à união do sentimento e do intelecto. O conhecimento que você ganha por meio dessa adequação se torna parte do seu sistema de valores e "é menos suscetível à mudança que outros conhecimentos que aceitamos e com os quais trabalhamos, porém sem considerá-los como sendo nossos com a mesma intensidade" (Boud et al., 1985, p. 34).

Condições ambientais também são necessárias para promover e permitir a reflexão ativa e incluem autonomia, *feedback*, acesso e conexão com outras pessoas, estímulos externos e demanda por desempenho significativo (Rogers, 2001; Seibert e Daudelin, 1999). Além disso, o facilitador tem um importante papel ao promover a reflexão (Loughran, 1996; Schön, 1987; Seibert e Daudelin, 1999).

A função do facilitador envolve auxiliar o aluno a avaliar incidentes na experiência de gestão de eventos, a identificar e reconhecer os próprios sentimentos e a efetivamente agir adequadamente em relação à experiência. Ao promover a reflexão, o facilitador deve oferecer apoio e incentivo, escutando, de forma ativa, seus pensamentos e sendo uma caixa de ressonância durante as discussões, o que pode ser alcançado oferecendo acesso a recursos que auxiliam a reflexão e colocando as necessidades e interesses do aluno em primeiro lugar.

Boud et al. (1985) indicam que as etapas e elementos da reflexão não são independentes uns dos outros, nem ocorrem de forma linear. Ela é um processo que envolve um ciclo contínuo, de ida e vinda, entre os elementos, e uma possível exclusão de algumas etapas, dependendo da situação. Dessa forma, não é um processo passo a passo que leva a uma conclusão definitiva. A compreensão dos elementos do processo de reflexão que levam a resultados de desenvolvimento pessoal é importante apenas quando relacionada a suas experiências de gestão de eventos e a seu futuro profissional.

Atividades de reflexão

Existem diversas técnicas usadas para facilitar a reflexão. Com mais frequência, atividades reflexivas são encontradas na forma de exercícios estruturados que "oferecem uma estrutura para orientar as pessoas na ampliação e aprofundamento de suas análises e sínteses de situações desafiadoras e na integração efetiva desses desafios para aprimorar sua eficácia profissional" (Rogers 2001, p. 47). Exemplos de várias atividades como essas envolvem o uso de questões dirigidas para iniciar a reflexão sobre determinadas experiências de desenvolvimento (Seibert e Daudelin, 1999) e seminários de grupos de discussão com enfoque em temas reflexivos (Loughran, 1996).

Do mesmo modo, os alunos podem usar incidentes críticos para analisá-las (Brookfield, 1990), assim como parceiros de aprendizagem para trocar

Uma abordagem integral de aprendizagem experiencial

ideias e explorar interesses pessoais (Boud e Knights, 1996; Robinson et al., 1985). Exercícios de debates planejados a partir de experiências simuladas (Lederman, 1992) também podem ser usados como parte desse processo. E, certamente, os alunos podem utilizar diários reflexivos (Cameron e Mitchell, 1993; Davies, 1995; Heinrich, 1992; Loughran, 1996; Pierson, 1998) ou portfólios escritos (Boud et al., 1985) para ajudar a nortear no processo.

Diários reflexivos escritos é a técnica que recomendamos para você iniciar a autorreflexão em gestão de eventos. Seu objetivo principal é apoiar o pensamento reflexivo que irá ajudá-lo a alcançar níveis mais profundos de aprendizagem a partir de suas experiências em gestão de eventos (Boud, 2001; Moon, 1999a, 1999b). As anotações do diário podem ter qualquer formato criativo com o qual você se sinta confortável (por exemplo, fluxos de consciência, imagens, croquis ou poemas) para explorar o que você traz (forças e fraquezas) para uma experiência ou o que deseja de seu envolvimento. Os alunos também podem usar diários para descobrir significados embutidos em ações e para facilitar a incorporação de sentimentos e reações às ideias relacionadas com o trabalho em equipe (Davies, 1995; Patterson, 1995; Ray, 1994; Rittman, 1995).

Uma relação de questões orientadoras e exemplos de temas potenciais para reflexão é oferecida no Quadro 11.2: Diário reflexivo escrito em gestão de eventos.

Quadro 11.2 Diário reflexivo escrito em gestão de eventos.

Questões para iniciar e orientar a redação reflexiva	Como você se vê ao entrar na sala de aula?
	Como você se imagina no final do semestre?
	Quais desejos, necessidades e expectativas você tem para si mesmo, para o(s) facilitador(es) do curso e para os membros da classe/grupo?
	Quais preocupações (questões "e se...") você tem em relação ao seu papel na sala de aula e no departamento, e quais suas habilidades para contribuir?
	O que você quer ser (caráter) e o que quer fazer (contribuições e objetivos) quando terminar?
	Em quais áreas você acredita que deve concentrar seus esforços de aprimoramento e desenvolvimento?

(continua)

Gestão de eventos esportivos, recreativos e turísticos

Quadro 11.2 Diário reflexivo escrito em gestão de eventos. (*continuação*)

Temas e assuntos para explorar durante o semestre	Relacione os desafios que enfrenta ao trabalhar com outros/grupos.
	Analise reações e comportamentos durante as interações com outras pessoas, com o ambiente da sala de aula e com o facilitador.
	Descreva em detalhes uma experiência (por exemplo, um encontro ou situação) e analise o que você mudaria se encontrasse uma situação semelhante no futuro. Descreva o que aprendeu sobre você mesmo e sobre os outros com essa experiência.
	Relacione preocupações e problemas, satisfações e insatisfações, sentimentos positivos e negativos. Explique por que e como são importantes para a aprendizagem.
	Questione todos os pressupostos implícitos e explícitos (os seus, os do facilitador, os inerentes à gestão de eventos e à teoria e prática da gestão de esportes, recreação e turismo).
	Explore experiências anteriores (por exemplo, em gestão de esportes, recreação ou turismo, trabalhos acadêmicos) que ajudem ou não em seu desempenho pessoal na experiência de gestão de eventos.
	Descreva o ambiente social (por exemplo, "normas" e valores específicos) da aula e como afetou o seu comportamento e dos colegas.

Aplicação dos quatro quadrantes ao desenvolvimento pessoal

A reflexão individual é representada no QSE e é uma parte significativa do processo de aprendizagem. Você deve se lembrar, contudo, que o crescimento pessoal não deve ser reduzido a apenas um quadrante, pois cada um deles é igualmente importante e diretamente relacionado a todos os outros no que se refere ao seu desenvolvimento como um gerente de eventos. É por esse motivo que a reflexão (QSE) e observação (QSD) individuais, os significados coletivos compartilhados (QIE) e a observação coletiva de processos, procedimentos e sistemas (QID) formam juntos uma abordagem integral, tornando disponível um conhecimento e desenvolvimento aprofundados por meio de experiências em gestão de eventos.

Assim, maximizar seu desempenho pessoal requer uma exploração e aplicação ativas dos temas representativos dos quatro quadrantes a suas experiências de gestão de eventos. Para orientá-lo e nortear seu facilitador do curso no processo de aplicação, um conjunto de atividades de aprendizagem recomendadas, relacionadas ao modelo AQAL, é apresentado no Quadro 11.3: Aplicação dos quatro quadrantes ao desenvolvimento pessoal em gestão de eventos.

Quadro 11.3 Aplicação dos quatro quadrantes ao desenvolvimento pessoal em gestão de eventos.

Recomendação	Quadrante(s)	Exemplo(s) de atividade de aprendizagem
Atividades reflexivas e de observação que ocorrem antes, durante e no término do evento.	**Quadrante Superior Esquerdo (QSE)** Reflexão individual e diálogo. Como "eu" interpreto a experiência. Autoconhecimento mais profundo. Transformação de valores pessoais.	Os alunos escrevem uma anotação no diário depois de cada reunião da classe/equipe para explorar e interpretar seus sentimentos e observações a respeito de seus papéis na reunião, como isso afetou sua percepção do trabalho e quais as ações futuras.
	Quadrante Superior Direito (QSD) Observações objetivas. Indivíduo analisa reações "vistas" fisicamente. Avaliação de como o comportamento das pessoas se enquadra ou não na situação.	O facilitador do curso apresenta aos alunos um desafio da organização do evento. Por exemplo, um tema pode ser a necessidade de aumentar o nível de autoliderança (Neck e Manz, 2006) entre os membros. Os alunos devem observar e, então, durante e depois do evento, desenvolver entendimentos pessoais a respeito do motivo de existir o problema e de como potencialmente interpretam e resolvem o problema (Argyris, 1991).
Os alunos compartilham e comunicam ao facilitador do curso de eventos o que eles gostariam de obter da experiência em relação ao desenvolvimento pessoal.	**Quadrante Superior Esquerdo (QSE)** Reflexão individual e diálogo. Como "eu" interpreto a experiência. Autoconhecimento mais profundo. Transformação de valores pessoais.	Os alunos criam um enunciado da sua visão pessoal, descrevendo suas necessidades, desejos/expectativas (deles, do facilitador do curso e/ou da organização do evento) e preocupações relacionadas com o curso de gestão de eventos (Sweitzer e King, 1999). Também apontam como entendem seu papel dentro da organização, o papel do facilitador do curso e o significado do evento. O enunciado deve ser compartilhado com o facilitador antes de começar o curso de gestão de eventos. Ao final do evento, os alunos releem a visão e escrevem um complemento dizendo se e como a visão foi ou não realizada, incluindo quaisquer sentimentos/entendimentos pessoais, problemas vividos ou mudança de valores.

(continua)

Quadro 11.3 Aplicação dos quatro quadrantes ao desenvolvimento pessoal em gestão de eventos. (*continuação*)

Recomendação	Quadrante(s)	Exemplo(s) de atividade de aprendizagem
Atividades focadas em relatar/registrar os comportamentos específicos observados (por exemplo, poder, liderança e comunicação) e como sua prática, por indivíduos e por grupos, se enquadra/adapta aos sistemas formais adotados pela organização.	Quadrante Inferior Direito (QID) Observações objetivas de sistemas integrados. Adequação das estruturas e processos funcionais. Como os sistemas influenciam ações e comportamentos.	Os alunos registram exemplos de comportamentos observados diferentes do comportamento desejado pelo sistema. Ao fazerem isso, os alunos descrevem o comportamento observado e quaisquer consequências/resultados positivos ou negativos dele. O facilitador do curso fornece uma lista de questões para ajudar os alunos a decidir se o que foi observado é uma prática boa ou melhor que a "teoria" de sistema organizacional formal (Cuneen e Sidwell, 1994). O comportamento/prática é mais adequado em termos de eficácia organizacional que o sistema/teoria? O que isso significa?
Aumento da consciência dos alunos a respeito de seu comportamento individual e de suas respostas/reações comportamentais a outras pessoas na organização do evento.	Quadrante Superior Direito (QSD) Observações objetivas. Indivíduo analisa reações "vistas" fisicamente. Avaliação de como o comportamento das pessoas se enquadra ou não na situação.	O facilitador do curso observa o "comportamento" dos alunos em determinado contexto (como sob pressão de prazos exíguos ou trabalhando com uma nova iniciativa). O facilitador informa os alunos a respeito daquele comportamento específico, e lhes pede que descrevam seu comportamento e observem as reações das pessoas envolvidas. O aluno repete isso algumas vezes, e conclui ao responder às questões: o que você aprendeu sobre si mesmo ao observar a reação dos outros ao seu comportamento? Como ou o que você mudaria em seu comportamento/ações para obter reações diferentes?
Desafio aos alunos para articular oralmente seus sentimentos durante a experiência, como um instrumento para comunicar como entendem as práticas implícitas/escritas, objetivos organizacionais e valores compartilhados, ética/moral na organização e como isso se relaciona com o seu desenvolvimento pessoal.	Quadrante Superior Esquerdo (QSE) Reflexão individual e diálogo. Como "eu" interpreto a experiência. Autoconhecimento mais profundo. Transformação de valores pessoais.	Os alunos e o facilitador do curso se encontram mensalmente para discutir o que os alunos aprenderam e observaram em relação a práticas e valores compartilhados implicitamente na organização. Os alunos usam o encontro para formular perguntas e buscar maior compreensão a respeito de sua interpretação e entendimento das práticas e valores compartilhados não escritos (por exemplo, os membros da equipe fornecem apenas críticas construtivas após as apresentações da organização).

Quadro 11.3 Aplicação dos quatro quadrantes ao desenvolvimento pessoal em gestão de eventos. (*continuação*)

Recomendação	Quadrante(s)	Exemplo(s) de atividade de aprendizagem
	Quadrante Inferior Esquerdo (QIE) Investigação coletiva. Percepções comuns em determinada cultura. Valores de uma pessoa em relação aos valores compartilhados na organização.	Os alunos fazem uma breve apresentação ao facilitador do curso, descrevendo as diferenças entre a teoria aprendida no curso e a prática, bem como a respeito dos novos entendimentos de práticas implícitas na organização que ajudaram ou prejudicaram seu desenvolvimento pessoal.
O facilitador do curso desempenha um papel ativo para auxiliar os alunos a reconhecer e dar sentido ao autodesenvolvimento e conhecimento que podem resultar de uma experiência de gestão de eventos.	**Quadrante Superior Esquerdo (QSE)** Reflexão individual e diálogo. Autoconhecimento mais profundo. **Quadrante Superior Direito (QSD)** Indivíduo analisa reações "vistas" fisicamente. Avaliação de como o comportamento das pessoas se enquadra ou não na situação. **Quadrante Inferior Esquerdo (QIE)** Percepções comuns em determinada cultura. Valores de uma pessoa em relação aos valores compartilhados na organização. **Quadrante Inferior Direito (QID)** Adequação das estruturas e processos funcionais. Como os sistemas influenciam ações e comportamentos.	O facilitador se encarrega de comunicar-se regularmente com os alunos e é acessível durante o curso para responder perguntas e ajudar os alunos a "ajudarem-se", separando sentimentos de ansiedade e confusão que possam surgir. Fornece uma lista de questões orientadoras durante a experiência que incentiva os alunos a anotar e interpretar relações entre teoria e prática, estimulando-os a buscar a compreensão de novas teorias e significados derivados de seus encontros com o facilitador do curso, os colegas e o sistema organizacional.

Fonte: Adaptada de Jowdy et al. (2004).

Essa lista é um ponto de partida e não deve, em hipótese alguma, limitar o modo de explorar e aplicar os quadrantes. À medida que você se torna mais familiarizado com os temas de aprendizagem associados a cada quadrante, pode encontrar atividades adicionais que o auxiliem a explorar e fazer conexões entre suas experiências e a abordagem integral. O mais importante é que você a leve para o seu desenvolvimento pessoal quando estiver envolvido em experiências de gestão de eventos.

Conclusão

Ao contrário das abordagens tradicionais, a abordagem experiencial em gestão de eventos requer que você participe ativamente do processo de aprender e criar conhecimento. Com a participação ativa em gestão de eventos, você é exposto a uma oportunidade única que pode contribuir significativamente para seu desenvolvimento como gerente de eventos, como membro de uma organização profissional e como ser humano. As pessoas, no entanto, não aprendem ou se desenvolvem isoladas de outras ou do ambiente no qual a experiência em gestão de eventos ocorre. Portanto, para maximizar o desenvolvimento pessoal, os autores recomendam que os alunos apliquem a abordagem integral a suas experiências.

O modelo AQAL de Wilber oferece uma abordagem integral ao aprendizado que contempla tanto a perspectiva individual como a coletiva. Especificamente, essa abordagem permite que sua experiência em gestão de eventos seja examinada por meio de quatro quadrantes, cada um com sua própria perspectiva. O QSE é característico da realidade pela perspectiva interior individual, enquanto o QSD trata a realidade pela perspectiva exterior individual. Além disso, o QIE é característico da realidade pela perspectiva interior coletiva e o QID, pela perspectiva exterior coletiva. Ao aplicar os temas de aprendizagem associados aos quatro quadrantes, os alunos podem entender com maior profundidade seus próprios saberes e as dos outros ao longo do processo de gestão de eventos e todas as experiências pessoais e profissionais futuras.

Este capítulo forneceu uma lista de atividades recomendadas, representativas dos quatro quadrantes, com as quais você pode se envolver para compreender suas experiências a partir da abordagem integral. Além delas, você precisa saber que colabora com uma base pessoal e intenção para cada experiência que interfere no que você obtém e como se desenvolve a partir de seus conhecimentos.

Dessa forma, um importante primeiro passo em seu desenvolvimento pessoal é analisar a base individual e a intenção por meio da reflexão (QSE) e observação de seus comportamentos (QSD). Do mesmo modo, como membro de uma organização de gestão de eventos, você interage constantemente com um ambiente experiencial de aprendizagem. Ao entrar no curso, então, você também deve se esforçar para compreender a cultura, rituais, normas e valores (QIE) e reconhecer a função dos vários sistemas (QID) relevantes para o funcionamento eficiente da organização de eventos.

As etapas e atividades mencionadas anteriormente são apenas o começo. Quer você seja um aluno em uma sala de aula, quer seja um executivo trabalhando em uma empresa, todos os eventos são experienciais por natureza e tudo o que você vivencia como gerente de eventos tem as perspectivas do QSE, QSD, QIE, QID e, portanto, são temas de aprendizagem. Tudo com que você se depara tem o potencial de aprofundar seu aprendizado e oferecer novos *insights* que podem ser aplicados em experiências profissionais futuras. Mais importante ainda, se abordadas de forma integral, suas experiências podem contribuir para um propósito maior: seu desenvolvimento como pessoa, além da área de gestão de eventos.

Questões

1. Os autores discutem duas vertentes principais no âmbito da aprendizagem experiencial. Liste e explique essas vertentes.
2. Explique como as duas vertentes de aprendizagem experiencial unem-se na abordagem integral de Wilber.
3. Defina as seguintes perspectivas associadas ao modelo AQAL de Wilber: (a) metades superior e inferior, (b) lado direito e esquerdo, (c) quadrantes superior e inferior esquerdo, (d) quadrantes superior e inferior direito.
4. Descreva como os quatro quadrantes se relacionam com os componentes necessários para uma aprendizagem experiencial significativa.
5. Quais são os componentes de reflexão e por que a relação entre reflexão, aprendizagem experiencial e desenvolvimento pessoal é importante?

12

Considerações finais

Lorne J. Adams, Brock University

Gestão de eventos: parece finito. Cria a impressão de um ponto delimitado no tempo. De fato, há um ponto inicial e um final, mas certamente não é estática. É melhor enxergar um evento como uma entidade dinâmica, complexa e em constante mudança. Não há dois eventos iguais; o que funciona em uma situação não necessariamente funciona em outra diferente, mas similar. É por isso que este livro não fornece uma série de listas de checagem prescritas nas quais você pudesse simplesmente ir marcando o que estivesse sendo realizado. Embora elas sejam úteis, são estáticas e não conseguem, não podem, dar conta da contingência que você enfrenta. Dedicamos algum tempo para apresentar algumas teorias que embasam as noções de mudança, contingência e complexidade, e sugerimos que você leia mais textos nessa área. Um arcabouço teórico sólido pode prepará-lo antecipadamente e lhe ajudará a lidar com desvios e com questões inevitavelmente imprevistas. Na verdade, a mensagem que emitimos é a necessidade de realizar previsões para curto e longo prazos. Como peça-chave

Gestão de eventos esportivos, recreativos e turísticos

no sistema dinâmico de gestão de eventos, você deve entender, agora, que qualquer coisa que você faça pode, potencialmente, afetar muitas outras. Alguns desses resultados serão positivos; outros, criarão consequências imprevisíveis.

Também enfatizamos a importância de estabelecer metas e escrevê-las com precisão: elas devem ser comunicadas claramente a todos os envolvidos. Quanto menos clareza, maior a chance de erros de interpretação, sendo que o desejável é que todos estejam falando a mesma língua, andando na mesma direção. Você viu, ao longo do livro, o quanto a necessidade de metas claras é expressa, tanto direta como indiretamente.

Também dedicamos um bom tempo discutindo planejamento e a forma de se comprometer com ele, ao colocá-lo formalmente por escrito. Você deve ter consciência de que ele pode ser colocado em um *continuum*, com os extremos opostos sendo planejamento escasso, de um lado, e excessivo, de outro. Quanto maiores as incertezas, maior a tendência de planejar demasiadamente. Assim, o ato concreto de planejar pode se tornar uma armadilha: um fim em si mesmo. A imersão no processo gera um sentimento bom, de estar ativamente envolvido na solução de problemas, elaborando um produto altamente detalhado e visível: o plano do evento. Por outro lado, quanto maior a segurança em relação a um evento, talvez por já tê-lo produzido diversas vezes, maior a tendência de planejar pouco. Você sabe o que fazer porque já fez antes, ou porque "é assim que sempre foi feito". Infelizmente, essa postura leva a diversos pressupostos, por exemplo, de quem é responsável pelo quê ou de o quê precisa ser feito. Pelo fato do plano não ter sido definido, a possibilidade de equívocos e mal entendidos aumenta drasticamente.

Em algum ponto entre esses dois extremos está a quantidade certa de planejamento, não só para o evento, mas também para as pessoas envolvidas. Onde é o ponto mágico que representa nem muito e nem pouco? Lamentavelmente, não há maneira de saber onde seria. Está, como denominamos no Capítulo 6, naquelas zonas indeterminadas (Schön, 1983) que vão além do que simplesmente lhe ensinaram. A experiência ajuda a encontrar o ponto. Como um profissional no início de carreira, aceite oportunidades como voluntário de diversos eventos, no maior número de funções diferentes que você puder. Na medida em que você começa a observar os eventos de diferentes perspectivas, poderá ver como os planos formais afetam cada função em particular. Você estará desenvolvendo um "senso de evento", do mesmo modo que as experiências na vida ajudam a desenvolver o bom-senso. Você aprenderá que há poucas verdades absolutas, seja na vida ou na gestão de

Considerações finais

eventos: são muitos "às vezes", "depende", "em geral", "pela minha experiência". Você também vai perceber a necessidade de estabelecer prioridades, mas começará a entender que até elas podem mudar. Provavelmente, isso já fez parte da sua experiência na vida acadêmica: pergunte-se se suas prioridades são as mesmas agora comparadas com as de quando você entrou na universidade. Na verdade, você pode pensar em ter um diploma em gestão de eventos. Metas, planos, prioridades são sempre importantes, mas passíveis de alterações e desvios. Muitas coisas causam mudanças, e cada uma delas provoca efeitos diferentes. Você tem de lidar com todas elas para obter seu diploma e, provavelmente, conseguiu ser suficientemente bem-sucedido até aqui.

Também apontamos a necessidade de analisar eventos. É essencial analisar os erros: de onde eles podem ter vindo, que processos estavam sendo seguidos que deram condições para sua ocorrência, e assim por diante. Em algum momento, você vai aceitar a sua própria falibilidade: algumas vezes, eles são o resultado direto de nossa ação ou inação e temos a tendência de provocar desastres de nosso próprio modo, por causa de experiências passadas, predisposições ou capacidades. Os erros, no entanto, são apenas uma pequena parte da necessidade mais abrangente de avaliação. E, de novo, elas precisam ser contextualizadas. Com qual objetivo, para que finalidade uma avaliação está sendo conduzida? O que está ou deveria estar sendo avaliado? Essas questões foram formuladas nas páginas anteriores, e tentamos lhe fornecer um ponto de partida sensato para começar a respondê-las.

Muitos autores diferentes tentaram empregar sua experiência e condensar enormes quantidades de conhecimento em formatos manejáveis e úteis para ajudar a desenvolver as ferramentas que você precisa para ser um gerente de eventos bem-sucedido. Nenhum dos capítulos pretende ser conclusivo. Ao longo do livro, foi recomendado que você continuasse estudando sobre diversas áreas, para desenvolver o conhecimento básico que ajudará a formar conhecimento avançado. Alguns capítulos parecem estar conversando diretamente com você: ecoam sua experiência, capacidade e habilidades atuais. Outros, precisam do seu esforço, porque tiram você da zona de conforto de capacidades e habilidades presentes, e o levam para onde você quer estar, para o lugar onde a maior parte do desenvolvimento ocorre. Dedique tempo a eles até que você se sinta confortável e, então, procure pela próxima área de desconforto. Em diversos momentos, dissemos que os eventos crescerão e evoluirão: você também. Se as páginas deste livro foram ou podem ser um agente da evolução, fizemos nosso trabalho.

Apêndice A

Lauren Thompson

Exemplo de um plano operacional para o campeonato masculino de basquete da National Collegiate Athletic Association[1] (NCAA), segunda rodada, San Jose, Califórnia: o componente de hospitalidade

O quadro a seguir é um exemplo de um plano operacional de eventos, que mostra, em particular, detalhes operacionais para as funções de hospitalidade de um campeonato de elite de basquete masculino da National Collegiate Athletic Association (NCAA), segunda rodada, em San Jose, Califórnia. O evento envolvia uma programação de quatro dias, de quarta-feira a sábado, com um total de três jogos nesse período, sendo dois na quinta-feira e um no sábado. Quatro times participavam do campeonato, sendo dois eliminados após os jogos de quinta-feira; quarta e sexta-feira eram dias de treino. Ao final dos quatro dias, o time vencedor passaria para a próxima rodada do campeonato, que seria organizada em outras instalações, uma universidade norte-americana, que contava com instalações esportivas de nível profissional, sediava o evento.

Como coordenadora de hospitalidade do evento, criei um quadro com o plano operacional para ilustrar, com exemplos, os tipos de responsabilidades que estão envolvidas no preparo das áreas de hospedagem e na coorde-

---

1 Associação Atlética Nacional de Faculdades. (N.T.)

nação de todos os elementos, usando o auxílio de voluntários. As tarefas rotineiras do comitê de hospitalidade como um todo incluem criar e solicitar todos os contratos de alimentação para atletas, técnicos, avaliadores, árbitros, funcionários, voluntários e comitê de representantes dos times, considerando almoços, jantares, bebidas e lanches, mas não se limitam a isso. Essa cortesia deve ser prevista para as instalações do evento e para o hotel que recepciona os participantes.

Ao observar o quadro a seguir, coloque-se como o responsável por implantar cada detalhe listado. Registre quaisquer dúvidas que surgirem enquanto você imagina como executaria o plano e desenvolva detalhes adicionais de nível 3. Como você procederia ou adaptaria esse plano se fosse o responsável por ele? Além disso, como ajustaria seu plano operacional pessoal para se certificar que todos os itens foram preparados com antecedência?

Prazo	Tarefa	Responsabilidade
3 meses antes	*Desenvolvimento do orçamento* Obter o orçamento para o comitê de hospitalidade com a universidade que está recepcionando o evento. — Desenvolver um quadro orçamentário geral para acompanhar pessoalmente os gastos de hospitalidade. — Desenvolver, continuamente, os detalhes orçamentários, para ter uma visão realista do orçamento em todos os momentos.	Facilitado pelo coordenador de hospitalidade
	Preparo do componente de hospitalidade Criar um panorama de todas as áreas de estar que devem ser montadas nas instalações da competição, a capacidade potencial, as pessoas que devem receber alimentação, os alimentos e bebidas necessários para patrocinadores e voluntários e as necessidades de equipamentos. — Incluir nas instalações: *buffet* para funcionários e imprensa, vestiários, salas dos árbitros, sala dos avaliadores, sala para o comitê de basquete, sala de edição/área de coletiva de imprensa, área de descanso da imprensa e sala de café da manhã e ceia noturna no hotel.	Coordenador de hospitalidade

Prazo	Tarefa	Responsabilidade
	– Incluir nas pessoas que devem receber alimentação: atletas, técnicos, árbitros, avaliadores, imprensa, funcionários da universidade, voluntários e comitê de basquete.	
	Encontro com o gerente das instalações da competição Reunião do gerente das instalações e coordenadores do evento com funcionários da universidade. – Ir a uma visita de inspeção e conhecer as instalações. – Definir: áreas de estar que fornecerão alimentos e bebidas, todos os detalhes de montagem, áreas para armazenamento disponíveis, incluindo tamanho e forma de acesso. – Obter plantas das instalações e criar um mapa específico para todas as áreas de estar do evento. – Desenvolver um cronograma formal e relacionar os detalhes de preparo ou montagem.	Coordenador de hospitalidade e gerente das instalações da competição
	Confirmações Confirmar áreas de montagens com os funcionários da universidade. – Comunicar ao gerente das instalações os detalhes do mapa do local e do cronograma.	Coordenador de hospitalidade
	Encontro com o gerente dos serviços de alimentação das instalações da competição Marcar encontro com o gerente dos serviços de alimentação das instalações. – Preparar-se para o encontro, criando, para ser discutido, um resumo das diferentes áreas de serviços de hospitalidade, o número de pessoas que devem receber alimentação e o tipo de alimentos e bebidas a ser servido. – Obter os contatos dos patrocínios existentes e a relação de produtos que serão fornecidos, relacionados com o componente de hospitalidade do evento.	Coordenador de hospitalidade e gerente dos serviços de alimentação das instalações da competição

Gestão de eventos esportivos, recreativos e turísticos

Prazo	Tarefa	Responsabilidade
	– Comparecer ao encontro e discutir as opções de alimentação, com base no orçamento do evento, o tipo e o número de pessoas que o serviço deve atender. – Discutir quais patrocinadores de bebidas fornecerão certos tipos de produto para servir. – Determinar a área e o horário para entrega de produtos. – Desenvolver contratos para os fornecedores de alimentação em potencial (estabelecer processos para aprovação e assinatura dos contratos). – Confirmar contratos dos fornecedores de alimentação nas instalações com os funcionários da universidade. – Comunicar ao gerente dos serviços de alimentação das instalações as necessidades finais de alimentos e bebidas para os contratos dos fornecedores. Avisá-los de que os horários de entrega serão comunicados posteriormente, após a definição dos horários dos jogos e treinos.	
	Encontro com representante do hotel que recepcionará os participantes Marcar encontro com representante do hotel que recepcionará os participantes para discutir as áreas de estar e as opções de cardápio/contratos para café da manhã diário da imprensa e bebidas e lanches na parte da noite. – Comparecer ao encontro com o representante do hotel para estabelecer a área de estar para a imprensa e os horários de funcionamento, além dos contratos de alimentos e bebidas. Os serviços devem ser oferecidos no sistema de *buffet*; durante o serviço noturno, será preciso um garçom para servir bebidas alcoólicas. Todos os detalhes devem ser acordados com base no orçamento do comitê de hospitalidade. – Confirmar os contratos de fornecedores de alimentação no hotel com os funcionários da universidade.	Coordenador de hospitalidade e representante do setor de alimentos e bebidas do hotel que recepcionará os participantes

Apêndice A

Prazo	Tarefa	Responsabilidade
	– Comunicar ao representante do hotel as necessidades finais de alimentos e bebidas para os contratos dos fornecedores.	
	Coordenação dos detalhes do patrocinador de hospitalidade – Trabalhar com o comitê de patrocínios para comunicar aos patrocinadores os detalhes de horário e local de entrega dos produtos nas instalações da competição e no hotel.	Coordenador de hospitalidade e comitê de patrocínios
2 meses antes	*Desenvolvimento de voluntários do componente hospitalidade* Obter, com a universidade, a programação prévia dos jogos e os horários de treino. – Determinar as áreas de estar que precisarão de voluntários. – Estabelecer o número de voluntários necessários para realizar as tarefas nas áreas de estar. – Estabelecer os possíveis horários de turnos para as funções de voluntários a partir da programação prévia dos jogos e horários de treino. – Comunicar ao cordenador de equipes as necessidades de pessoal. Incluir pessoas extras para cobrir vagas em caso de desistências ou não comparecimentos. O coordenador de equipes será responsável pelo recrutamento dos voluntários e atribuição de tarefas.	Coordenador de hospitalidade e coordenador de equipes
	Sinalização do componente de hospitalidade Determinar toda a sinalização necessária para as áreas de estar. – Fornecer esquemas para a colocação de toda a sinalização nas instalações da competição e no hotel. – Comunicar à universidade a sinalização necessária e sua colocação (incluindo data e horário).	Coordenador de hospitalidade e comitê de sinalização

Prazo	Tarefa	Responsabilidade
1 mês antes	*Atribuição de tarefas aos voluntários* Obter, com o coordenador de equipes, a relação de contatos das pessoas que serão voluntárias no componente de hospitalidade. – Determinar os turnos de trabalho de voluntários adequados ao componente de hospitalidade, para cada um dos quatro dias de torneio. – Designar tarefas para os voluntários da relação de contatos considerando os turnos diários. – Preparar uma escala diária de atividades e de pessoal e uma relação de responsabilidade e tarefas para incluir no kit de orientação para voluntários do comitê de hospitalidade a ser distribuído no treinamento de voluntários. Incluir também um mapa das instalações, mostrando as áreas de estar. – Enviar os documentos do kit de orientação para voluntários do comitê de hospitalidade para o coordenador de equipe e estabelecer as datas de treinamento. O coordenador de equipes montará todos os kits de orientação e entrará em contato com os voluntários para informá-los dos horários de treinamento. – Criar uma pauta para a noite de treinamento de voluntários. Depois da apresentação principal, eles serão divididos em comitês para um treinamento específico de 30 minutos e visitarão as instalações da competição.	Coordenador de hospitalidade e coordenador de equipes
2 semanas antes	*Treinamento de voluntários do componente hospitalidade* – Comparecer às sessões de treinamento de voluntários. – Conduzir uma sessão de treinamento específico para divulgar todos os detalhes do comitê de hospitalidade aos voluntários. – Conduzir uma visita pelas instalações da competição e destacar os locais onde serão as áreas	Coordenador de hospitalidade e coordenador de equipes

Prazo	Tarefa	Responsabilidade
	de estar e a área de armazenamento de bebidas, que deve ser acessada caso o estoque esteja baixo antes do próximo horário de entrega. – Mostrar aos voluntários as entradas e saídas apropriadas e onde os rádios de comunicação (se necessário) e as credenciais podem ser retiradas. – Garantir que exista tempo para dúvidas. – Combinar com os voluntários do componente de hospitalidade que não puderam comparecer ao treinamento como retirar o kit de orientação e uniforme e comunicá-los a respeito das informações essenciais da sessão de treinamento.	
	Credenciais – Providenciar a criação de credenciais para o coordenador e todos os voluntários de hospitalidade, para as instalações da competição e do hotel. As credenciais devem indicar nome e áreas a que a pessoa pode ter acesso. – Combinar a distribuição das credenciais para o coordenador e voluntários de hospitalidade. – Distribuir informações a todos os voluntários a respeito de acessos, áreas de entrada para as instalações da competição e do hotel e áreas permitidas pelas credenciais. – Conhecer o sistema para substituição de credenciais caso alguém perca ou esqueça a sua.	Coordenador de hospitalidade e coordenador de credenciais
	Confirmações – Confirmar todos os horários de jogos e treinos com a universidade. – Confirmar e ajustar os detalhes dos serviços de alimentação e de pessoal, se necessário. – Contatar o comitê de patrocínios e certificar-se de que os produtos de alimentos e bebidas dos patrocinadores do evento e os horários estão confirmados, além de verificar se o local exato de entrega e os nomes de contato foram fornecidos.	Coordenador de hospitalidade

Prazo	Tarefa	Responsabilidade
	Certificar-se de que todas as entregas ocorram no dia que antecede o evento. Manter um quadro geral de nomes e telefones de contato caso as entregas atrasem. – Confirmar com o gerente das instalações as áreas de montagem e onde a sinalização deve ser pendurada (e como será presa). – Confirmar, com o comitê de sinalização, se o material de sinalização chegou às instalações da competição e foram entregues ao gerente das instalações. – Confirmar, com o gerente dos serviços de alimentação do hotel, os contratos de fornecimento do serviço, todos os itens do cardápio, incluindo as necessidades de café da manhã e lanche da noite, horários de entrega, horários de limpeza, uso e colocação de produtos dos patrocinadores, sinalização a ser colocada no hotel direcionando os participantes para as áreas de estar e a sinalização na área de estar a ser colocada pelos voluntários do evento. – Ter uma cópia de todos os contratos assinados com as instalações da competição e o hotel e revisar novamente os detalhes.	
	Reuniões diárias para examinar o evento – Marcar horário e local de reunião com os gerentes das instalações da universidade e do hotel, todas as manhãs durante o evento, para garantir que todos os detalhes de hospitalidade foram revistos e estão corretos.	Coordenador de hospitalidade, gerente das instalações da competição e gerente do hotel que recepcionará os participantes
1 dia antes	*Preparações finais* – Chegar nas instalações da competição e conduzir uma visita de inspeção para checar se todas as áreas de estar estão nos locais apropriados e se estão montadas corretamente. Checar também se a sinalização está presente.	Coordenador de hospitalidade

Apêndice A

Prazo	Tarefa	Responsabilidade
	– Certificar-se de que todos os produtos dos patrocinadores foram entregues e estocados no local apropriado. – Registrar-se no hotel. – Conduzir uma visita de inspeção nas áreas de estar do hotel para checar se estão montadas corretamente e se a sinalização está presente.	
Dia 1: Treino	*Atividades do dia*	
6h30	– Chegar na área de estar do hotel e verificar se as credenciais estão prontas. – Checar se a montagem de café da manhã está completa, se os alimentos corretos estão disponíveis no *buffet* e se a sinalização está apropriada. – Conversar com o representante do hotel responsável e anotar o ramal a ser contatado caso os alimentos e bebidas estejam acabando.	Coordenador de hospitalidade e voluntário A
7h00 – 10h00	– Recepcionar todos os convidados da imprensa na área de café da manhã. – Checar as credenciais na entrada de cada pessoa.	Voluntário A
8h00	– Ir às instalações da competição e certificar-se de ter a credencial disponível. – Conduzir uma visita de inspeção nas áreas de estar das instalações da competição para checar se estão montadas corretamente. – Conduzir uma breve reunião final com voluntários.	Coordenador de hospitalidade
8h30	– Encontrar com o gerente dos serviços de alimentação das instalações da competição para confirmar todos os detalhes da alimentação do dia.	Coordenador de hospitalidade e gerente dos serviços de alimentação das instalações da competição

Prazo	Tarefa	Responsabilidade
8h45	– Dirigir-se à área de descanso da imprensa e seguir sua relação de itens a ser checados para garantir que todas as comidas, bebidas e acessórios (copos, guardanapos, tigelas, toalhas de mesa, panos para limpar respingos, entre outros) foram entregues no local. – Confirmar se as mesas estão arrumadas: uma para distribuição de bebidas e outra para lanches.	Voluntários B, C, D e coordenador de hospitalidade
8h30 – 17h00	– Principal tarefa é circular pelo evento e realizar checagens regulares em todas as áreas de estar para garantir seu funcionamento, bem como atender a quaisquer solicitações especiais e gerenciar voluntários.	Coordenador de hospitalidade
9h00	– Áreas de trabalho e quadras são abertas à imprensa.	Gerente das instalações da competição
9h00 – 17h00	– Trabalhar na área de descanso da imprensa: as bebidas devem ser servidas pelos voluntários às pessoas da imprensa para evitar desperdícios. – Certificar-se de que a área esteja arrumada e limpa o tempo todo. – A equipe de serviços de alimentação fará entregas regulares; todavia, se algum produto estiver acabando, o coordenador ou algum funcionário de serviços de alimentação deve ser comunicado. Se necessário, usar o estoque da área de armazenamento. – A equipe de limpeza deve completar seu trabalho no horário previsto; contudo, se for preciso limpar em outros momentos, o coordenador ou algum funcionário de serviços de limpeza deve ser comunicado diretamente. – Voluntários da área de descanso da imprensa se revezarão, como programado, durante o almoço e pausas para garantir que a área nunca fique desacompanhada.	Voluntários B, C e D

Prazo	Tarefa	Responsabilidade
10h00	– Chegar nas instalações da competição e certificar-se de ter a credencial disponível. – Pegar bebidas da área de armazenagem e encher dois *coolers* com bebidas e gelo (um com água e outro com uma bebida energética do patrocinador), colocando um em cada vestiário. Certificar-se de deixar disponíveis diferentes sabores da bebida. Os *coolers* e baldes de gelo já estarão nos vestiários, colocados pela equipe de serviços de alimentação.	Voluntário E
10h00 – 16h30	– Conduzir checagens regulares e programadas nos vestiários para garantir que os *coolers* estejam cheios, com gelo, durante o decorrer do dia. Nota: não entrar nos vestiários se estiverem ocupados pelos times.	Voluntário E
10h30	– Entrada dos times é aberta.	Gerente das instalações da competição
10h30	– Certificar-se de que a sala do comitê de basquete esteja montada e as refeições, bebidas e lanches estejam disponíveis.	Voluntário F
11h00 – 14h00	– Certificar-se de que a sala do comitê de basquete seja mantida limpa e arrumada e os alimentos estejam quentes e frescos. – A equipe de serviços de alimentação fará entregas regulares; todavia, se algum produto estiver acabando, o coordenador ou algum funcionário de serviços de alimentação deve ser comunicado.	Voluntário F
11h00	– As instalações abrem para o público.	Gerente das instalações da competição
11h00	– Chegar nas instalações da competição e certificar-se de ter a credencial disponível. – Certificar-se de que a área de *buffet* para imprensa/funcionários esteja montada e as refeições, bebidas e acessórios corretos estejam disponíveis, conforme os contratos de fornecimento de serviços de alimentação.	Voluntário G

Prazo	Tarefa	Responsabilidade
	– Colocar a placa de "entrada restrita" na área de *buffet* para imprensa/funcionários.	
11h30 – 12h30	– Checar se a área do *buffet* está pronta e informar por rádio para que todos os coordenadores enviem seus voluntários quando estiverem disponíveis para a refeição. – As pessoas consomem os alimentos do *buffet*. – Certificar-se de que a área seja mantida limpa, arrumada, provida de alimentos e bebidas e de que nenhuma garrafa seja levada para fora da sala. Todas as bebidas devem ser servidas em copos. – A equipe de serviços de alimentação fará entregas regulares; todavia, se algum produto estiver acabando, o coordenador ou algum funcionário de serviços de alimentação deve ser comunicado. – A equipe de limpeza deve completar seu trabalho no horário previsto; contudo, se for preciso limpar em outros momentos, o coordenador ou algum funcionário de serviços de limpeza deve ser comunicado.	Coordenador de hospitalidade e voluntário G
12h00 – 12h50	Treino do Time 1.	
12h30 – 14h00	– Colocar a placa de "*Buffet* para imprensa" na área de *buffet* para imprensa/funcionários. – Recepcionar as pessoas da imprensa na área de *buffet*. – Checar as credenciais na porta. – Estar atento e manter todas as pessoas sem credenciais adequadas fora da área. – Certificar-se de que a área seja mantida limpa, arrumada e que nenhuma garrafa seja levada para fora da sala. Todas as bebidas devem ser servidas em copos.	Voluntário G
12h30	– Certificar-se de que a entrega e montagem adequada do almoço do Time 1, em seu vestiário, seja feita no horário.	Voluntário E

Prazo	Tarefa	Responsabilidade
12h30	– Certificar-se de que a área para a coletiva de imprensa esteja montada e as bebidas e acessórios providenciados.	Voluntário F
13h00 – 13h50	Treino do Time 2.	
13h00 – 15h30	– Acontece a coletiva de imprensa. – Certificar-se de que a área seja mantida limpa, arrumada e provida.	Voluntário F
13h30	– Certificar-se de que a entrega e montagem adequada do almoço do Time 2, em seu vestiário, esteja no horário.	Voluntário E
14h10 – 15h00	Treino do Time 3.	
14h40	– Certificar-se de que a entrega e montagem adequada do almoço do Time 3, em seu vestiário, esteja no horário.	Voluntário E
15h10 – 16h00	Treino do Time 4.	
15h40	– Certificar-se de que a entrega e montagem adequada do lanche do Time 4, em seu vestiário, esteja no horário.	Voluntário E
16h30	– Chegar à área de estar do hotel e certificar-se de que os lanches e bebidas corretos estejam montados e de que haja um garçom presente no bar, que oferecerá bebidas pagas.	Voluntário A
17h00 – 20h00	– Recepcionar todos os convidados da imprensa na área de estar. – Checar as credenciais na entrada de cada pessoa.	Voluntário A
17h30	– Certificar-se de que todas as áreas de estar estejam limpas e arrumadas e de que os produtos ou acessórios necessários sejam guardados. – Confirmar os horários dos turnos de trabalho do dia seguinte.	Todos os voluntários e coordenador de hospitalidade

Gestão de eventos esportivos, recreativos e turísticos

Prazo	Tarefa	Responsabilidade
Dia 2: Jogo		
6h30	– Chegar na área de estar do hotel. – Checar se a montagem de café da manhã está completa e se os alimentos corretos estão disponíveis no *buffet*.	Voluntário A
7h00 – 10h00	– Recepcionar todos os convidados da imprensa na área de café da manhã. – Checar as credenciais na entrada de cada pessoa.	Voluntário A
8h00	– Ir às instalações da competição. – Conduzir uma visita de inspeção nas áreas de estar das instalações da competição para checar se estão montadas corretamente.	Coordenador de hospitalidade
8h15	– Encontrar com o gerente dos serviços de alimentação das instalações da competição para confirmar todos os detalhes do dia.	Coordenador de hospitalidade
8h30 – 11h00	– Principal tarefa é circular pelo evento e realizar checagens regulares em todas as áreas de estar para garantir seu funcionamento, bem como atender alguma solicitação especial e gerenciar voluntários.	Coordenador de hospitalidade
8h30	– Chegar nas instalações da competição. – Pegar bebidas da área de armazenagem e encher dois *coolers* com bebidas e gelo (um com água e outro com uma bebida energética do patrocinador), colocando um em cada vestiário. Certificar-se de deixar disponível diferentes sabores da bebida. Os *coolers* e baldes de gelo já estarão nos vestiários, colocados pela equipe de serviços de alimentação.	Voluntário E
8h30 – 9h30	– Certificar-se de que os *coolers* dos vestiários estão com gelo. Conduzir checagens regulares, contudo não entrar nos vestiários se estiverem ocupados pelos times.	Voluntário E
9h00	– Entrada dos times é aberta.	Gerente das instalações da competição

Apêndice A

Prazo	Tarefa	Responsabilidade
9h30	– Chegar nas instalações da competição. – Certificar-se de que todas as comidas, bebidas e acessórios (copos, guardanapos, tigelas, toalhas de mesa, entre outros) foram entregues na área de descanso da imprensa. – Confirmar se as mesas estão arrumadas: uma para distribuição de bebidas e outra para lanches.	Voluntários B, C e D
10h00 – 11h00	– Trabalhar na área de descanso da imprensa: as bebidas devem ser servidas pelos voluntários às pessoas da imprensa para evitar desperdícios. – Certificar-se de que a área esteja arrumada e limpa o tempo todo. – A equipe de serviços de alimentação fará entregas regulares; todavia, se algum produto estiver acabando, o coordenador ou algum funcionário de serviços de alimentação deve ser comunicado. Se necessário, usar o estoque da área de armazenamento. – A equipe de limpeza deve completar seu trabalho no horário previsto; contudo, se for preciso limpar em outros momentos, o coordenador ou algum funcionário de serviços de limpeza deve ser comunicado diretamente. – Voluntários da área de descanso da imprensa se revezarão, como programado, durante o almoço, a janta e nas pausas para garantir que a área nunca fique desacompanhada.	Voluntários B, C e D
10h00	Áreas de bastidores são abertas à imprensa.	Gerente das instalações da competição
10h00 – 13h50	Treinos para todos os times.	
10h30	– Chegar nas instalações da competição. – Certificar-se de que a sala do comitê de basquete esteja montada e as refeições, bebidas e lanches estejam disponíveis.	Voluntário F

Prazo	Tarefa	Responsabilidade
11h00 – 14h00	– Certificar-se de que a sala do comitê de basquete seja mantida limpa e arrumada e que os alimentos estejam quentes e frescos. – A equipe de serviços de alimentação fará entregas regulares; todavia, se algum produto estiver acabando, o coordenador ou algum funcionário de serviços de alimentação deve ser comunicado.	Voluntário F
11h00 – 19h00	– Certificar-se de que a sala do comitê de basquete seja mantida limpa e arrumada e que os lanches e bebidas estejam estocados. – A equipe de serviços de alimentação fará entregas regulares; todavia, se algum produto estiver acabando, o coordenador ou algum funcionário de serviços de alimentação deve ser comunicado.	Voluntário F
12h00	– Chegar nas instalações da competição. – Certificar-se de que a área de *buffet* para imprensa/funcionários esteja montada e as refeições, bebidas e acessórios corretos estejam disponíveis, conforme os contratos de fornecimento de serviços de alimentação. – Colocar a placa de "entrada restrita" na área de *buffet* para imprensa/funcionários. – Confirmar com o gerente das instalações da competição o local adequado para a entrega de pizzas às 17h00. – Obter o número de cartão de crédito com os funcionários da universidade para pedir pizza para os voluntários. – Ligar para uma pizzaria local e realizar pedido com antecedência de 50 pizzas grandes, de sabores variados, para ser entregue às 17h00 nas instalações da competição. Certificar-se de informar o local de entrega e o cartão de crédito para pagamento. – Avisar os detalhes da entrega da pizza para o voluntário responsável pela área de *buffet* para imprensa/funcionários, pois será o local usado no jantar.	Voluntário G e coordenador de hospitalidade

Prazo	Tarefa	Responsabilidade
	– Avisar os detalhes do jantar para os funcionários do serviço de alimentação. Serão necessárias bebidas na área de *buffet* para imprensa/funcionários às 16h30.	
12h30 – 13h30	– Checar se a área do *buffet* está pronta e comunicar por rádio para que todos os coordenadores enviem seus voluntários para receber sua refeição. – As pessoas consomem os alimentos do *buffet*. – Certificar-se de que a área seja mantida limpa, arrumada, provida de alimentos e bebidas e que nenhuma garrafa seja levada para fora da sala. Todas as bebidas devem ser servidas em copos. – A equipe de serviços de alimentação fará entregas regulares; todavia, se algum produto estiver acabando, o coordenador ou algum funcionário de serviços de alimentação deve ser comunicado. – A equipe de limpeza deve completar seu trabalho no horário previsto; contudo, se for preciso limpar em outros momentos, o coordenador ou algum funcionário de serviços de limpeza deve ser comunicado.	Coordenador de hospitalidade e voluntário G
13h30 – 16h00	– Recepcionar as pessoas da imprensa na área do *buffet*. – Checar as credenciais na porta e dispensar qualquer pessoa que não tenha as credenciais de imprensa. – Certificar-se de que a área seja mantida limpa, arrumada e que nenhuma garrafa seja levada para fora da sala. Todas as bebidas devem ser servidas em copos.	Voluntário G
14h30	– Certificar-se de que a sala dos avaliadores está pronta, com os lanches e bebidas corretos disponíveis. – Certificar-se de que a sala dos árbitros está pronta, com os lanches e bebidas corretos disponíveis.	Voluntário F

Prazo	Tarefa	Responsabilidade
	– Certificar-se de que a área de aquecimento das animadoras de torcida esteja com lanches e bebidas providenciados.	
15h00 – 22h00	– Certificar-se de que a sala dos avaliadores seja mantida limpa, arrumada e com os lanches e bebidas providenciados. – Certificar-se de que a sala dos árbitros seja mantida limpa, arrumada e com os lanches e bebidas providenciados. – Certificar-se de que a área de aquecimento das animadoras de torcida seja mantida limpa, arrumada e com os lanches e bebidas providenciados. – A equipe de serviços de alimentação fará entregas regulares; todavia, se algum produto estiver acabando, o coordenador ou algum funcionário de serviços de alimentação deve ser comunicado. Se necessário, usar o estoque da área de armazenamento.	Voluntário F
15h00	– As instalações abrem para o público.	Gerente das instalações da competição
16h00	– Ligar para a pizzaria para confirmar a entrega de 50 pizzas grandes às 17h00. – Escolher três voluntários do componente de hospedagem para ir ao local de entrega da pizza e ajudar a recebê-las.	Coordenador de hospitalidade
16h30	Início do Jogo 1.	
17h00	– Dirigir-se para o local de entrega das pizzas. – Levar as pizzas para a área de *buffet* para imprensa/funcionários e colocá-las no estilo *buffet*, separando por sabor. – Certificar-se de que as bebidas foram trazidas para área de *buffet* para imprensa/funcionários. – Colocar a placa de "Entrada restrita" na área de *buffet* para imprensa/funcionários.	Coordenador de hospitalidade, três voluntários e voluntário G

Apêndice A

Prazo	Tarefa	Responsabilidade
17h15	– Comunicar por rádio que as pizzas chegaram, para que todos os coordenadores enviem seus voluntários assim que possível.	Coordenador de hospitalidade
17h30	– Certificar-se de que o lanche foi entregue na sala dos avaliadores. – Certificar-se de que o lanche foi entregue na sala dos árbitros.	Voluntário F
18h00	– Certificar-se de que o lanche foi entregue no vestiário dos times do Jogo 1. – Certificar-se de que a área para a coletiva de imprensa esteja montada e as bebidas e acessórios providenciados.	Voluntário E
18h30 – 22h30	– Acontece a coletiva de imprensa. – Certificar-se de que a área de espera seja mantida limpa, arrumada e provida.	Voluntário F
19h00	Início do Jogo 2.	
19h30	– Horário do jantar/pizzas é finalizado. – Levar sobras das pizzas para a sala de voluntários.	Voluntário G
21h00	– Chegar na área de estar do hotel e certificar-se de que os lanches e bebidas corretos estejam montados e que haja um garçom presente no bar, que oferecerá bebidas pagas.	Voluntário A
21h30 – 24h00	– Recepcionar todos os convidados da imprensa na área de estar. – Checar credenciais na entrada de cada pessoa.	Voluntário A
21h30	– Certificar-se de que o lanche foi entregue no vestiário dos times do Jogo 2.	Voluntário E
23h00	– Certificar-se de que todas as áreas de estar estejam limpas e arrumadas e que os produtos ou acessórios necessários sejam guardados. – Confirmar os horários dos turnos para os dias seguintes.	Todos os voluntários e coordenador de hospitalidade

Gestão de eventos esportivos, recreativos e turísticos

Prazo	Tarefa	Responsabilidade
Dia 3: Treino	Seguir a mesma lógica das estapas usadas no Dia 1, considerando a seguinte programação: – 10h30: áreas de bastidores são abertas à imprensa. – 12h00: entrada dos times é aberta. – 13h00 – 14h30: treino do Time 1. – 15h00 – 16h30: treino do Time 2. – 13h30 – 16h30: coletiva de imprensa/entrevistas.	
Dia 4: Jogo	Seguir a mesma lógica das estapas usadas no Dia 2, considerando a seguinte programação: – 10h00: entrada dos times é aberta. – 11h00: áreas de bastidores são abertas à imprensa. – 11h00 – 11h50: Treino do Time 1. – 12h00 – 12h50: Treino do Time 2. – 16h00: Jogo. – 18h00 – 20h00: Coletiva de imprensa/entrevistas.	
– Durante qualquer período de pouco movimento em suas tarefas, os voluntários do componente de hospitalidade podem ser solicitados a ajudar em outras funções de hospitalidade. Ocasionalmente, durante esses períodos de pouco movimento, os voluntários têm permissão para assistir jogos ou treinos de basquete.		

Apêndice B

Scott McRoberts

Temas e sugestões para facilitar a fase de execução, monitoramento e gestão do modelo de planejamento

O principal desafio ao produzir um evento refere-se à facilitação dos membros da rede operacional durante a fase de execução, monitoramento e gestão do modelo de planejamento. A comunicação entre os integrantes da rede operacional é essencial para ter sucesso. Ademais, é importante facilitar a gestão de alguns temas comuns de execução, como comunicação, motivação e direção, além de questões de credenciamento e de personalidade dos membros. Cada um desses temas é discutido a seguir, sendo oferecidas sugestões de gestão aos gerentes de eventos.

Facilitação de comunicação

A facilitação de um processo de comunicação eficaz é crucial para que um evento opere adequadamente. A experiência indica que a maioria

Gestão de eventos esportivos, recreativos e turísticos

dos problemas de comunicação surge nas primeiras horas de abertura de um evento, o que frequentemente causa confusão em massa nas linhas de comunicação (como rádios, *walkie talkies* ou telefones) estabelecidas para o evento. A partir da minha experiência no campeonato masculino de basquete da National Collegiate Athletic Association (NCAA) e nos Jogos Internacionais Infantis em São Francisco, que envolveram mais de 400 voluntários e 100 funcionários em cada um, pelo menos um terço dos membros da rede operacional precisa estar conectado a sistemas de comunicação de rádio. Portanto, um gerente de eventos precisa facilitar o uso adequado desse sistema como um elemento-chave para resolver ocorrências de maneira rápida e oportuna. Além disso, seu uso adequado ajuda a manter as frequências livres em caso de emergências.

A seguir estão algumas estratégias para uma comunicação propícia ou como protocolo de rádio.

Organize os membros da rede operacional em departamentos e divida-os em diferentes frequências no sistema (por exemplo, transportes em uma frequência de rádio diferente de alimentos e bebidas). Certifique-se de distribuir uma relação das frequências no sistema de comunicação para todos os membros da rede, a fim de tornar mais fácil o contato entre os componentes do evento.

Comunique-se com voz calma e fale pausadamente sua mensagem – falar rápido indica pânico e desconforto com a situação, bem como faz com que você provavelmente tenha que repetir a mensagem para ser compreendido.

Facilite o uso do sistema de comunicação garantindo que todos os usuários digam seus nomes seguido do nome da pessoa que estão tentando contatar (por exemplo, "João para Jane, na escuta?"). Isso elimina sua utilização para perguntar com quem querem falar.

Promova o uso da palavra final "copia?" para ajudar os outros no sistema a saber quando uma pessoa terminou de falar.

Facilite o uso do sistema de comunicação treinando os membros a não interromperem conversas até que estejam finalizadas, a menos que seja uma emergência. Promova o uso do termo "câmbio, desligo" para indicar quando uma conversa foi concluída, de modo que a próxima pessoa em espera de frequência possa prosseguir.

Divulgue um protocolo fixo sobre quando e como as baterias do sistema de comunicação devem ser carregadas, se for o caso. Também devem

Apêndice B

ser previstos horários predeterminados para sua troca, a fim de garantir que todos os aparelhos do sistema de comunicação estejam funcionando. Nenhum bate-papo deve ser permitido no sistema, pois desperdiça carga da bateria.

Permita que as pessoas possam conversar de forma privada, caso seja necessário. É importante que uma linha privativa esteja disponível para tais circunstâncias.

Facilitação de motivação e orientação

Eventos de esporte, recreação e turismo que ocorrem por um período maior do que um dia precisam de um gerente de eventos que facilite um alto nível de incentivo e energia entre os membros da rede operacional: isso pode ser um desafio. Você deve conhecer a frase "a primeira impressão é a que fica". Contudo, em gestão de eventos, também o inverso é verdadeiro: a última impressão do evento também é muito importante para participantes, espectadores, patrocinadores e todos os parceiros. É importante que o gerente de eventos facilite, de maneira consistente, as interações entre os membros da rede que executam o evento, para manter o profissionalismo do primeiro ao último dia.

Uma forma de facilitar um alto nível de motivação é fazer-se constantemente presente. O gerente de eventos deve estar disponível e ser receptivo com os problemas dos membros da rede, o que envolve facilitar o cuidado e a preocupação de todos para um processo justo e eficaz, que ofereça intervalos e rodízios de funções. Também é papel do gerente de eventos apresentar um sentimento de apreço durante todo o evento: um simples comentário, como "bom trabalho", pode significar muito.

Facilitar a orientação adequada para os membros da rede operacional durante a produção de um evento é também uma importante função do gerente de eventos. A seguir estão algumas estratégias para facilitar a orientação com um processo de diálogo contínuo para ajudar a produção.

Depois de uma breve reunião inicial antes de começar um evento, pode-se prever uma reunião diária operacional, que pode ocorrer tanto no final do dia do evento como em todas as manhãs antes de começar. É importante que essa reunião seja facilitada para seguir os temas de pauta e seja conduzida em um curto período (em torno de uma hora).

Outro processo pode ser a divulgação de um comunicado para análise dos membros, oferecendo um panorama geral das alterações e confirmando as atividades. O comunicado pode ser apresentado de maneira inspiradora e otimista para contribuir com a motivação.

Qualquer que seja o processo usado, é importante que um gerente de eventos facilite as alterações aos membros da rede operacional e elimine a recorrência de problemas. Um evento é conduzido em um ambiente de mudanças e passível de interpretações que podem levar a dúvidas ou problemas. É importante que um processo de diálogo contínuo seja estabelecido e facilitado, permitindo aos funcionários importantes a oportunidade de oferecer, coletivamente, contribuições para o estado atual de execução, monitoramento e gestão e para dar sugestões positivas para o progresso do evento.

Facilitação de questões de credenciamento

Um desafio relevante em gestão de eventos envolve o processo de credenciamento, o que pode ser um grande problema se esperada uma presença significativa da imprensa. A seguir estão sugestões para amenizar esses problemas.

Facilite a criação de um processo para que seja estimado o número de indivíduos que devem comparecer, mas que não se inscreveram para obter uma credencial, e desenvolva um sistema para administrar esses casos na chegada. É importante ter um plano em vigor, bem como pessoas para lidar com a questão. Também é importante monitorar o processo e adaptá-lo para deslocar mais pessoal, caso seja necessário, ou transferir pessoas para outras tarefas, caso haja poucas pessoas sem registro chegando.

Sempre haverá credenciais com nomes incorretamente grafados ou com acessos permitidos a locais equivocados dentro das instalações do evento. Ter uma máquina para emitir credenciais no local, com um funcionário exclusivo e qualificado para operá-la, ajuda a resolver essas questões rapidamente.

Organize todas as credenciais de forma alfabética e espalhe locais de distribuição para cada grupo de credenciais para tornar o processo eficiente, sem muito tumulto.

Facilitação de questões de personalidade

É importante para um gerente de eventos facilitar a gestão de situações corriqueiras que surgem por causa das personalidades dos membros da rede operacional. Há três questões comuns que todo gerente de eventos deve ter ciência e estar preparado para administrar: o cenário do fã *versus* o do funcionário, os conflitos de personalidade e a necessidade de rodízio de funções entre membros com o objetivo de aprimorar a experiência deles.

O cenário do fã *versus* o do funcionário é comum na maioria dos eventos. Os voluntários se oferecem para uma função porque têm interesse no produto. Essa situação pode produzir um dos dois resultados possíveis. O primeiro é um bom membro da rede operacional que, por causa de seu interesse no evento, mantém o profissionalismo e a atenção à sua função ou tarefas. A segunda possibilidade é um membro da rede que se torna um espectador e quer entrar em contato com os participantes, obter autógrafos e adereços, o que significa falta de atenção. É importante que um gerente de eventos estabeleça, comunique e facilite regras de participação no início e crie uma política de tolerância zero para infrações. Elas são observadas em todos os tipos de eventos e podem ter um efeito adverso na motivação, controle e profissionalismo dos outros envolvidos.

Conflitos de personalidade existem em abundância em gestão de eventos. É importante para o gerente posicionar os membros dentro de seus pontos fortes e gerenciar os conflitos de personalidade conforme surgem. Longas horas em um evento podem levar à baixa tolerância ou impaciência entre as pessoas que trabalham junto. Outros conflitos surgem a partir de indivíduos que acreditam que as tarefas deveriam ser executadas de uma maneira específica, diferente da prevista pelo plano operacional. Os gerentes de instalações devem ter sabedoria perante esses tipos de situação e devem facilitar oportunamente a gestão eficaz e eficiente de conflitos. Um processo que ajuda a amenizar tais conflitos é o rodízio dos membros entre diversas funções.

Facilitar o rodízio de membros entre uma série de funções de eventos é uma boa forma de atender às necessidades dos que pedem para expandir suas experiências, desenvolver suas competências, ajudando a manter os membros alertas durante eventos que são produzidos por vários dias, além de ser uma boa forma de amenizar os conflitos de personalidade. Um processo que não impeça os resultados bem-sucedidos deve ser desenvolvido para oferecer oportunidades de "misturar" os membros operacionais do evento para um novo ou para uma série de novos postos de trabalho. Ao fazer isso, é importante que os gerentes de eventos tenham cautela, pois devem primeiro oferecer o treinamento para cobrir as novas tarefas e envolver os membros nas reuniões operacionais para atualizá-los. Além disso, esses inte-

Gestão de eventos esportivos, recreativos e turísticos

grantes precisam ser flexíveis e competentes para lidar com um ambiente de rodízio de tarefas.

Conhecer os pontos fortes dos membros é difícil, em especial quando há, potencialmente, centenas deles envolvidos na produção de um evento. Em algumas situações, pode haver os que se encaixam melhor em funções que requerem interação contínua com pessoas, sejam elas celebridades, membros do evento ou consumidores. Ter um membro otimista e positivo, que consegue agir por si só, reflete positivamente no evento como um todo. Ademais, você pode conseguir determinar se um indivíduo se enquadra melhor em uma tarefa específica, uma que talvez não exija a tomada de decisão. Portanto, o rodízio de membros é uma atividade difícil de facilitar e, uma vez iniciada, exige monitoramento e gestão constantes. Se facilitado de forma eficaz, um processo de rodízio pode deixá-los mais felizes e experientes no final.

Conclusão

O papel do gerente de eventos é bastante complexo. O ambiente está em constante mudança. É importante que ele facilite as atividades de execução, monitoramento e gestão para garantir que a visão do evento seja alcançada. Portanto, a visão precisa ser transmitida a todos os membros operacionais do evento e eles devem ser lembrados dela durante a sua produção, especialmente enquanto questões comuns de execução são gerenciadas.

Lembre-se que o gerente de eventos é uma pessoa importante no processo inteiro. Isso significa que você deve facilitar seu próprio processo de manter o controle de suas emoções, a calma, ser otimista e apresentar uma perspectiva otimista enquanto gerencia todas as questões de execução, o que envolve apresentar uma atitude que demonstre que os problemas podem ser resolvidos de forma positiva, em tempo hábil, com profissionalismo e confiança. O comportamento de um gerente de eventos influencia diretamente os membros da rede operacional e, em última análise, o resultado do evento.

Um elemento importante para um gerente de eventos é desfrutar do processo de facilitação e ter a satisfação de ver o planejamento de tarefas ou atividades ser seguido incansavelmente por muitas noites. Técnicas de relaxamento o ajudam a se preocupar somente com elementos que pode controlar e a ter uma perspectiva geral do evento para conseguir determinar quais elementos estão envolvidos.

Referências

1 Eventos esportivos, recreativos e turísticos tradicionais e segmentados

Bell, D. (1973). The coming of post-industrial society. New York: Basic Books.

Choo, W. and Bontis, N. (Eds). (2002). The strategic management of intellectual capital and organizational knowledge. New York Oxford University Press.

Cobb, P., Confrey, J., diSess, A., Lehrer, R. and Schauble, L. (2003). Design experiments in educational research. Educational Researcher, 32 (1), 9 – 13.

Hall, H. (2001). Input-friendliness: Motivating knowledge sharing across intranets. Journal of Information Science, 27 (3), 139 – 146.

Hirschhorn, L. (1984). Beyond mechanization: Work and technology in a postindustrial age. Cambridge, MA: MIT Press.

Homer-Dixon, T. (2001). The ingenuity gap: Can we solve the problems of the future? Toronto, ON: Vintage Canada.

Jensen, R. (1999). The dream society: How the coming shift from information to imagination will transform your business. New York: McGraw-Hill.

Kouzes, J. and Posner, B. (2003). Credibility: How leaders gain and lose it, why people demand it. San Francisco: Jossey-Bass.

Kozlowski, S., Brown, K., Weissbein, D., Cannon-Bowers, J. and Salas, E. (2000). A multilevel approach to training effectiveness: Enhancing horizontal and vertical transfer. In K.J. Klein and S.W.J. Kozlowski (Eds), Multilevel theory, research and methods in organizations (pp. 157 – 210). San Francisco: Jossey-Bass.

Limerick, D., Cunnington, B. and Crowther, F. (1998). Managing the new organization: Collaboration and sustainability in the post-corporate world (2nd ed.). Sydney: Business and Professional Publishing.

Sproull, L. and Kiesler, S. (1991). Connections: New ways of working the networked organization. Cambridge: MIT Press.

Zuboff, S. (1988). In the age of the smart machine: The future of work and power.New York: Basic Books.

2 O conceito de conhecimento em gestão de eventos

Beeth, M. (1995, April). Conceptual change instruction: Some theoretical and pedagogical issues. Paper presented at the Annual Meeting of the National Association for Research in Science Teaching, San Francisco, CA.

Bell, D. (1973). The coming of post-industrial society: A venture in social forecasting. New York: Basic Books.

Blackler, F. (1995). Knowledge, knowledge work and organizations: An overview and interpretation. Organization Studies, 16 (6), 1021 – 1046.

Boisot, M. (2002). The creation and sharing of knowledge. In W.C. Choo and N. Bontis (Eds), The strategic management of intellectual capital and organizational knowledge (pp. 65 – 77). New York: Oxford University Press.

Brown, J. and Duguid, P. (1991). Organizational learning and communities-of-practice: Toward a unified view of working, learning and innovation. Organization Science, 2, 40 – 57.

Castells, M. (2000). The information age: Economy, society and culture (2nd ed.). Oxford: Blackwell.

Carney, M. (2001). The development of a model to manage change: Reflection on a critical incident in a focus group setting – An innovative approach. Journal of Nursing Management, 8 (5), 3 – 9.

Collins, H. (1993). The structure of knowledge. Social Research, 60, 95 – 116.

Conner, K. and Prahalad, C.K. (2002). A resource-based theory of the firm: Knowledge versus opportunism. In W.C. Choo and N. Bontis (Eds), The strategic management of intellectual capital and organizational knowledge (pp. 103 – 131). New York: Oxford University Press.

Drucker, P. (1994). The age of social transformation. Atlantic Monthly, 275 (5), 53 – 80.

Edvinsson, L. and Malone, T. (1997). Intellectual capital. New York: Harper-Business.

English, M. and Baker, W. (2006). Winning the knowledge transfer race. New York: McGraw-Hill.

Fullan, M., (2001). Leading in a culture of change. Etobicoke, ON: John Wiley.

Grant, R. (1996). Prospering in dynamically competitive environments: Organizational capability as knowledge integration. Organization Science, 7, 375 – 387.

Gupta, A. and MacDaniel, J. (2002). Creating competitive advantage by effectively managing knowledge: A framework for knowledge management. Journal of Knowledge Management Practice, 3 (2), 40 – 49.

Harris, L., Coles, A. and Dickson, K. (2000). Building innovation networks: Issues of strategy and expertise. Technology Analysis and Strategic Management, 1 2 (2), 229 – 241.

Homer-Dixon, T. (2001). The ingenuity gap: Can we solve the problems of the future? Toronto, ON: Vintage Canada.

Kogut, B. and Zander, U. (1992). Knowledge of the firm, combinative capabilities, and the replication of technology. Organization Science, 3 (3), 383 – 397.

Leonard, D. and Sensiper, S. (2002). The role of tacit knowledge in group innovation. In W.C. Choo and N. Bontis (Eds), The strategic management of intellectual capital and organizational knowledge (pp. 485 – 499). New York: Oxford University Press.

Nelson, R. and Winter, S. (1982). An evolutionary theory of economic change. Cambridge, MA: Belknap.

Nonaka, I. and Takeuchi, H. (1995). The knowledge-creating company: How Japanese companies create the dynamics of innovation. New York: Oxford University Press.

Nonaka, I., Toyama, R. and Konno, N. (2000). SECI, Baand Leadership: A unified model of dynamic knowledge creation. Long Range Planning, 33, 5 – 35.

Polanyi, M. (1966). The tacit dimension. New York: Anchor Day.

Ritchie, S. (1998). Accessing science teachers ' personal practical theories. Paper presented at the Australasian Science Education Research Association Conference, Darwin, Australia. Retrieved March 3, 2004 from: http://www.fed.qut.edu.au/projects/asera/PAPERS/Ritchie.html.

Schorr, L. (1997). Common purpose: Strengthening families and neighbourhoods to rebuild America. New York: Doubleday, Anchor Books.

Spender, J. (1996). Making knowledge the basis of a dynamic theory of the firm. Strategic Management Journal, 17 (S2), 445 – 462.

Spender, J. (2002). Knowledge management, uncertainty, and the emergent theory of the firm. In C. Choo and N. Bontis (Eds), The strategic management of intellectual capital and organizational knowledge (pp. 149 – 162). New York: Oxford University Press.

Stehr, N. (1992). Practical knowledge: Applying the social sciences. London: Sage.

von Krogh, G. and Grand, S. (2002). From economic theory toward a knowledge-based theory of the firm. In C. Choo and N. Bontis (Eds), The strategic management of intellectual capital and organizational knowledge (pp. 163 – 184). New York: Oxford University Press.

von Krogh, G., Ichijo, K. and Nonaka, I. (2000). Enabling knowledge creation: How to unlock the mystery of tacit knowledge and release the power of innovation. New York: Oxford University Press.

Winter, S. (1987). Knowledge and competence as strategic assets. In D. Teece (Ed.), The competitive challenge: Strategies of industrial innovations and renewal (pp. 159 – 184). Cambridge, MA: Ballin.

Zack, M. (1999). Developing a knowledge strategy. California Management Review, 41 (3), 125 – 145.

3 Modelo de planejamento de eventos: fase de desenvolvimento, parte 1

O gerente de eventos como um facilitador

Bens, I. (2000). Facilitating with ease!: A step-by-step guidebook. San Francisco: Jossey-Bass.

Drucker, P. (1946). Concept of the corporation. New York: John Day.

Greenberg, J. (2002). Managing behaviour in organizations. New Jersey, NY: Prentice Hall.

Laird, D. (1985). Approaches to training and development. Reading, Mass: Addison-Wesley.

Lambert, V. and Glacken, M. (2005). Clinical education facilitators: A literature review. Journal of Clinical Nursing, 1 4, 664 – 673.

Nonaka, I., Toyama, R. and Konno, N. (2000). SECI, Baand Leadership: A unified model of dynamic knowledge creation. Long Range Planning, 33, 5 – 35.

Peel, D. (2000). The teacher and town planner as facilitator. Innovations in Education and Training International, 37 (4), 372 – 380.

Rogers, C. and Friedberg, H.J. (1994). Freedom to learn. New York: Merril, Macmillan College Publishing.

Sawyer, K.R. (2006). Group creativity: Musical performance and collaboration. Psychology of Music, 34 (2), 148 – 165.

Thomas, G. (2004). A typology of approaches to facilitator education. Journal of Experiential Education, 27 (2), 123 – 140.

Vidal, R. (2004). The vision conference: Facilitating creative processes. Systemic Practice and Action Research, 17 (5), 385 – 405.

Facilitação de estruturas de eventos para governança

Vancouver, 2010 (2007). Organizing committee. Retrieved May 25, 2007 from: http://www.vancouver2010.com/en/OrganizingCommittee

Kilmann, R., Pondy, L. and Slavin, D. (1976). The management of organization design: Strategies and Implementation, New York: North-Holland, Vol. I, (Eds).

Kuro5hin (2005). Niche sport of the day–slalom skateboarding. Retrieved June 10, 2007 from: http://www.kuro5hin.org/story/2005/9/13/74129/0483

Slack, T. and Parent, M. (2006). Understanding sport organizations: The application of organization theory (2nd Ed.). Champaign, IL: Human Kinetics.

Facilitação da gestão de eventos usando a perspectiva de redes

Andersson, P. (1992). Analyzing distribution channel dynamics: Loose and tight couplings in distribution networks. European Journal of Marketing, 26 (2), 47 – 68.

Badaracco, J.L. (1991). The knowledge link: How firms compete through strategic alliances. Boston, MA: Harvard Business School Press.

Brass, D.J. and Burkhardt, M.E. (1992). Centrality and power in organizations. In N. Nohria and R.G. Eccles (Eds), Networks and organizations: Structure, form and action (pp. 191 – 215). Boston, MA: Harvard Business School Press.

Contractor, F. and Lorange, P. (1988). Competition vs. cooperation: A benefit/ cost framework for choosing between fully-owned investments and cooperative relationships. Management International Review, 3 0 (1), 31 – 54.

DiMaggio, P. and Powell, W.W. (1983). The iron cage revisited. Institutional isomorphism and collective rationality in organizational fi elds. American Sociology Review, 48, 147 – 160.

Doz, Y. and Hamel, G. (1998). A lliance advantage: The art of creating value through partnering. Boston, MA: Harvard Business School Press.

Granovetter, M. (1985). Economic action and social structure: The problem of embeddedness. A merican Journal of Sociology, 9 1 (3), 481 – 510.

Kearins, K. and Pavlovich, K. (2002). The role of stakeholders in Sydney' s green games. Corporate Social Responsibility and Environmental Management, 9, 157 – 169.

Krackhardt, D. (1992). The strength of strong ties: The importance of philos in organizations. In N. Nohria and R. Eccles (Eds), Networks and organizations: Structure, form, and action. Boston: Harvard Business School.

Lang, J.C. (2004). Social context and social capital as enablers of knowledge integration. Journal of Knowledge Management, 8 (3), 89 – 103.

Parent, M.M. and Seguin, B. (2007). Factors that led to the drowning of a world championship organizing committee: A stake holder approach. European Sport Management Quarterly, 7 (2), 187 – 212.

Parent, M.M. and Seguin, B. (forthcoming). Developing a framework of evolution and issue patterns for large-scale sporting event organizing committees and their stakeholders. Journal of Sport Management.

Porac, J.F., Thomas, H. and Baden-Fuller, C. (1989). Competitive groups as cognitive communities: The case of Scottish knitwear manufacturers. Journal of Management Studies, 26 (4), 397 – 416.

Salancik, G. and Pfeffer, J. (1978). A social information processing approach to job attitudes and task design. A dministrative Science Quarterly, 2 3, 224 – 253.

Scott, W.R., Ruef, M. and Mendel, P.J. (2000). Institutional change and healthcare organizations: From professional dominance to managed care. Chicago, IL: University of Chicago Press.

Stotlar, D. (2000). Vertical integration. J ournal of Sport Management, 1 4 (1), 1 – 7.

Weick, K. (1976). Educational organizations as loosley-coupled systems. Administrative Science Quarterly, 21 (1), 1 – 19.

Weick, K.E. (1982). Management of organizational change among loosely coupled elements. In P. D. Goodman and Associates (Eds), Change in organizations (pp. 375–408). San Francisco: Jossey-Bass.

4 Modelo de planejamento de eventos: fase de desenvolvimento, parte 2

Facilitação das práticas de gestão de voluntários

Bussell, H. and Forbes, D. (2002). Understanding the volunteer market: The what, where, who and why of volunteering. International Journal of Nonprofit and Voluntary Sector Marketing, 7 (3), 244 – 257.

Bussell, H. and Forbes, D. (2007). Volunteer management in arts organizations: A case study of managerial implications. International Journal of Arts Management, 9 (2), 14 – 28.

Brudney, J. and Nezhina, T. (2005). What is old is new again: Achieving effectiveness with volunteer programs in Kazakhstan. Voluntas: International Journal of Voluntary and Nonprofit Organizations, 16 (3), 293 – 308.

Downward, P. and Ralston, R. (2007). The sport development potential of sport event volunteering: Insights from the XVII Manchester Commonwealth games. European Sport Management Quarterly, 6 (4), 333 – 351.

Fairley, S., Kellett, P. and Green, B. (2007). Volunteering abroad: Motives for travel to volunteer at the Athens Olympic Games. Journal of Sport Management, 21, 41 – 57.

Farrell, J., Johnston, M. and Twynam, D. (1998). Volunteer motivation, satisfaction and management at an elite sporting competition. Journal of Sport Management, 12, 288 – 300.

Getz, D. (1991). Festivals, special events and tourism. New York: Van Nostran Reinhold.

Gordon, L. and Erkut, E. (2004). Improving volunteer scheduling for the Edmonton Folk Festival. Interfaces, 34 (5), 367 – 376.

Karkatsoulis, P., Michalopoulos, N. and Moustakatou, V. (2005). The national identity as a motivational factor for better performance in the public sector. International Journal of Productivity and Performance, 54 (7), 579 – 594.

Kaufman, R., Mirsky, J. and Avgar, A. (2004). A brigade model for the management of service volunteers. International Journal of Nonprofit and Voluntary Sector Marketing, 9 (1), 57 – 68.

Kemp, S. (2002). The hidden workforce: Volunteers learning in the Olympics. Journal of European Industrial Training, 26 (2–4), 109 – 116.

Kim, M., Chelladurai, P. and Trail, G. (2007). A model of volunteer retention in youth sport. Journal of Sport Management, 2 1, 151 – 171.

Manchester 2002. (2002). Final report. Retrieved from http://www.gameslegacy.com/cgi-bin/index.cgi/10 [electronic version].

Marunchak, K. (2006). Capacity and transformational development within the 2005 Canada Summer Games Host Society. St. Catharines, ON: Masters thesis, Brock University.

Murk, P. and Stephan, J. (1991). Volunteers: How to get them, train them, and keep them. Economic Development Review, 9 (3), 73 – 75.

Ralston, R., Lumsdon, L. and Downward, P. (2005). The third force in events tourism: Volunteers at the XVII Manchester Commonwealth Games. Journal of Sustainable Tourism, 13 (5), 504 – 513.

Rodsutti, M.C. (2005). How HR can help in the aftermath of disaster. Human Resource Management International Digest, 13 (6), 18 – 20.

Shin, S. and Kleiner, B. (2003). How to manage unpaid volunteers in organizations. Management Research News, 26 (204), 63 – 71.

Stevens, J. and Anderson, D. (2007). Canada Games volunteer management proposal, building capacity with volunteers: Part 1 – Guiding Principles.

Taylor, T., Darcy, S., Hoye, R. and Cuskelly, G. (2006). Using psychological contract theory to explore issues in volunteer management. European Sport Management Quarterly, 6 (2), 123 – 147.

Volunteer Canada (2001). The volunteer management audit: The Canadian code for volunteer involvement. Ottawa: Ontario. [electronic version].

Wilson, A. and Pimm, G. (1996). The tyranny of the volunteer: The care and feeding of voluntary workforces. Management Decision, 3 4 (4), 24 – 40.

Facilitação do desenvolvimento das políticas do evento

Bain, L. (1990). Critical analysis of the hidden curriculum in physical education. In D. Kirk and R. Tinning (Eds), Physical Education, Curriculum and Culture: Critical issues in a contemporary crisis. London: Falmer Press.

Craig, T. (1997). Disrupting the disembodied status quo: Communicology in chronic disabling conditions. Ph.D. dissertation, Southern Illinois, University at Carbondale.

Craig, T. (2000, October). A funny thing happened on the way up to renown: On the concrete essence of chronic illness and the intercorporeal weight of human suffering. Paper presented at the Society for Phenomenology and the Human Sciences, State College, Pennsylvania State University.

Eco, U. (1976). A theory of semiotics. Bloomington: Indiana University Press.

Freire, P. (1987). Letter to the North American teacher. In Ira Shor (Ed.), Freire for the classroom: A sourcebook for liberatory practice (pp. 211 – 214). Portsmouth, NH: Boynton-Cook.

Graff, L. (1997). Excerpted from By definition: Policies for volunteer management. Graff and Associates.

Lanigan, R. (1988). Phenomenology of communication. Pittsburgh: Duquesne Press.

Merleau-Ponty, M. (1962). Phenomenology of perception, [Translation by Colin Smith, translation corrections by Forrest Williams and David Guerruere]. New Jersey: Routledge & Kegan Paul.

Schön, D. (1983). The reflective practitioner: How professionals think in action. New York: Basic Books.

Schön, D. (1987). Educating the reflective practitioner. San Francisco: Jossey-Bass.

The human science of communicology: A phenomenology of discourse in Foucault and Merleau-Ponty, (1992). Pittsburh, PA: Duquesne University Press.

Webster's New Collegiate Dictionary. (1985). Markham, ON: Thomas Allen and Sons.

Wendall, S. (1996). The rejected body. New York: Routledge.

Facilitação da responsabilidade social corporativa

Alsop, R.J. (2006). Business ethics education in business schools: A commentary. Journal of Management Education, 30 (1), 11 – 14.

Carroll, A. (1994). Social issues in management research. Business and Society, 33 (1), 5 – 25.

de Jongh, D. and Prinsloo, P. (2005). Why teach corporate citizenship differently? The Journal of Corporate Citizenship, 18, 113 – 122.

Frederick, W. (2006). Corporation be good! The story of corporate social responsibility. Indianapolis, IN: Dog Ear Publishing.

Gardberg, N. and Fombrun, G. (2006). Corporate citizenship: Creating intangible assets across institutional environments. Academy of Management Review, 31 (2), 329 – 346.

Garriga, E. and Melé, D. (2004). Corporate social responsibility theories: Mapping the territory. Journal of Business Ethics, 53, 51 – 71.

Kotler, D. and Lee, N. (2005). Corporate social responsibility: Doing the most good you ' re your company and your cause. Hoboken, NJ: Wiley.

Matten, D. and Moon, J. (2004). Corporate social responsibility education in Europe. Journal of Business Ethics, 54, 323 – 337.

Ramasamy, B. and Woan Ting, H. (2004). A comparative analysis of corporate social responsibility. T he Journal of Corporate Citizenship, 1 3, 109 – 123.

Votaw, D. (1972). Genius became rare: A comment on the doctrine of social responsibility Pt I. California Management Review, 15 (2), 25 – 31.

5 Modelo de planejamento de eventos: fase de planejamento operacional

Bowen, H. (2006, February). The Salt Lake organizing committee: 2002 Olympics. Boston: Harvard Business School Publishing.

Doherty, N. and Delener, N. (2001). Chaos theory: Marketing & management implications. Journal of Marketing Theory and Practice, 9 (4), 66 – 75.

Galbraith, C. (1990). Transferring core manufacturing technologies in high technology firms. California Management Review, 32 (4), 56 – 70.

Grant, R. (1996). Prospering in dynamically competitive environments: Organizational capability as knowledge integration. Organization Science, 7, 365 – 387.

Grant, R. (2001). The knowledge-based view of the firm. In C. Choo and N. Bontis (Eds), The strategic management of intellectual capital and organizational knowledge (pp. 133 – 148). New York: Oxford University Press.

Keirsey, D. (2003). Existence itself: Towards the phenomenology of massive dissipative/replicative structures. Retreived May, 27, 2003 from http://users.viawest. net/~keirsey/pofdisstruct.html

Kogut, B. and Zander, U. (1992). Knowledge of the firm, combinative capabilities, and the replication of technology. Organization Science, 3 (3), 383 – 397.

Referências

LaDuke, B. (January–February 2004). Knowledge creation: The quest for questions. The Futurist, 66 – 68.

Mallen, C. and Adams, L. (2006). Inspiring student insights for change. Academic Exchange Quarterly, 10 (3), 214 – 218.

Malone, T. and Crowston, K. (1994). The interdisciplinary study of coordination. Computing Surveys, 26 (1), 87 – 119.

Matusik, S. (2002). Managing public and private firm knowledge within the context of flexible Firm boundaries. In C. Choo and N. Bontis (Eds), The strategic management of intellectual capital and organizational knowledge. New York: Oxford University Press.

Owen, R.G. (2001). Organizational behavior in education. Boston: Allyn and Bacon.

Rose-Rioux, M. (2007). Organizational capacity and knowledge transfer: A qualitative case study of the 2007 Canada Winter Games host society. Unpublished Masters thesis, Brock University, St. Catharines, ON.

Stacey, R. (1996). Complexity and creativity in organization. San Francisco: Berrett-Koehler.

Symes, C. and McIntyre, J. (2000). Working knowledge: An introduction to the new business of learning. In C. Symes and J. McIntyre (Eds), Working knowledge: The new vocationalism and higher education (pp. 123 – 134). Buckingham: SRHE & Open University Press.

Wijngaard, J. and deVries, J. (2006). Performers and performance: How to investigate the contribution of the operational network to operational performance. International Journal of Operations & Production Management, 26, 394 – 411.

6 Modelo de planejamento de eventos: fase de execução, monitoramento e gestão

Bowen, L. (2006). A brief history of decision making. Harvard Business Review, 1 – 7.

Dörner, D. (1996). In R. Kimber and R. Kimber (Eds), T he logic of failure: Recognizing and avoiding error in complex situations. Cambridge, MA: Perseus Books. Trans.

Garvin, D. and Roberto, M. (2001). What you don ' t know about making decisions. Harvard Business Review, 1 – 8.

Githell, J. (2000). Paradox of coordination and control. California Management Review, 42 (3), 101 – 116.

Hammond, J., Keeny, R. and Raiffer, H. (2006). The hidden traps of decision making. Harvard Business Review, 109.

How to stay the course: Sensing and responding to deviations from plan. (2006). Harvard Business School Press, 1–19.

Konijnendijk, P. (1994). Coordinating marketing and manufacturing in ETO companies. International Journal of Production Economics, 37, 19 – 26.

Mallen, C. (2006). Rethinking pedagogy for the times: A change infusion pedagogy. Unpublished Ed.D. dissertation. Toowoomba: University of Southern Queensland.

Mintzberg, H., Raisinhani, D. and Thêorét, A. (1976). The structure of 'unstructured' decision processes. Administrative Science Quarterly, 2 1 (2), 246 – 275.

No Author. (2006) The Essentials of Strategy. Harvard Business School Press and Society for Human Resource Management.

[ISBN 978-1-59139-822-6]

Noble, C. (1999). Building the strategy implementation network. Business Horizons, 19 – 28.

Monitoring performance: Looking for what's going wrong and right. (2006). Harvard Business School Press, 1–11.

Schön, D. (1983). The reflective practitioner: How professionals think in action. London: Temple Smith.

Keeping on Track: Monitoring Control. (2006). Harvard Business Review.

Wijngaard, J. and deVries, J. (2006). Performers and performance: How to investigate the contribution of the operational network to operational performance. International Journal of Operations & Production Management, 26, 394 – 411.

7 Modelo de planejamento de eventos: fase de avaliação e reedição, parte 1

Chelimsky, E. (1997). The coming transformations in evaluation. In E. Chelimsky and W.R. Shadish (Eds), E valuation for the 21st century: A handbook (pp. 1 – 26). Thousand Oaks, CA: Sage.

Creswell, J. (1994). Research design: Qualitative and quantitative approaches. Thousand Oaks, CA: Sage.

Erwin, T.D. (1993). Outcomes assessment. In M.J. Barr and Associates (Eds), The handbook of student affairs administration. San Francisco, CA: Jossey-Bass.

Fetterman, D.M., Kaftarian, S.J. and Wandersman, A. (Eds), (1996). Empowerment evaluation: Knowledge and tools for self-assessment & accountability. Thousand Oaks, CA: Sage.

Getz, D. (1997). Event management and event tourism. Elmsford, NY: Cognizant Communication Corporation.

Henderson, K.A. and Bialeschki, M.D. (2 002). E valuating leisure services: Making enlightened decisions. State College, PA: Venture Publishing.

Isaac, S. and Michael, W. (1981). Handbook in research and evaluation. San Diego, CA: Edits.

Jones, G., George, J. and Langton, N. (2005). Essentials of contemporary management, (1st Canadian ed.). Toronto, ON: McGraw Hill.

McDavid, J.C. and Hawthorn, L. (2 006). Program evaluation and performance measurement: An introduction to practice. Thousand Oaks, CA: Sage.

Merriam-Websters Dictionary. (n.d.). Evaluation. Retrieved May 10, 2007 from http://www.m-w.com/

Riddick, C.C. and Russell, R.V. (1999). Evaluative research in recreation, park, and sport settings: Searching for useful information. Champaign, IL: Sagamore.

Rossi, P., Freeman, H. and Lipsey, M. (1999). Evaluation: A systematic approach (6th ed.). Thousand Oaks, CA: Sage.

Rossman, J. and Schlatter, B. (2003). Recreation programming: Designing leisure experiences (4th ed.). Champaign, IL: Sagamore.

Schuh, J. and Upcraft, M.L. (November–December 1998). Facts and myths about assessment in student affairs. About Campus, 2 – 8.

Scriven, M. (1 972). Pros and cons about goal-free evaluation. E valuation Comment, 3, 1 – 7.

Stake, R.E. (1975). Evaluating the arts in education: A responsive approach. Columbus, OH: Merrill.

Stufflebeam, D.L. (1971). The relevance of the CIPP evaluation model for educational accountability. Journal of Research and Development in Education, 5, 19 – 25.

Webster's on-line dictionary. (n.d.). Evaluation. Retrieved May 21, 2007 from http://www.websters-online-dictionary.org

Worthen, B.R., Sanders, J.R. and Fitzpatrick, J.L. (1997). Program evaluation: Alternative approaches and practical guidelines (2nd ed.). White Plains, NY: Longman.

8 Modelo de planejamento de eventos: fase de avaliação e reedição, parte 2

Allen, J., O' Toole, W., McDonnell, I. and Harris, R. (2002). Festival and special event management (2nd ed.). Brisbane, AU: John Wiley.

Creswell, J. (2003). Research design: Qualitative, quantitative, and mixed methods approaches (2nd ed.). Thousand Oaks, CA: Sage.

Henderson, K.A. (1998). Are volunteers worth their weight in gold? Parks and Recreation, 23 (11), 40 – 43.

Henderson, K.A. and Bialeschki, M.D. (2 002). E valuating leisure services: Making enlightened decisions. State College, PA: Venture.

Knowledge Development Center, (n.d.). Volunteer value calculator. Retrieved July 12, 2007 from http://www.kdc-cdc.ca/vvc/eng

Knowledge Development Center (n.d.). Assigning economic value to volunteer activity: Eight tools for efficient program management. Retrieved July 18, 2007 from http://www.nonprofitscan.ca/page.asp?vvc_toolkit

MacKay, K. and Crompton, J.L. (1990). Measuring the quality of recreation services. Journal of Park and Recreation Administration, 8 (3), 47 – 56.

Nardi, P. (2003). Doing survey research: A guide to quantitative methods. Boston: Allyn and Bacon.

Parasuraman, A., Zeithaml, V. and Berry, L. (1988). SERVQUAL: A multiple item scale for measuring consumer perceptions of service quality. Journal of Retailing, 68 (1), 12 – 40.

Riddick, C.C. and Russell, R.V. (1999). Evaluative research in recreation, park, and sport settings: Searching for useful information. Champaign, IL: Sagamore.

Rossman, J. and Schlatter, B. (2003). Recreation programming: Designing leisure experiences (4th ed.). Champaign, IL: Sagamore.

Salant, P. and Dillman, D.A. (1994). How to conduct your own survey. New York: John Wiley and Sons.

Survey Monkey, (n.d.). The simple way to create surveys. Retrieved June 22, 2007 from http://www.surveymonkey.com

Survey System (n.d.). Sample size calculator. Retrieved June 20, 2007 from http://www.surveysystem.com/sscalc.htm

9 Proposta de sediar um evento

Bens, I. (2000). Facilitating with ease!: A step-by-step guidebook. San Francisco, CA: Jossey-Bass Inc.

Crockett, S. (1994). Tourism sport – Bidding for international events. Journal of Tourism Sport, 1 (4), 11 – 21.

Emery, P. (2002). Bidding to host a major sports event: The local organizing committee perspective. The International Journal of Public Sector Management, 15, 316 – 335.

Fédération Internationale de Football Association (FIFA). (2006). Green goal: The environmental concept for the 2006 FIFA World Cup. Frankfort, Germany, Report published by the Organizing Committee, 2006 FIFA World Cup.

Gore, A. (2006). An inconvenient truth. New York: Rodale.

Greenberg, J. (2002). Managing behaviour in organizations. New Jersey, NY: Prentice Hall.

Hart, S. (1997). Beyond greening: Strategies for a sustainable world. Harvard Business Review, 75 (1), 67 – 76.

Horte, S. and Persson, C. (2000). How Salt Lake City and its rival bidders campaigned for the 2002 Olympic Winter Games. Event Management, 6, 65 – 83.

Ingerson, L. and Westerbeek, H. (2000). Determining key success criteria for attracting hallmark sporting events. Pacific Tourism Review, 3, 239 – 253.

International Federation of Motorcycling (IFM). (2006). Environmental code. Switzerland.

International Olympic Committee (2006). IOC guide on sport, environment and sustainable development. Switzerland: Lausanne.

International Olympic Committee. (2007). Retrieved February 6, 2007 from: http://www.olympic.org/uk/organisation/missions/environment/full_story_uk.asp?id=1544

Kerzner, H. (1995). Project management: A systems approach to planning, scheduling, and controlling (5th ed.). Princeton, NJ: Van Nostrand Reinhold.

Persson, C. (2000). The International Olympic Committee and site decisions: The case of the 2002 Winter Olympics. Event Management, 6, 135 – 153.

Vidal, R. (2004). The vision conference: Facilitating creative processes. Systemic Practice and Action Research, 17 (5), 385 – 405.

Westerbeek, H., Turner, P. and Ingerson, L. (2002). Key success factors in bidding for hallmark sporting events. International Marketing Review, 19, 303 – 322.

10 Facilitação da qualidade na gestão de eventos

Crosby, P.B. (1979). Quality is free: The art of making quality certain. New York: McGraw Hill.

Garvin, D.A. (1988). Managing quality: The strategic and competitive edge. New York: The Free Press.

Ford, H. and Crowther, S. (1922). My life and work. New York: Doubleday Page.

Reeves, C.A. and Bednar, D.A. (1994). Defining quality: Alternatives and implications. Academy of Management Review, 19 (3), 419 – 445.

Saad, G.H. and Siha, S. (2000). Managing quality: Critical links and a contingency model. International Journal of Operations & Production Management, 2 0 (10), 1146 – 1163.

Watkins, D. (2006). Reflections on the future of quality. Quality Progress, 39 (1), 23 – 28.

Zeithaml, V.A., Parasuraman, A. and Berry, L.L. (1990). Delivering quality service: Balancing customer perceptions and expectations. New York: The Free Press.

11 Uma abordagem integral de aprendizagem experiencial: fundamento para a gestão de eventos e o desenvolvimento pessoal

Andresen, L., Boud, D. and Cohen, R. (2000). Experience-based learning. In G. Foley (Ed.), Understanding adult education and training (2nd ed.) (pp. 2 25–239). St. Leonards, NSW, Australia: Allen and Unwin.

Argyris, C. (May 1991). Teaching smart people how to learn. Harvard Business Review, 1 – 15.

Agryris, C. and Schön, D.A. (1996). Organizational learning II: Theory, method, and practice. Reading, MA: Addison-Wesley.

Boud, D. (1993). Experience as the base for learning. Higher Education Research and Development, 12 (1), 33 – 44.

Boud, D. (2001). Using journal writing to enhance reflective practice. In L.M. English and M.A. Gillen (Eds), Promoting journal writing in adult education (No. 90), (pp. 9 – 18). San Francisco: Jossey-Bass.

Boud, D. and Knights, S. (1996). Course design for reflective practice. In N. Gould and I. Taylor (Eds), Reflective learning for social work: Research, theory and practice (pp. 23 – 34). Aldershot, Hants: Arena.

Boud, D. and Walker, D. (1990). Making the most of experience. Studies in Continuing Education, 12 (2), 61 – 80.

Boud, D. and Walker, D. (1991). Experience and learning: Reflection at work. Geelong, Victoria: Deakin University Press.

Boud, D., Keogh, R. and Walker, D. (1985). Reflection: Turning experience into learning. London: Kogan Page.

Brookfi eld, S. (1990). Using critical incidents to explore learners' assumptions. In J. Mezirow and Associates (Eds), Fostering critical reflection in adulthood: A guide to transformative and emancipatory learning (pp. 177–193). San Francisco: Jossey-Bass.

Cameron, B.L. and Mitchell, A.M. (1993). Reflective peer journals: Developing authentic nurses. J ournal of Advanced Nursing, 1 8, 290 – 297.

Cuneen, J. and Sidwell, J.M. (1994). Sport management field experiences. Morgantown, WV: Fitness Information Technology.

Davies, E. (1995). Reflective practice: A focus for caring. Journal of Nursing Education, 34 (4), 167 – 174.

Dewey, J. (1938). Experience and education. New York: Collier Books.

Fenwick, T.J. (2000). Expanding conceptions of experiential learning: A review of five contemporary perspectives on cognition. Adult Education Quarterly, 50 (4), 243 – 272.

Fenwick, T.J. (2001). Experiential learning: A theoretical critique from five perspectives. Information Series No. 385, Columbus: The Ohio State University, ERIC Clearinghouse on Adult, Career and Vocational Education.

Heinrich, K.T. (1992). The intimate dialogue: Journal writing by students. Nurse Educator, 17 (6), 17 – 21.

Holman, D., Pavlica, K. and Thorpe, R. (1997). Rethinking Kolb's theory of experiential learning in management education. Management Learning, 2 8 (2), 135 – 148.

Ingersoll, E. (2005). An introduction to integral psychology. AQAL: Journal of Integral Theory and Practice, 1 (3), 1 – 16.

Kayes, C.D. (2002). Experiential learning and its critics: Preserving the role of experience in management learning and education. Academy of Management Learning and Education, 1 (2), 137 – 149.

Kolb, D.A. (1984). Experiential learning. Englewood Cliffs, NJ: Prentice Hall.

Langer, E.J. (1989). Mindfulness. Reading, MA: Addison-Wesley.

Lederman, L.C. (1992). Debriefing: Toward a systematic assessment of theory and practice. Simulation and Gaming, 2 3 (2), 145 – 159.

Lewin, K. (1951). Field theory in social sciences. New York: Harper and Row.

Loughran, J.J. (1996). Developing reflective practice: Learning about teaching and learning through modeling. Washington, DC: Falmer Press.

Mezirow, J. (1991). Transformation dimensions of adult learning. San Francisco: Jossey-Bass.

Moon, J. (1999a). Learning journals: A handbook for academics, students and professional development. London: Kogan Page.

Moon, J. (1999b). Learning through reflection: The use of learning journals. In: Reflection in learning and professional development. (pp. 186 – 202). London: Kogan Page.

Neck, C. and Manz, C. (2006). Mastering self-leadership: Empowering yourself for personal excellence (4th ed.). Upper Saddle River, NJ: Pearson/Prentice Hall.

Patterson, B. (1995). Developing and maintaining reflection in clinical journals. Nurse Education Today, 15, 211 – 220.

Piaget, J. (1951). Play, dreams and imitation in childhood. New York: W.W. Norton.

Pierson, W. (1 998). Reflection and nursing education. Journal of Advanced Nursing, 27, 165 – 170.

Ray, D. (1994). Reflection, dialogue, and writing: turning the apple inside out. The Writing Notebook, 11 (3), 4 – 6.

Rittman, M. (1995). Storytelling: An innovative approach to staff development. Journal of Nursing Staff Development, 11 (1), 15 – 19.

Robinson, J., Saberston, S. and Griffi n, V. (1985). Learning partnerships: Interdependent learning in adult education. Toronto, Canada: Department of Adult Education, Ontario Institute for Studies in Education.

Rogers, R.R. (2001). Reflection in higher education: A concept analysis. Innovative Higher Education, 26 (1), 37 – 57.

Schön, D.A. (1983). The reflective practioner: How professionals think in action. New York: Basic Books.

Schön, D.A. (1987). Educating the reflective practioner. San Francisco: Jossey-Bass.

Seibert, K.W. and Daudelin, M.W. (1999). The role of reflection in managerial learning: Theory, research and practice. Westport, CT: Quorum.

Sweitzer, H.F. and King, M.A. (1999). The successful internship: transformation and empowerment. Pacific Grove, CA: Brooks/Cole.

Taylor, E.W. (1998). The theory and practice of transformative learning: A critical review. Information Series No. 37 IV. Columbus: The Ohio State University.

Vince, R. (1998). Behind and beyond Kolb ' s learning cycle. Journal of Management Education, 22 (3), 304 – 319.

Wilber, K. (1995). An informal overview of transpersonal studies. Journal of Transpersonal Psychology, 27 (2), 107 – 129.

Wilber, K. (2000a). A theory of everything: An integral vision for business, politics, science, and spirituality. Boston: Shambala.

Wilber, K. (2000b). Sex, ecology and spirituality: The spirit of evolution. Boston: Shambala.

Wilber, K. (2006). Integral spirituality: A startling new role for religion in the modern and postmodern world. Boston: Shambala.

Yorks, L. and Kasl, E. (2002). Toward a theory and practice for whole-person learning: Reconceptualizing experience and the role of affect. Adult Education Quarterly, 52 (3), 176 – 192.

12 Considerações finais

Schön, D. (1983). The reflective practitioner: How professionals think in action. New York: Basic Books.

Índice remissivo

Aprendizagem experiencial
   definição 182
   teoria 182-186
   abordagem integral de Wilber 184-193
Avaliação 112-148
   análise 140-148
   abordagens 124-128
   diferenças entre avaliação, pesquisa e sondagem 115
   ética 129
   formal 121
   formativa 121
   informal 121
   ciclo de vida 146
   questões/questionários 116, 132-136
   principais objetivos 114
   relatórios 128
   amostra 136-139
   somativa 121
   os 5 P 122-123
Comunicação 107-109, 162-2163
Conhecimento
   avançado 14-17, 104, 132, 201
   básico 13-14, 17, 80, 112, 132, 153, 160, 164, 201
   facilitação da transferência de conhecimento 33-34
   corrida para transferência de conhecimento 10-12, 20, 23
   estratégia para transferência de conhecimento 20-22
   pessoal 183
   tácito 102
Detalhamento 81
Evento
   governança 27, 34-36, 41-42
   estrutura 34-42, 65, 67
   tipos – tradicional 2-3, 41-42
      segmentado 3-7, 41-42
Facilitação 27-28
Gerente de eventos
   necessidade de gerentes 7
   papel como facilitador 26-34, 46-47, 50, 54, 60-61, 63, 70, 76-78, 88, 91-92, 98, 100-103, 116, 119-120, 123-124, 136-137, 139, 146, 156, 160-161, 171-172, 175-176, 191-200
Ideias divergentes 108

Ideologia tecnocêntrica 66
Meio ambiente 160
Meritocracia 66, 68
Modelo de planejamento
  diagrama 26
  fase de desenvolvimento do evento 25-74
  fase de planejamento operacional do evento 75-96
  fase de execução, monitoramento e gestão do evento 97-110
  fase de avaliação e reedição do evento 111-149
Modelo Integral de Todos os Quadrantes, Todos os Níveis de Wilber 184-193
Perspicácia 19, 24, 43
Plano operacional 78-81
  plano de contingência 89-90, 174
  detalhamento
    planejamento nível 1 81
    planejamento nível 2 81
    planejamento nível 3 81
  desvios 103-107
    efeito dominó 104
  decisões 105-106
    processo à distância 105
    não predeterminado 106
    predeterminado 105
  formato 79
  integração 88-89, 106
  execução 98-99, 107-109,
    conflito 108
    os 5 P 102
  temas 91, 107
  redes 79-80, 89, 90, 101, 105-107
  objetivos 82
  reunião de produção 100

aperfeiçoamento 90
cenários 91-95
controle de escopo 101
sequencial 80
formato de equipe 92
entrelaçamento 80-81
Políticas 61-63, 67
  responsabilização e consequências 66
  definição 65
  objetivo 65
  procedimento 65
  protocolo 65
  tipos 62
  estágios 63
Processo decisório, os 3 C 108-109
Qualidade 143, 166-179
  definições 167-169
  declaração de qualidade 175-178
  questões 171-175
  as cinco dimensões do serviço 143-144
Redes 22, 24, 27, 42-44, 65, 76
  ativismo 22-24
  aliança 77-78
  características 44-45
  densidade 48-49
  design 77-78
  relações diádicas 44
  efeito de flexibilidade 23, 32
  aliança interorganizacional 77
  elos 44, 77, 79, 91
  relacionamentos 47-50, 66
Reflexão
  ver aprendizagem experiencial
Responsabilidade social corporativa 27, 70-73
Right to Play 72-73

Sediar evento 152-164
 dossiê da proposta 152
 questionário da proposta 152-153
 documento de candidatura 152-153
 fatores críticos de sucesso 156-163
 estudo de viabilidade 152
 visita de inspeção 155-156
Sintonia cultural 67
Teoria de complexidade 37-39, 41, 77-78, 92, 145
Teoria de contingência 38-39, 41, 64, 66-67, 77, 121, 145
Teoria de processo 121
Teoria de redes 88-89
Teoria de sistemas 37-38, 41, 120
Voluntariado 27, 54-55, 65
 credenciamento 60-61

atribuição de responsabilidade e escala 60
benefícios 55
avaliação 144-145
ciclo de vida 57-60
gestão 57-58
programa 57-61
inscrição 59
responsabilidades 57
triagem 59
nível 1 – executivo 55
nível 2 – gerencial 55
nível 3 – operacional 55-56
nível 4 – durante os jogos 56
treinamento e orientação 60
4 Q do voluntariado 58